SAINDO DA SARJETA

CHARLES MINGUS

SAINDO DA SARJETA

A autobiografia de Charles Mingus

Tradução:
Roberto Muggiati

Jorge ZAHAR Editor
Rio de Janeiro

*Gostaria de expressar meus profundos agradecimentos a Nel King,
que trabalhou longa e duramente para editar este livro,
e que é provavelmente a única pessoa branca que teria feito isso.
E meus agradecimentos a Regina Ryan, da Knopf, — que soube do meu
livro, veio à minha procura e foi responsável por esta publicação.*

Título original:
Beneath the Underdog

Tradução autorizada da primeira edição norte-americana,
publicada em 1971 por Pantheon Books, uma divisão da
Random House, de Nova York, Estados Unidos.

Jorge Zahar Editor Ltda.
rua México 31 sobreloja
20031-144 Rio de Janeiro, RJ
tel.: (21) 2240-0226 / fax: (21) 2262-5123
e-mail: jze@zahar.com.br
site: www.zahar.com.br

Preparação de originais: Rodrigo Alva
Revisão: Perla Serafim e Henrique Tarnapolsky
Projeto gráfico: Victoria Rabello
Capa: Sérgio Campante

CIP-Brasil. Catalogação-na-fonte
Sindicato Nacional dos Editores de Livros, RJ.

Mingus, Charles, 1922-
M619s Saindo da sarjeta: a autobiografia de Charles Mingus / Charles Mingus; tradução, Roberto Muggiati. — Rio de Janeiro: Jorge Zahar Ed., 2005

Tradução de: Beneath the underdog
ISBN 85-7110-891-9
1. Mingus, Charles, 1922-. 2. Músicos de jazz – Estados Unidos – Biografia. I. Título.

CDD 927.8542
05-3119 CDU 929:785.161

1

— Em outras palavras, eu sou três. Um homem fica sempre no meio, despreocupado, sem se emocionar, observando, esperando que lhe permitam expressar o que ele vê para os outros dois. O segundo homem é como um animal assustado que ataca por medo de ser atacado. E, então, há uma pessoa gentil e superamorosa que acolhe as pessoas no templo mais sagrado do seu ser, aceita insultos, confia, assina contratos sem ler, cai na conversa dos outros e acaba trabalhando barato ou de graça, e quando percebe o que lhe fizeram tem vontade de matar e destruir tudo ao seu redor, inclusive a si mesma por ter sido tão estúpida. Mas não consegue, e volta para dentro de si mesma.

— Qual deles é real?

— São *todos* reais.

— O homem que observa e espera, o homem que ataca porque tem medo e o homem que quer confiar e amar mas recua cada vez que se sente traído. Mingus Um, Dois e Três. Qual é a imagem que você quer que o mundo veja?

— Não me importa o que o mundo vê, estou tentando apenas descobrir como deveria me sentir em relação a mim mesmo. Não posso mudar o fato de que todos estão contra mim, que não querem que eu seja um sucesso.

— Quem não quer?

— Empresários e homens de negócios com grandes escritórios que dizem a mim, um homem negro, que sou anormal por pensar que deveríamos ter a nossa parte no lucro que produzimos. Músicos são tão segregados como qualquer preto filho-da-puta da rua e o... o... bem, *eles* querem que a coisa fique assim.

— Charles, sei o que você quer dizer quando fala *eles*, e isso é irônico. Você não está lembrado que me procurou não só porque sou um psicólogo, mas também porque sou judeu? E que por isso seria capaz de me identificar com os seus problemas?

— Ha, ha! O senhor é engraçado, doutor.

— Ah, mas você está chorando de novo. Tome, enxugue seus olhos. E, Mingus, não me venha com essa porra de enrolação.

— Ora! Eu fiz o *senhor* falar um palavrão!

— Palavrões não são exclusividade sua. Não me aporrinhe, nem me enrole. Você é um bom homem, Charles, mas há muita invenção e fantasia no que diz. Por exemplo, nenhum homem poderia ter tantas relações sexuais numa noite quanto você alega ter tido.

— Claro que podia! Talvez eu tenha exagerado em algumas coisas como o levantamento de pesos e tudo aquilo porque eu realmente não sei quanto aqueles halteres pesavam, mas só dois outros caras foram capazes de levantá-los, e seus pés afundaram no chão!

— Está mudando de assunto, meu amigo. Eu lhe perguntava sobre as garotas mexicanas. Por que está tão interessado em provar que é homem? É por que chora?

— Sou mais homem que qualquer branco sujo chupador de pau! Fodi vinte e três garotas numa noite, incluindo a mulher do patrão! Não curti aquilo. Fiz porque queria morrer e esperava que aquilo me matasse. Mas no caminho de volta do México ainda não me sentia satisfeito, por isso parei e...

— Continue... Está com vergonha?

— Sim, porque foi mais gostoso quando fiz a coisa comigo mesmo do que com aquelas vinte e três putas de rabo sujo. Elas não gostam de homens, gostam do dinheiro.

— Como pode saber do que elas gostam, Charles? Aqui. Enxugue seus olhos.

— Que merda. Vá se foder. Até o senhor só curte dinheiro!

— Então não me pague.

— Ah, eu saquei a sua psicologia! Sabe que dizendo isso vai me levar a pagar o dobro.

— Nada disso, não quero o seu dinheiro. Você é um homem doente. Quando chegar a hora em que achar que o ajudei, me compre uma gravata ou coisa assim. E não vou chamá-lo de prevaricador de novo. O importante é que pare de mentir a si mesmo. Vamos, pouco tempo atrás disse que era um cafetão. Me fale sobre isso. Como foi que entrou nessa?

— Por que nunca me deixa deitar no divã, doutor?

— Você sempre escolheu a cadeira.

— Acho que não me quer no divã porque sou negro, e seus pacientes brancos poderiam ficar grilados.

— Ora, Charles Mingus! Pode deitar no divã, chutá-lo, pular sobre ele, ficar em cima dele, embaixo dele, virá-lo, quebrá-lo, e pagar por ele.

— Cara, você é maluco! Vou salvar você.

— Você não é treinado para salvar. Eu sou.

— Eu *posso* salvar você. Acredita em Deus?

— Acredito.

— Como uma espécie de bicho-papão?

— Bem, vamos tratar disso depois. Vamos voltar ao assunto, a profissão de má fama que você já teve.

— É verdade que tentei ser gigolô, doutor, mas não estava me dando bem porque não curtia o dinheiro que as garotas me traziam. Lembro a primeira que conheci, Cindy. Tinha toda aquela grana debaixo do colchão. Bobo riu de mim porque eu não peguei a grana, disse que eu não sabia lidar com uma puta.

— Se não queria o dinheiro, queria o quê?

— Talvez simplesmente ver o que os outros gigolôs faziam.

— Por quê?

— É quase impossível explicar isso, como você se sente quando é criança e os grandes gigolôs voltam à sua vizinhança. Fazem pose com seus relógios em suas correntes de ouro e exibem seus novos Cadillacs e Rolls e suas roupas caras feitas por alfaiates. Era a coisa mais próxima de um de nós se tornar presidente dos Estados Unidos. Quando um jovem empreendedor sai do seu bairro e se torna um gigolô de primeira, ele está se dando bem. É o que isso significa no meio de onde venho — provar que você é um homem.

— E quando provou isso, o que você queria?

— Simplesmente tocar música, nada mais.

— Li a seu respeito numa revista. Você não me disse que era um músico tão famoso.

— Isso não quer dizer porra nenhuma. É um sistema que aqueles que nos dominam usam. Eles nos tornam famosos e nos dão nomes, o rei disso, o conde daquilo, o duque sei lá *do quê*! Morremos na miséria, de qualquer maneira, e às vezes acho que curto mais a morte que encarar esse mundo branco.

— Estamos fazendo progressos, Charles, mas talvez seja o bastante por hoje.

— Queria falar do Fats. Sonhei com ele de novo na noite passada.

— Ótimo. Deixe no gelo para a próxima vez. Até logo, Chazz.

— Até logo, doutor.

2

Baby tinha feito dois anos, em 22 de abril de 1924, no número 1.621 na rua 108 Leste na cidade de Watts, condado de Los Angeles, estado da Califórnia.

Estava acabado, a cabeça aberta de lado a lado na quina de uma cômoda antiquada de segunda mão de um quarto de dormir de brancos que fora comprada numa loja da cadeia Goodwill. Eu não tinha me dado conta de como o sujeitinho era importante para mim. Todo mundo ficou tão preocupado. Eu me vi fora dele pela primeira vez desde que nascera, de pé ao seu lado com mamãe e as irmãs mais velhas dele, Grace e Vivian. Grace gritava: "Baby morreu! Baby morreu! Ó, Senhor Jesus! Meu irmãozinho se foi!"

Aí vem o papai! Olha para o coitado do Baby inconsciente. Tudo vai ficar bem agora. Mas até papai fala chorando: "Ó, meu Deus, ele está morrendo! Mamãe, traga um pouco de gelo, enrole num pano limpo, envolva bem nele, segure sua cabeça para o alto para que sangre mais devagar, vamos levá-lo ao hospital! Reze, Vivian! Grace! Mamãe! Todos nós temos de rezar! Ó, Senhor, salve o meu menino!"

Papai dirigiu o sedã Chevrolet o mais rápido que pôde até a clínica na rua 103, no centro de Watts. No caminho todos fizeram orações, choraram e imploraram a Deus, por favor salve Baby. A enfermeira deu uma olhada e o levou à sala de operação. "Vou fazer o melhor, sr. e sra. Mingus, mas ele está indo embora rapidamente", disse o médico.

"Deus nos ajude! Ó, Senhor, não agora!"

Mesmo com tanta fé nesse cara chamado Deus, Baby não reagia. Decidi voltar para dentro dele e assumir até que ele pudesse se recompor. Ninguém pareceu notar quando subi na mesa branca onde Baby estava deitado e me materializei dentro do grande buraco sobre seu olho esquerdo. Só para consolar todo mundo, respirei fundo e exalei, e Baby soltou seu primeiro grito desde o começo daquela manhã, quando Grace fizera cócegas no seu estômago até doer.

O doutor colheu os louros e o crédito.

— Não se preocupem, em uma semana ou um pouco mais ele vai estar novo em folha. Perdeu muito sangue e vamos precisar de raios X, é claro, pode haver uma fratura ou concussão. Voltem amanhã de manhã.

Comecei a sair de novo quando a família saiu, mas Baby me reteve e se agarrou à vida, por isso fiquei com ele e tenho estado com ele desde então.

Baby era tão pequeno, mas tinha juntas grossas, com ombros e quadris superdesenvolvidos. Pés de pombo e pernas cambaias, corria e brincava o dia inteiro, era o menino pelo qual a família ansiara. Tinha seus chiliques, seus tombos, suas emoções: vadear na areia nas marés de Santa Mônica aos domingos, cuidadosamente vigiado, sob gritos para não ir muito longe. A grande cesta de piquenique sobre a grama, a galinha fria um pouco arenosa e muito mais saborosa que em casa. Ele tinha alguns brinquedos, gostava de baratas-d'água e guardava formigas em garrafas. E por todas, não algumas, mas todas, as meninas bonitas que via ele se apaixonava instantaneamente.

No entanto, eu sentia pena do sujeitinho. Todos o amavam, eles diziam, mas o amavam como um filhotinho de cachorro. Estava se tornando uma pessoa e ninguém prestava atenção. Cutucavam-no e diziam: "Que covinhas bonitas!" Ele corava numa tonalidade mais marrom e sentia-se frustrado por não poder fazer perguntas sérias, porque ainda não sabia falar. Mas estava tão bem protegido do mundo exterior que, se fosse deixado sozinho um segundo do lado de fora da grande cerca do seu quintal, ficava completamente confuso.

Um dia vi que Baby tinha cérebro. Um dos vizinhos, um vigia noturno meio biruta chamado sr. Davis, há muito se queixava do querido cão de Baby, Buster, que ficava farejando sua cadela terrier. Num dia terrível o sr. Davis chamou a mamãe do outro lado da cerca e disse: "Seu cão acaba de ser atropelado! É melhor vir apanhá-lo." Eu me orgulhava do meu menino. Ele tinha visto papai atirar em pássaros no céu com sua espingarda e de certo modo sabia, ele *sabia* que o sr. Davis tinha atirado em Buster. Ficou enfurecido, queria pegar a espingarda de papai e matar a cadela do sr. Davis! Mas eu o acalmei e lhe disse para ficar quieto, e que quando papai chegasse em casa de algum modo justiça seria feita. Então Baby esperou para ver se papai iria pegar sua espingarda e atirar no sr. Davis. Mas papai nem pareceu notar o buraco de bala no pescoço do pobre Buster. Cavou uma bela cova no quintal, e Baby colocou flores nela, e aquilo foi o fim do seu poodle branco pequeno e sujo. Baby chorou, mas papai disse apenas: "Filho, Deus vai cuidar de tudo isso."

Ouviu aquele nome "Deus" de novo, Baby? Ó, sim. Baby silenciosamente rezou para que Deus cuidasse do sr. Davis de alguma forma drástica. Mas Baby cresceu e ficou mais velho e nada aconteceu ao sr. Davis, absolutamente nada — a não ser que pareceu se dar conta do ódio e do desprezo que Baby sentia e começou a observar meu menino com ressentimento; e nunca perdia a oportunidade de fazer piadas pelo fato de ser tão grande, desajeitado e bobão. Meu menino nada disse, mas freqüentemente, enquanto praticava música de quatro a cinco horas por dia, pensava no sr. Davis. Muito depois, quando tinha quatorze anos e leu um livro na biblioteca sobre um homem chamado Sigmund Freud, ficou imaginando se Freud conhecera um sr. Davis na sua infância.

Meu garoto tinha quatro anos e sentia-se muito estranho no seu primeiro dia de escola, agarrado à mão da mamãe, trotando sobre suas pernas tortas, tropeçando em seus pés de pombo, a caminho do gabinete da diretora. Lá ia uma criança marrom, cheia de complexos, para o jardim de infância, para desenvolver outros complexos. As crianças todas riam enquanto eles passavam, e ele não sabia se riam dele ou da mãe, que tinha tirado suas roupas de trabalho e colocado a fatiota domingueira para essa ocasião. Entreouvira seu pai dizendo: "Tire essa droga dessa tinta da boca! E não se vista tão mal assim. Essa roupa não dá nem para ir para a casa de um porco!" Devia ser verdade, papai era quase um Deus e às vezes até dizia a Deus o que fazer: "Deus que se *dane*!", ele gritava quando estava muito bravo.

Nos dias de semana mamãe arava o quintal, plantava milho, tomate, vagem, limpava os galinheiros que abrigavam mais de uma centena de galinhas e galos, recolhia os ovos, consertava a cerca, cortava e molhava a grama, varria, lavava e esfregava a casa, cozinhava e lavava os pratos, remendava as roupas das crianças, costurava os vestidos das meninas e cobria seus traseiros com grandes calções presos por elástico acima dos joelhos.

Será que essas pessoas estranhas estavam realmente rindo de sua mãe? Ele achou que ela estava bonita. Ficou confuso com a gritaria, as brigas e o barulho ao seu redor, mas ficou agarrado a ela e não chorou.

A sra. Corrick, a diretora branca e gorda, media menos de um metro e meio de altura e usava um vestidinho simples e curto floreado que mostrava suas pernas, que tinham o formato de enormes presuntos premiados de feiras agropecuárias. Ela tinha seios iguais a dois melões pendurados no peito por suspensórios. Parecia maior que uma vaca! Seu rosto era gordo como o de Papai Noel, cheio de alegria, e ela corava continuamente sem nenhuma razão aparente. Meu menino ficava imaginando se ela era corada assim por todo o corpo.

E assim Charles entrou para a escola, e todos os seus problemas com o mundo exterior começaram. Eu queria que ele soubesse que não estava sozinho, que eu estava com ele para a vida toda, por isso depois desse dia tentei me comunicar com ele mais intensamente. Parecia difícil, talvez eu tivesse esperado demais e ele já tivesse desenvolvido um padrão de pensamento próprio.

Um dia ele roubou. Já tinha comido sua merenda a caminho da escola e no recreio foi ao vestiário; eu o vi comendo um sanduíche que não era seu. Ao meio-dia outro menino começou a chorar e olhei atentamente para o rosto culpado de Charles. Repreendi-o por isso e ele deu ouvidos. Prometeu que nunca roubaria mais nada enquanto vivesse.

Foi nessa época que ele se ouviu chamar por um nome estranho. Brincando na caixa de areia começou a derramar areia quente dentro das calças porque a sensação era agradável. Foi arrancado da caixa por uma professora. "PERVERTIDO SEXUAL!", ela disse. Ele não sabia o que aquilo significava, mas logo soube mais a respeito. A garotinha era Beulah Clemmons, e Charles não a havia sequer notado naquele dia, e muito menos olhado embaixo do seu vestido. Além do mais, ele tinha visto suas irmãs na banheira, e o que Beulah podia ter debaixo daquele vestido que fosse diferente de Grace e Vivian? Estava sentado num banco na hora do almoço, espiando da esquina da escola, observando as garotas e lançando olhares. Subitamente a sra. Pinkham, a professora de ortografia, o colocou de pé e lhe deu um tapa no rosto, e o inspetor o agarrou pela orelha e levou aos pontapés ao escritório da diretora gorda.

— Sra. Corrick – disse com satisfação —, nós o pegamos olhando debaixo do vestido de Beulah Clemmons! Esse menino devia ser mandado para Boyle Heights dessa vez, sem falta.

Boyle Heights era a escola para crianças malucas e teimosas.

— Sr. Cuff, queira fazer o favor de ir buscar a sra. Mingus – a diretora gorda disse. — Vamos acabar com isso de uma vez por todas. Que menino malcriado você é, Charles!

Meu garoto se lembrou de que esse era o dia de folga de seu pai e começou a imaginar o seu próprio enterro. Papai era rápido com o cinto na época e freqüentemente o surrava por coisas que ele mal entendia, como deixar a água escorrer de suas botas em casa, ao voltar da escola, brincando nas sarjetas encharcadas depois de uma chuvarada. Às vezes tomava duas surras, de chibata da mamãe e a segunda, muito pior, do cinto dobrado do papai.

Pensou com terror no castigo por molhar a cama. Papai havia advertido uma noite e na manhã seguinte mamãe entrou no quarto cedo e sussurrou: "Levante-se, filho, vá fazer pipi. Não vai querer que papai bata em você, sabe muito bem o que ele disse!" Mas ela chegou tarde demais, e Charles começou a chorar. A porta do quarto se escancarou e papai entrou como a ira de Deus. Com o cinto e os punhos ele se superou, e Charles rezava para que a sra. Haynes da casa ao lado ouvisse e gritasse como sempre fazia: "Pare de maltratar essas crianças ou vou chamar a polícia!" Mas dessa vez ela devia estar dormindo profundamente.

As surras ao amanhecer continuaram durante meses, e foram tantas que às vezes nem chegavam a acordar meu garoto. Papai batia no seu corpo, mas a criança não estava mais lá dentro, estava do lado de fora comigo, esperando até que a agonia acabasse. Tentou encontrar maneiras de enganar aqueles pais mal-orientados, como trocar o lençol de baixo para cima, esperando que secasse com o calor do seu corpo. Às vezes quando papai trovejava "Ele molhou a cama?", mamãe, a verificadora oficial do pipi, enfiava a mão debaixo das cobertas e tocava a umidade do camisolão comprido e antiquado que ele usava, e, sentindo pena de Charles, dava-lhe um tapinha na bunda e dizia: "Acho que agora ele vai se emendar, papai."

Uma manhã meu garoto abriu os olhos para ver seu pai sacudindo uma garrafa debaixo do seu nariz. "Sorte a sua que não fez pipi, garoto! Está vendo esta garrafa de Lysol? Da próxima vez vou pegar esta coisa e queimar tudo!"

As palavras levaram um horror glacial ao seu coração e ecoaram ao longo dos anos, enquanto ele acordava nas primeiras horas e fazia uma visita extra ao banheiro para aliviar os rins danificados que não receberam os devidos cuidados na infância.

Foi durante esse período que Charles me pediu para levá-lo embora, para fora de si, e deixá-lo morrer. Quando me recusei, ele não acreditou mais em mim e começou a rezar para que Jesus Cristo o acordasse e não deixasse seu pai queimá-lo; ou, se isso fosse impossível, o levasse para o céu com os anjos.

Assim, comecei a vigiá-lo a noite toda e no início da manhã eu o cutucava e dizia "Acorde, Charles!" Ele pulava cego de sono e puxava um penico de baixo da cama. Certa vez, em sua pressa confundiu o sapato com o urinol e, agradecido, verteu sua água dentro dele gritando "Obrigado, Jesus!" E assim as surras matutinas cessaram, e Charles estava convencido de que Jesus havia ouvido o seu grito de socorro. Depois daquilo, ele apelava a Jesus para tudo.

Enviava suas preces ao céu, temeroso, quando o sr. Cuff e seus pais entraram no gabinete da diretora gorda. Seu pai olhou direto para ele e disse:

— Vamos, filho, não quero que minta para mim; se fizer isso, não vou querer saber nunca mais de você. Este homem aqui me disse que você estava tentando olhar por baixo da saia de uma menina. Não vou surrar você se contar a verdade. Onde está a garota?

— Esta aqui é Beulah – disse a sra. Corrick.

— Meu menino tentou olhar debaixo do seu vestido?

— Estava. Eu estava me balançando nas argolas e ele ficou deitado no banco olhando por baixo do meu vestido, foi o que a sra. Pinkham falou.

— Filho, por que estava chorando quando eu cheguei?

— A sra. Pinkham estava batendo em mim e...

— Quem é essa sra. Pinkham?

— A professora de ortografia.

— O que aconteceu com o seu lábio e com o seu supercílio esquerdo?

— O sr. Cuff bateu em mim quando me fez subir as escadas, dando chutes...

— Não fiz nada disso! – disse o sr. Cuff:

— Sim, ele fez, os meninos viram — Beulah falou inesperadamente.

O sr. Mingus levou todo mundo à cena do crime. Mandou Beulah se pendurar nas argolas. Então fez o inspetor se deitar no banco, depois a diretora gorda e depois ele próprio. Ficava mais zangado a cada minuto, e quando se levantou do banco disse ao sr. Cuff:

— Agora, seu branco azedo filho-da-puta, me diga que sou mentiroso e me enfia a porrada como fez com o meu filho pequeno, porque não consigo nem enxergar a menina daqui, que dirá olhar debaixo do vestido dela! Sua escória, desperdiçando meu tempo me fazendo vir até aqui! Bote a mão no meu filho de novo e vou arrebentar você!

Mamãe gritou:

— Vamos, papai, não se exalte! Você provou que está certo. Vamos ser respeitáveis e voltar para casa.

Não muito tempo depois daquele incidente, uma garotinha mexicana da pá virada, de cinco anos, chamada Hoacha, mostrou a ele como podiam empilhar seus grandes livros de colorir nas carteiras e bloquear a visão da professora, enquanto se beijavam e davam as mãos. Ele gostou disso, mas ficou intrigado quando um dia ela lhe sussurrou com olhos cintilantes e disse para ele pedir licença e esperar por ela no lugar onde as *meninas* iam! Quando ela chegou, arrastou-o para uma cabina, trancou a porta, ficou de pé sobre o assento do vaso, ergueu o vestido, abaixou a calcinha e mandou que a beijasse. Sabem o que o meu garoto fez? Subiu no assento do vaso ao lado dela, a beijou no rosto e disse calorosamente: "Eu também te amo!" E então voltou à sala de aula.

Um dia Hoacha faltou à escola e nunca mais voltou. Charles ficou muito preocupado e percorreu toda a vizinhança mexicana perguntando "Onde está Hoacha? Onde está Hoacha?" Disseram que ela havia se mudado, e ele foi para casa naquele fim de tarde com o coração partido. Eu o consolei e lembrei de todas as outras garotas de que ele gostava: Evelyn, Caroline, Juanita, Jacqueline, Lois, Marian... Mas Charles sentiu saudades de Hoacha até o dia em que encontrou um novo amor.

3

Esta noite é o ensaio final do *Casamento do Pequeno Polegar*. As crianças estão sendo escolhidas e colocadas em pares pelos pais ansiosos e nervosos. As professoras estão todas ansiosas, os O'Neill consentiram que seu filho e sua filha se juntassem à procissão! As irmãs gritam por causa de Bernard, bonito, tão brilhante, exatamente como o pai, o oficial O'Neill. Deixam Charles ficar plantado sozinho. As coisas estão um tanto monótonas para um don Juan comum de sete anos de idade. Todo mundo se agita e discute quem pode formar par com quem. Ele não teve sequer uma parceira em nenhum dos ensaios. Quem é esse garoto Bernard, pensa, sentindo-se por fora da parada. E então acontece, ele vê Mariana.

Caída dos céus! O cupido veio bater na sua porta — entrou e descarregou arco-e-flecha, pistola, revólver e metralhadora, e detonou o coração, a alma e o corpo do meu menino Charles, e não errou nem um naco ou pontinho de sua inteira personagem. A capela Grant da Primeira Igreja Episcopal Metodista Africana no bloco 1.600 da rua 108 é finalmente abençoada com um milagre, tão claro como o dia difere da noite. Olhem só, um anjo está à porta, um espetáculo adorável e sagrado, segurando a mão de uma senhora que podia ser sua mãe e ao lado de um garoto muito parecido com Charles. Talvez um pouco mais alto, apenas isso, somente um pouco mais alto.

Essa garota! Essa pequena mulher! Céus, beleza não é uma palavra para ela! Olhos se encontram e ficam grudados. Cuidado! Uma diaconisa mandona de touca preta está tentando colocá-la com outro parceiro! Não vai funcionar. Charles e o anjo se olham fixamente, nada pode impedi-los de se olharem. A sra. Johnson percebe e resolve o problema. Ela os coloca juntos, ambos ruborizando, tremendo, olhando para o chão, sentindo ainda o olhar do outro penetrando em sua alma.

Um apito é soprado e a procissão começa. Como e onde ele voltará a vê-la? Como se chama? Onde mora? Não importa. Charles sabe como a encontrar. Pronto! Nunca haverá outra.

Correu para casa depois do ensaio, gastou horas para se preparar, lavou-se dos pés à cabeça, praticou a postura, tentou caminhar de modo a disfarçar os pés de pombo, tentou desentortar as pernas... Toda a família virá esta noite e todos apostam que Charles estará mais esplendoroso que os outros, inclusive o filho do oficial O'Neill. Pacientemente, ele deixa que coloquem o smoking e a grande gravata-borboleta nela. Vestido e pronto, vai furtivamente ao banheiro, fecha a tampa do assento, ajoelha-se e reza como Jesus no grande rochedo no cartão-postal da escola dominical, emoldurado e pendurado sobre o piano na sala de estar. Juntando as mãos sob o queixo, ergue os olhos para o teto branco do banheiro.

— Querido Jesus, faça com que ela me ame, por favor, querido Jesus!

Mal disse "amém" e a mãe o chamou, sua voz começando no tom de baixo e deslizando até quase a uma oitava.

— Char-*rulls*! Vamos saindo agora!

E papai ruge:

— Vamos lá, garoto!

Grace, radiante, congratula:

— Oooó, que irmão bonito que eu tenho!

Vivian se queixa:

— Não vejo pra que serve esse casamento do velho Pequeno Polegar. Eu preciso ir mesmo?

Mamãe adverte:

— Vamos todos antes que papai fique zangado.

— Já estou zangado de ter gasto todo aquele dinheiro comprando esses trapos idiotas e ainda vou ter de pagar ingressos para entrarmos! Mais de um dólar por cabeça e meu próprio filho no palco! Aposto que o reverendo ainda vai passar a bandeja da coleta.

Enquanto o resto da família pega seus ingressos, Grace leva Charles até a entrada lateral do teatro. Todo mundo espera sua vez de passar com o parceiro pelas portas giratórias e ao longo do caminho até o púlpito em miniatura onde a cerimônia de faz-de-conta será encenada. Charles já havia descrito o anjo para sua irmã. Quando vê a garotinha ela exclama:

— Ó, sim, vocês foram feitos um para o outro! Meu irmãozinho Charles está apaixonado por você, meu anjo. Como se chama?

— Sabe quem ela é? A filha do oficial O'Neill!

Em transe, olham nos olhos um do outro.

— Muito bem, pais e crianças! A procissão vai começar. Todo mundo que não estiver no casamento para fora! Parceiros, podem se juntar!

Grace sai para a platéia, mas Charles e Mariana ficam imóveis, hipnotizados, sem ouvir sequer as vozes adultas. A sra. Johnson gentilmente os empurra para ficarem em linha.

— Parceiros agora! – grita em sua voz doce e musical. — Charles, vamos meu rapaz, dê o braço a essa bela pequena dama para que possam caminhar juntos.

Enquanto esperavam no vestíbulo pouco iluminado, ninguém viu as pequenas mãos adultas que umidamente entrelaçaram, pulsando e se agarrando, à medida que se aproximavam cada vez mais. Se esse momento de amor puro tivesse durado para sempre, estou seguro de que ambos teriam conseguido sobreviver a todos os problemas da vida.

As outras crianças estavam ocupadas se preparando para a procissão, e só a sra. Johnson viu esse homem e essa mulher, que mal acabaram de nascer, nos braços um do outro. O rosto dela se abre lentamente num grande sorriso. Ela abaixou-se para retocar o batom de Mariana e enxugar a testa do meu garoto, e então gentilmente beijou suas faces. Naquele momento os três compreenderam o que é o amor, e são todos crianças juntos. Charles está pensando que as igrejas devem ser boas se é nelas que se encontram pessoas como a sra. Johnson. Lembra-se da caça aos ovos de Páscoa. Os ovos haviam sumido, os meninos mais espertos haviam achado todos. Decepcionado, ele ia voltar para casa. Mas a sra. Johnson gritou: "Continue procurando, menino! Nunca deixe de procurar." "Não tem mais ovos", disse Charles. "Ouça, Charles, eles não pegaram todos! Ora, veja só alguns bem aqui! O coelhinho deixou três numa pilha. O velho coelho tem um montão de ovos!" Ela colocou-os em suas mãos. Os dois sorriram um para o outro e ele correu atrás dela, gritando para os outros: "Vamos lá, minha gente! Tem uma porção de ovos que o coelho deixou!", enquanto, de tempos em tempos, ela enfiava a mão e a estendia debaixo daquele velho coelho da Páscoa que botava ovos coloridos bem no avental dela, e ele os escondia para que as crianças menores os encontrassem. Ah, sim, a sra. Johnson tinha o coelhinho da Páscoa no seu bolso naquele dia, e esta noite tinha o segredo da vida.

As portas se abrem.

— Não tenham medo, crianças. Dêem-se os braços. Segure suas flores direito, Mariana. Sigam pelo caminho. Em frente!

Um sussurro percorre o público. Estas são crianças, fisicamente, mas são como homens e mulheres que estão se casando por amor nesta noite. A atenção se desloca dos diretores para Charles e sua dama. A risada rola na congregação e termina num suspiro enquanto Mariana segue Charles para o lado dos meninos. Os instrutores os separam, mas Charles corre atrás dela e se junta ao grupo das meninas. Ele ouve a voz baixa de sua irmã dizendo "Não é o casamento do Pequeno Polegar, é meu irmão que está se casando de verdade esta noite. Vamos, irmão, case com Mariana nesta bonita noite cristã!"

O reverendo Jones acena com a cabeça e o casamento de faz-de-conta prossegue com Charles entre as noivas, grudado a Mariana. A sra. Foldy toca a introdução no velho piano de armário e Bernard O'Neill – o Pequeno Polegar! – faz sua entrada triunfal, pavoneando-se a passos largos em direção ao púlpito em miniatura. No meio do caminho, ele pára, com uma expressão chocada, ao ver o meu garoto no meio das meninas, pendurado na sua irmã, mas recupera a dignidade e alcança o seu padrinho de casamento. A pequena noiva, seu pai de faz-de-conta, um pirralho carregando a cauda de um véu superlongo, e um pirralho ainda menor levando dois anéis sobre uma almofada seguem pelo caminho. Mas meu garoto e o seu anjo nem tomam conhecimento deles.

Depois da cerimônia, o reverendo faz um breve sermão. Bandejas de coleta são passadas rapidamente e depois do recesso a multidão explode em vivas e gargalhadas. Os pais saem à procura de seus filhos. O casamento de faz-de-conta acabou. A sra. O'Neill e suas irmãs correm para a única coisa que aconteceu de real nesta noite. A família de Mariana não é dura com ela, está apenas constrangida, envergonhada e com pressa de enfiá-la num casaco e levá-la para fora do local. Mas o oficial O'Neill, grande e quase branco, não resiste e comenta:

— Estou querendo saber se este menino tem os parafusos no lugar. Como se chama, garoto?

— É o filho do sargento Mingus – diz alguém.

— Boa noite, *cabo* O'Neill – diz papai.

— Ora, como vai, Charlie? Ainda está no exército?

— Não, cabo, não estou mais no exército. E você, ainda acha que é branco?

O oficial O'Neill não fala nada e papai continua:

— Dê uma boa olhada no meu filho e na sua filha. Nenhum dos dois vai querer passar por branco, como nós queríamos. Tudo o que lhe valeu foram as divisas de cabo no exército e pés chatos como guarda de trânsito. Acorde, negro. Os tempos estão mudando.

— Bem, meu velho amigo Mingus – o oficial O'Neill ri –, vejo que uma coisa não mudou, e é aquele seu gênio. Não vamos nos preocupar com nossos filhos. Eles vão se esquecer dessa pequena paquera.

O sr. Mingus amolece.

— Ahã. Humm. Vamos sair daqui e fumar um cigarro. Deixe as crianças com as mulheres.

E enquanto Mariana, com o pulso envolvido firmemente na mão da mãe, caminha de costas para a saída, ela e Charles ainda se ocupam a cada segundo de encher seus olhos e suas almas um com o outro, como se soubessem que nunca mais ficariam tão próximos assim de novo.

4

Charles tinha oito anos quando seu pai pela primeira vez lhe perguntou que instrumento queria tocar. Trombone, ele decidiu, porque era o único instrumento musical com aparência interessante que tinha visto até aquela época. O sr. Young, o mestre de coro da igreja, tocava um trombone que brilhava e resplandecia enquanto ele regia o maior coral afro-americano de Watts. O sonho de Charles foi escolhido no catálogo da Sears Roebuck e chegou numa caixa de madeira, envolto em palha e papel de seda, cintilante e pronto para tocar. O sr. Young concordou em ensinar-lhe, mas na primeira aula pareceu surpreso de que meu garoto não conhecesse sequer as linhas e espaços. Mandou-o estudar o básico com sua irmã Vivian, que já aparecia em recitais de piano. A primeira coisa que ela lhe ensinou foi a clave de sol, e isso ele aprendeu rapidamente, e voltou ao sr. Young ansioso para tocar seu belo trombone, mas foi chamado de estúpido por ignorar que um trombone se toca na clave de fá, e foi mandado de novo para casa. Meu garoto ficou tão desencorajado que nunca mais voltou às aulas, mas fez o melhor praticando em casa sozinho até que papai, contrariado, trocou o trombone por um violoncelo sem sequer o consultar. E Charles se apaixonou por este instrumento na hora. Então, o sr. Arson entrou na sua vida.

Em Watts, professores itinerantes, nem sempre competentes ou com boa educação em música, batiam de porta em porta persuadindo famílias de cor a pagarem aulas para seus filhos. O sr. Arson era um deles, à caça dos poucos dólares que recolhia semanalmente de muitas famílias negras cujo dinheiro pagava suas contas num bairro "só para brancos" de Los Angeles. Ensinava qualquer um a tocar qualquer coisa que se assemelhasse a um instrumento musical, que a gente pobre tomava emprestado ou comprava de segunda mão ou no crediário. Talvez ele não admitisse nem para si mesmo que enganava seus alunos, mas a verdade é que não perdia tempo em lhes transmitir os princípios fundamentais de uma boa educação musical. Suas curtas sessões semanais tinham de resultar em sons satisfatórios que provassem aos pais que seus filhos estavam realmente aprendendo algo numa área que dava status e trazia dinheiro. Então o sr. Arson passava longe dos fundamentos, que até a criança mais talentosa deve dominar para chegar a aprender a ler música bem, e os pais, como de costume, pagavam por algo que seus filhos não estavam recebendo.

O sr. Arson viu imediatamente que Charles era capaz de cantar os sons que via no papel. Muito bom. Sem se dar ao trabalho de nomear as notas, mostrou-lhe onde colocar os dedos no violoncelo para produzir aquele som. Era como se nunca se ensinasse a uma criança brilhante, capaz de pronunciar as sílabas fácil e rapidamente, como as sílabas se compunham em palavras e como as palavras se organizavam na sintaxe. Estou seguro de que o sr. Arson não tinha a menor idéia de que o seu método de atalho seria ótimo para a improvisação jazzística, em que o músico ouve os sons que está produzindo, em vez de efetuar uma transferência intelectual da partitura para o processo do dedilhado. Usando escalas simples e canções familiares, o sr. Arson contava o andamento enquanto tocava com o arco o seu violino em surdina, canhestro e de sonoridade cigana, com sua superfície coberta de resina, e Charles acompanhava da melhor maneira possível, de ouvido, sabendo apenas como a coisa soava, sem concepção alguma dos processos técnicos que deveria estar aprendendo àquela altura.

Foi nessa época, eu me lembro, que alguns dos meninos mais velhos o convidaram para ir nadar no canal de Watts sem roupas de banho, com garotinhas brancas que também iam nuas! Mas havia lagostins no canal, e aquilo o assustava mais do que a tentação da outra coisa. Para não parecer maricas, obrigou-se a acompanhar os caras, de qualquer maneira, mas nenhuma garota branca apareceu. Não havia um rabo nu de qualquer cor sem um pênis, e, ainda por cima, ele quase se afogou no canal fundo e lamacento. Ajudei-o a sair e senti realmente pena dele quando descobriu que alguém tinha roubado seus sapatos e suas calças novinhas em folha. Pobre Charles, teve de voltar para casa cobrindo-se com galhos de eucaliptos, sabendo que papai lhe daria tapas pela cara toda e mandaria Grace buscar a correia que ficava pendurada à espera na cozinha. Quando papai surrava as crianças com aquela correia dobrada com mais de dois centímetros de espessura, a pior parte não era a tira, mas os golpes do punho que a seguravam. Eu acho que papai sabia disso. Acho que era um homem doente nessas ocasiões, doente, frustrado por uma vida passada nos correios, quando estudara para ser arquiteto, e muito confuso. Ensinou preconceito racial aos filhos, disse que eles eram melhores que os outros porque sua cor era mais clara. Grace ficava magoada quando papai dizia isso, chorava e se queixava de que, segundo o seu ensinamento, ela era o ser inferior da família por ter a pele mais escura. Durante essas discussões, mamãe se olhava no espelho e dizia como a tomavam geralmente por mexicana por causa das sardas, do nariz finamente cinzelado e dos pés minúsculos. Ela acreditava ser em parte índia. Mas as crianças se lembravam de que papai dizia que os mexicanos e os índios eram sebosos e sujos, com piolhos nos cabelos. Era tudo muito confuso.

Naquele ano havia uma garota irlandesa bonitinha que se sentava do seu lado na última fileira na aula de leitura. Ela não recusava seus dedos quando tateavam na borda da sua cadeira e tocavam em suas pernas enquanto enfiava a cabeça num livro e assumia um ar sério. E então era a vez dele, de fingir interesse profundo em suas lições enquanto a mãozinha dela lhe acariciava a coxa.

Uma tarde combinaram de se encontrar na casa dela depois da escola.

— Mamãe só chega em casa às seis – ela disse.

Mostrou-lhe a grande casa creme quase um quilômetro além de um campo de alface perto do poço nas proximidades da rua 103, ao lado do velho corpo de bombeiros e do distrito policial.

Charles sentiu-se seguro caminhando pelo campo de alface, carregando seus livros escolares. As pessoas pensariam que ia até os estábulos como os outros garotos para ver os cavalos do pai dela. Esgueirou-se pela porta dos fundos e gritou o seu nome. Dois meninos mexicanos, não muito mais velhos do que ele, mas muito maiores, abriram a porta.

— Saia daqui, NEGRO! Betty é nossa garota e não queremos nenhum NEGRO ciscando por aqui!

Meu garoto ficou chocado. Papai o advertira para não brincar com "nenhum daqueles pirralhos negros" da rua, então como é que podia ser um deles? Será que aqueles nojentos não haviam notado a sua cor mais clara? Pela primeira vez ocorreu-lhe que, qualquer que fosse o tom de sua pele, ele seria sempre um negro para certas pessoas.

Perder a garota e tornar-se um negro, tudo isso no mesmo dia, era demais. Quase aos prantos, atravessou correndo o campo de alface e subitamente três brancos cresceram à sua frente e o agarraram pelo colarinho junto à estrada.

— Ei, garoto! Que está fazendo por estas bandas?

— Voltando da escola para casa... – Charles conseguiu dizer.

— Vamos matar este neguinho – disse Cara Vermelha. — Querendo se meter numa vizinhança que não é a dele, tentando estuprar nossa irmã!

Estuprar? Do que estão falando? Será que Betty lhes contou o que fazemos na escola? Será que aquilo é estuprar?! Charles começou a correr, mas em três passos os homens o agarraram e forçaram a sentar-se no banco de trás do seu carro velho e sujo. Colocaram-no no chão do carro, enquanto Cara Vermelha dirigiu até o canal, o chutou para fora e o empurrou para o chão. Meu garoto ficou aterrorizado. Será que iam afogá-lo no canal com todos aqueles lagostins? Mas, como só lhe deram uns tapas, achei que estavam tentando apenas assustá-lo. Seu pai sabia bater bem mais forte. Sussurrei para chorar e fazer uma cena, sabia que isso ia agradar aqueles branquelos.

— Vamos dar uma lição nesse pirralho sujo! — disse Olhos de Porco.

— Vamos ficar de olho em você pelo resto da vida, seu covarde nojento! – disse Gordo Sujo. — Se pegarmos você perto de outra garota branca, vamos cortar seu peruzinho!

Charles começou a chorar justamente quando dois jovens negros, os Grissom, vinham se aproximando ao longo do canal no crepúsculo a caminho de casa depois de pescar lagostins. Os irmãos Grissom trabalhavam no mercado. Andavam sempre juntos, e ninguém em Watts era mais forte e mais vigoroso que eles. Perceberam toda a cena e, sem perder tempo, Booker T. pegou Gordo Sujo e o arremessou contra Cara Vermelha, enquanto seu irmão Warthell derrubava o outro valentão.

— Este negro estuprou nossa irmã! – gritou Olhos de Porco.

Os Grissom olharam para o menino de nove anos e sorriram ceticamente. Então, Cara Vermelha, que estivera brevemente apagado, levantou-se e gritou:

— Vou matar *todos* estes negros!

Os Grissom partiram para a luta e botaram os bravos brancos para dormir de vez. Então levaram Charles até sua casa e o advertiram para nunca dizer palavra a ninguém, pois Booker receava que tivessem matado Cara Vermelha quando o jogaram sobre aquelas pedras pontiagudas, o que pareceu ter feito um monte de buracos na cabeça dele.

No entanto, todos os três irmãos brancos sobreviveram, por isso, durante algum tempo, os Grissom iam encontrar Charles todo dia em frente da escola na rua 103 e o escoltavam para casa, porque esperavam encrenca. E ela veio. Um dia, quase estoura um conflito racial. Os irmãos de Betty foram de carro à escola com vários outros brancos e saltaram dos seus carros. Foi tétrico, pois em poucos segundos lá estavam os irmãos Derden (que jogavam sacos de batata de cinqüenta quilos um no outro) e Tan Blue, o jovem de aparência mais ameaçadora que já se viu. Tan era grande, negro como ébano, corpulento e bonito, cento e vinte quilos de puro músculo, modelado como o escravo Lothar do mágico Mandrake. Fazia ponto no Salão de Bilhar do Steve, exceto na temporada de futebol americano, a única ocasião em que se dava ao trabalho de ir à escola. Era conhecido por sua velocidade excepcional. Ao vestir a roupa de jogador de futebol era capaz de correr mais que um dos velocistas mais rápidos da Escola Secundária Jordan, o Moulah Johnson.

As forças se achavam em equilíbrio agora, e os Tucker estavam a caminho. Tan Blue falou então aos brancos muito polidamente, em seu estilo super-*cool*:

— Sugiro que os cavalheiros deixem para lá o que tinham em mente e vão para casa. Preciso lhes dizer que, embora os Grissom, os Derden e nossos amigos os Tucker, que em breve estarão chegando aqui, sejam todos cavalheiros com espírito esportivo, eu na verdade não gosto de lutar com os punhos e seria obrigado a cortar aqueles de vocês que fossem jogados em minha direção.

Não estou seguro de qual dos lados teria vencido, mas a diplomacia de Tan Blue salvou o dia. Pouco depois, Betty e sua família se mudaram para o Norte, e Charles sempre se perguntava o que teria acontecido naquele encontro que nunca tiveram na casa creme do outro lado do campo de alface.

Meu garoto não sabia como explicar à família o que acabara de aprender, que essa história de escuro e claro era uma grande mentira. Porque se você tem algum ancestral "negro", você será um negro para todos os chicanos, brancos-azedos e gente dessa laia, quer seja preto como o breu, amarelo como o meu garoto, ou cinzento como o mais pálido dos caucasianos com olhos castanho-claros e cabelos ruivos como papai, é bom você ficar sabendo disso.

Mas, como papai parecia não entender a questão, Charles rezou para que eles não se encontrassem num fim de tarde desses quando os Grissom, os Derden e Tan Blue o escoltavam até em casa. Porque papai seria capaz de desabafar na sua ignorância: "Não lhe disse para ficar longe de negros escuros?" E, por mais errado que seu pai estivesse, meu garoto preferia não ver seu pai severo voando pelos ares como um saco de batatas, enquanto Tan Blue o descascava com a sua navalha a cada arremesso.

5

A escarlatina tirou o meu garoto dos ensaios com a Orquestra Filarmônica Júnior de Los Angeles. No primeiro dia da sua volta, ninguém lhe contou que haviam feito mudanças nas orquestrações, por isso o superconfiante Cholly Mingus saiu tocando com o arco exuberante a sua versão simples da Quinta Sinfonia de Beethoven, e até se sentiu orgulhoso ao continuar tocando enquanto os outros haviam parado, imaginando que era o único no palco que seguia adequadamente a partitura.

O regente severo, com ar irritado, ergueu a mão abruptamente.

— Ei, você aí! Quem é você? Não sabe ler?

— Eles não deviam ter parado! Estão todos errados. Eu estava certo! – Charles gritou.

— Já fomos muito à frente para aturar alunos atrasados. Tirem-no da orquestra.

Charles percebeu com espanto que o regente gesticulava para que ele deixasse o palco. Saiu em silêncio, arrastando o violoncelo atrás de si. Nos bastidores, enquanto o colocava no estojo de lona, pensou amargamente: "Não estão fazendo a coisa certa. Esses brancos não conseguem nem tocar a música que acham que inventaram!"

Quando ia bater em retirada, a sra. Churney, sua professora de música na escola, correu atrás dele.

— Está tudo certo, sei que você é capaz de tocar, Charles – ela disse bondosamente.

— Sim, senhora, sei mesmo! Eles é que não tocaram a *deles*!

A sra. Churney explicou que certos compassos da Quinta Sinfonia eram difíceis demais para que executantes jovens de capacidades variadas pudessem tocar juntos, e tiveram de ser eliminados porque não soavam "limpos".

— Fique por aqui e ouça – disse ela –, e no próximo ensaio vai saber o que fazer.

Feliz por não estar sendo expulso para sempre, Charles sentou-se numa poltrona na primeira fila do auditório. Ouviu atentamente Beethoven e depois Tchaikovski, sem imaginar o que os poucos minutos seguintes significariam em sua vida. Sempre me perguntei o que ele teria feito se um anjo anunciador houvesse então aberto a cortina que escondia o futuro e mostrado tudo o que aconteceria a ele e Lee-Marie até o último adeus, cerca de vinte anos depois. Acho que ele não teria entendido ou acreditado naquilo e teria feito a mesma coisa.

Meu garoto não sentiu nada inicialmente quando uma bela garota negra de pele clara desceu do palco com o seu violoncelo e tocou uma sonata de Kodály para os professores com fineza e facilidade. Talvez tenha sentido um leve ciúme ao saber que ela guiava os violoncelos, e ele tocava sob o seu comando confiante. Então, olhou com mais atenção para ela e se sentiu estranho. Como podia uma garotinha ser tão boa em música e tão bonita também? Seus olhos escuros cintilavam, seus cabelos negros eram puxados para trás e presos por uma fita de veludo, e ela se vestia tão suavemente em lã azul com colarinho e punhos brancos e meias soquetes brancas, bem diferente das garotinhas suadas que jogavam basquete no recreio da escola. Era como uma princesa, uma estrela de cinema!

Sua excitação aumentava cada vez que se dirigia ao centro para os ensaios nos grandes bondes vermelhos com um menino chamado Malcolm Walker, que tocava trombone na orquestra. Charles praticava com mais afinco agora em casa e se exibia tocando escalas durante a afinação, nos intervalos, e ainda fazia solos vistosos que chamavam atenção antes e depois dos ensaios! Quando os outros aplaudiam, ela nunca batia palmas, mas ficava sentada com os tornozelos educadamente cruzados, virando seu rosto de madona para ele com um pequenino sorriso. Ele se sentava tão perto dela no naipe dos violoncelos que dava até para sentir o cheiro delicioso do sabonete que ela usava. Tudo nela era encantador.

Depois dos ensaios, sua mãe esquelética, com um ar presunçoso, a esperava para levá-la de volta a Southgate, a mais de quinze quilômetros de Watts. Às vezes quem vinha era o pai, um homem imenso com um rosto de índio, usando um uniforme cinzento de guarda bancário e um grande revólver. Charles achava que o pai dela o encarava com uma desconfiança glacial mesmo se Lee-Marie apenas lhe acenasse um adeusinho.

Mas meu garoto podia sentir em suas entranhas que eles iam ficar juntos, de alguma forma. Sabia que ela desejava isso. Seus olhos sempre o seguiam ao longo do extenso corredor da platéia do Philarmonic Hall. Decidiu pedir a ela o telefone do seu professor de música, fingindo que queria estudar com ele, embora tivesse certeza de que não era possível, pois o sr. Warner ensinava em Southgate e provavelmente cobrava muito caro. Para sua surpresa, ela lhe deu o número do seu próprio telefone, que ele enfiou no bolso, entusiasmado. Significava que queria que ele ligasse e poderia até convidá-lo para sua casa! Depois disso, quase nenhum fim de tarde se passava sem que ele se postasse diante do telefone, no corredor, junto ao seu quarto de dormir, com o coração martelando ao pedir à telefonista o número de Southgate, rezando para que a própria Lee-Marie atendesse. Quando a mãe dela atendia era ruim, geralmente dizia que Lee-Marie estava ocupada com os deveres de casa. Mas ouvir seu pai era ainda pior. Quando aquela voz severa respondia, sempre o informava: "Minha filha não está em casa", e nem lhe perguntava se queria deixar recado.

Finalmente chega a noite do concerto anual da Orquestra Filarmônica Júnior. Ela termina com vivas entusiasmados e aplausos, e os pais correm como um enxame para o palco. Charles deixa cair o arco de propósito e, debruçando-se para apanhá-lo, sussurra no pequeno ouvido moreno de Lee-Marie:

— Eu te amo!

Ela se vira para olhar nos seus olhos e ele ouve a voz do pai dela:

— Então, garota, nos saímos bem, não foi?

A sra. Spendell beija sua filha e alisa seus cabelos já perfeitos, mas os olhos frios do sr. Spendell se fixam agora no meu garoto.

— Quem é o seu amigo?

— Charles Mingus Júnior, papai – murmura Lee-Marie.

— Ah, então é ele? – diz o sr. Spendell. — Esse é o menino que tem uma memória tão ruim que precisa ligar todo dia para perguntar o telefone do seu professor? Qual é o seu nome, Charles *o quê*?

— Charles Mingus Júnior, senhor.

— Pois bem, sou o pai da menina e ela é jovem demais para pensar em rapazes. Portanto, vamos parar com isso. Nada de telefonemas, entendido?

Charles entende. Fecha os olhos em desespero e fica sentado, quieto, enquanto Lee-Marie é levada embora. Mais uma vez o amor está sendo arrancado dele e nada há que possa fazer a respeito. O que havia de errado com os pais, afinal?

Uma única esperança restava. Com a chegada do verão em julho, a Primeira Igreja Episcopal Metodista Africana se juntava com as outras Igrejas de pessoas de cor da área para um grandioso piquenique de confraternização, e meu garoto começou a viver para aquele dia. Durante semanas de antecedência, as senhoras da paróquia se consultavam na preparação de uma quantidade de comidas na cozinha de suas casas, que seriam acrescentadas aos projetos de cozinha coletiva no local do piquenique. Este ano mamãe Mingus fez potes de salada de batata como parcela de contribuição da família para a Capela Grant. Quando o grande dia chegou, crianças, comida e tudo mais foram empilhados no sedã Chevrolet de papai e todos partiram para o lago Elsinore. A margem do lago estava tomada, aos olhos de Charles, por um milhão de pessoas amontoadas, e ele sabia que em algum lugar ali estava Lee-Marie Spendell. Correu entusiasmado ao longo da areia debaixo do sol resplandecente por entre a multidão de banhistas que gritava, jogava bola, flexionava os músculos. Um espaço clareou à sua frente como mágica, e lá estava ela, completamente sozinha, agitando a água rasa e quente, vestindo um pequeno maiô laranja e com os cabelos negros lustrosos caindo-lhe quase pela cintura. Foram atraídos um para o outro sem dizer uma palavra e se entreolharam sorrindo, enquanto o resto do mundo se fechava para eles. Entrando e saindo das correntes que misteriosamente mudavam a temperatura de morna para quente e de repente para fria, espirraram água um no outro com os pés e rodearam um ao outro devagar numa espécie de dança natural de acasalamento, como pássaros, surdos aos gritos de suas famílias na praia: "Lee-Marie, não se afaste muito!" "Charles! Está ouvindo, rapaz? Volte aqui e ajude a descarregar as cestas!" Mas Charles e Lee-Marie continuavam olhando um para o outro numa união silenciosa que parecia interminável. Uma eternidade passou, até que as vozes ficaram tão zangadas e insistentes que não podiam mais ser ignoradas. Então cada um voltou com relutância aos respectivos pais, que estavam tão ocupados distribuindo pratos de comida que nada souberam do milagre que acontecera diante de seus olhos e continuaram tagarelando sobre picles e ovos recheados e costeletas de churrasco e a quantidade de ponche que se podia beber se a pessoa fosse voltar ao lago. Nada daquilo foi ouvido ou entendido pelas duas crianças sentadas quietas e separadas, esperando pelo momento em que pudessem estar juntas de novo e retomar sua secreta e tímida comunicação de amor.

No caminho de volta para casa, Charles está muito quieto. (*O que há com você, garoto, está doente? ... Ele não comeu nada, papai! ... Sim, claro que co-*

meu, eu vi aquela pilha de ossos de galinha. Não se preocupem com Charles em questão de comida!) Mas seu coração está cantando. Sábado! Ela virá até Watts no sábado com o irmão e a irmã para ver as torres que o sr. Rodia está construindo! Na próxima tarde de sábado! Ele se emociona quando a flecha da torre mais alta aparece, e então estão de volta à rua 108 e para casa, e ele vai direto para o quarto (*Mamãe, eu lhe disse que esse menino não está bem! ... Ora, deixa ele em paz, papai, está só cansado de toda essa agitação...*), para reviver toda a tarde que passou e pensar como vai ter cabeça para qualquer outra coisa até o próximo fim de semana.

Naquela época em Watts havia um italiano chamado Simon Rodia, embora algumas pessoas dissessem que seu nome era Sabatino Rodella, e os vizinhos o chamassem de Sam. Ele trabalhava como ladrilheiro, mas nos fins de semana e à noite, debaixo de lâmpadas amarradas em gambiarras, construía algo estranho e misterioso em que vinha trabalhando desde antes do meu garoto ter nascido. Ninguém sabia o que era ou para quê. Ao redor de sua pequena casa com vigamento de madeira, ele fizera um muro baixo no formato de um navio e dentro dele construía o que pareciam ser três mastros, todos de diferentes alturas, no formato de casquinhas de sorvete invertidas. Primeiro ele montava esqueletos de metal e telas de arame e os emboçava com concreto, e depois os cobria com desenhos decorativos feitos de conchas, cacos de espelhos e de outros materiais. Mudava sempre suas idéias enquanto trabalhava, arrancava aquilo que não o satisfazia e começava tudo de novo, por isso pináculos da altura de prédios de dois andares subiam, desapareciam e voltavam a subir. O que estava lá ontem podia não estar mais da próxima vez que você olhasse, mas outra torre de aparência rendilhada brotava no seu lugar.

Tig Johnson e Cecil J. McNeeley costumavam juntar sacos cheios de pedras bonitas e garrafas quebradas para levar ao sr. Rodia, e meu garoto lhes fazia companhia observando-o trabalhar enquanto esperava por Glória Scopes, uma de suas colegas de classe que morava do outro lado da rua. Algumas pessoas a chamavam de "namorada do Charles", mas ele não se sentia assim em relação à garota. Só andava com ela para ter algo a fazer.

O sr. Rodia normalmente era alegre e amistoso enquanto trabalhava, e às vezes, bebendo aquele bom vinho tinto de uma garrafa, dissertava sobre Américo Vespúcio, Júlio César, Buffalo Bill e todo tipo de coisas sobre as quais lia numa velha enciclopédia que tinha em casa, mas a maior parte do tempo

Charles tinha a impressão que ele falava uma língua estrangeira. Meu garoto ficava maravilhado com o que ele estava fazendo e tinha pena dele quando os arruaceiros locais vinham provocá-lo, atirar pedras e chamá-lo de louco, apesar de o sr. Rodia não dar muita atenção a eles. Anos depois, quando Charles, já crescido, voltou a Watts, viu três torres fantásticas erguidas ali. A mais alta ultrapassava os trinta metros. A essa altura, Rodia havia terminado seu trabalho, dera tudo de presente a um vizinho e partira, ninguém sabe para onde.

Lee-Marie prometera vir por volta das três horas, mas Charles começou a esperar os bondes em frente ao Salão de Bilhar do Steve às duas, para garantir que não se desencontrasse dela. Nos intervalos, corria até as torres, para o caso de os planos dela terem mudado e ter vindo de outra direção. Não havia ninguém neste sábado. O sr. Rodia devia ter saído numa de suas excursões para juntar conchas, seixos e cacos de vidro nas praias. Mas Glória Scopes, na casa do outro lado da rua, saía e entrava, e Charles percebeu que ela sabia que havia algo no ar.

Ela chegou pela quarta vez no ponto do bonde justamente quando o carro local das três e quinze parava e Lee-Marie descia com a irmã e o irmão mais novos. Foi quando uma mulher imensa desembarcou e pegou a mão das crianças menores. Charles congelou. Caramba, ela não estava sozinha! Bom, pelo menos não era sua mãe, e essa senhora tinha um ar amistoso. Correu para eles. O rosto de Lee-Marie corou quando o viu, mas manteve sua dignidade sob controle.

— Olá, Charles, minha tia Ridey veio com a gente. Este é o Charles, tia.

A grande senhora de aparência mestiça sorriu e acenou com a cabeça para ele, e as flores no seu chapéu balançaram.

— Vai nos ensinar o caminho, Charles?

— Sim, senhora!

Charles ansiosamente os levou pelo bulevar San Pedro ao lado dos trilhos e virou à esquerda na rua 107 até o beco sem saída de Santa Ana. Durante as duas horas seguintes ele ficou no céu sussurrando com Lee-Marie, sempre sob o olhar de tia Ridey, mas geralmente fora do alcance dos seus ouvidos. As crianças menores escalaram tudo, subindo até a altura que ousavam nas torres. Charles mostrou as pequenas fontes e as flores de pedra do sr. Rodia como se ele mesmo as tivesse feito. Tia Ridey serviu biscoito de gengibre e limonada de uma garrafa térmica que ela trouxera em sua sacola de compras. Enquanto eles tomavam seus refrescos, Glória Scopes ficou sentada na sua varanda olhando para eles cheia de ressentimento, embora meu garoto mal tenha se dado conta de sua presença.

Era perfeito demais para durar. Dois garotos adolescentes brancos que Charles nunca vira antes vinham pelo meio da rua em direção das torres chutando pedras à sua frente, treinando boxe e dando socos um no outro. Suas vozes rudes se erguiam no ar: "Venha cá, seu filho-da-mãe! Te peguei dessa vez!" "Tente de novo, seu cara de merda, que vou chutar o seu traseiro!" Saltaram por cima da balaustrada da varanda de Glória.

— Ei, Glória, qual é a boa? – e silenciaram quando Glória começou a cochichar com eles. Charles notou que o olhavam de soslaio e começou a se preocupar. E não deu outra. Os dois garotos, as mãos nos bolsos, atravessaram a rua com um ar de insolência e vieram na sua direção, e ele soube que podia esperar o pior. Ele havia visto aqueles olhos semicerrados e aqueles sorrisos sonsos antes. Os garotos tinham maldade em suas mentes, iam dizer algo na frente de Lee-Marie, e ele teria de lutar e seria pisoteado na poeira!

Tia Ridey se levantou, calma e sorridente, limpando migalhas do seu vasto peito, juntando os copos de limonada e arrumando as crianças.

— É hora de irmos embora! – disse. — Prometi a sua mãe que vocês chegariam em casa cedo para o jantar.

Afastou-se como um grande navio, conduzindo as crianças à sua frente. Os dois rapazes pararam e ficaram esperando. O coração de Charles martelava. Sabia que ainda estava em perigo, mas não seria tão ruim se não houvesse alguém presenciando. Ficaria firme até que Lee-Marie estivesse à vista e depois, se fosse preciso, revidaria os golpes e correria como o diabo.

Subitamente, tia Ridey virou-se e gritou em sua voz grave profunda:

— Charles! Como é, não vem para nos levar de volta ao ponto do bonde?

Era uma voz de comando, a ordem de um general que devia ser obedecida. Até os garotos mexicanos sentiram isso e não se mexeram, enquanto Charles correu para se juntar a Lee-Marie e sua família e escoltá-las com segurança.

Tia Ridey sabia o que havia acontecido. Ele viu isso em seus velhos olhos generosos quando ela deu um tapinha na sua cabeça ao embarcar no bonde depois das crianças. Meu garoto acenou um adeus e desejou de todo o coração que se tornasse grande e forte o suficiente para ser o protetor que Lee-Marie achava que ele era, e que tia Ridey fizera com que ele se parecesse.

6

O grande terremoto de Long Beach, em 1933, estendeu-se até Watts e rachou as paredes da escola na rua 103, e o edifício foi condenado. Agora todo dia Charles caminhava com o seu violoncelo ao longo dos sinuosos trilhos da ferrovia de San Pedro a caminho da escola na rua 111, cambaleando e balançando seus dedos de pombo nos trilhos. Às vezes a professora de sua classe passava rapidamente pelo caminho sujo e cheio de mato que corria paralelo aos trilhos e lhe dava um sorriso caloroso. Charles ficava contente e pensava que a srta. Tuckerfield devia ser a pessoa mais bondosa que ele conhecia, com exceção da sra. Johnson, sua professora da escola dominical, a que conhecia o coelhinho da Páscoa.

Pensando sobre a sra. Johnson, ele se lembra do anoitecer apavorante – fazia apenas um ano? – em que pela primeira vez em sua vida testemunhou a morte súbita.

Noite de domingo, os serviços terminaram e a congregação enche o gramado e os degraus diante da Capela Grant da Primeira Igreja Episcopal Metodista Africana na esquina da rua 108 com a avenida Compton. Meu garoto se esgueira por trás, abre a caixa de fusíveis e puxa a chave do jeito que Foster Driver lhe ensinara a fazer quando tinha apenas cinco anos. Escuridão instantânea cai sobre as dependências da igreja. Oooooooh! eleva-se o murmúrio da multidão. Charles fica animado, está dando a eles uma emoção, a sensação de um verdadeiro milagre! Mas a metida da sra. Vaughan, que se acha a dona da cidade, já corre para agarrá-lo, gritando e brandindo o dedo na sua cara:

— Acenda logo essas luzes, menino feio e malcriado!

Vá se foder com o King Kong – diz Charles para si mesmo.

— Da próxima vez que desligar aquela chave – ela grita –, vou rezar para que DEUS MATE VOCÊ COM UM RAIO!

Ao ouvir essas palavras terríveis, meu garoto fica paralisado. Agora alguma coisa horrenda *tem de* acontecer! Tudo se congela, é como o silêncio entre o clarão do relâmpago e o som do trovão. E no segundo seguinte o demônio sai correndo do inferno, desencadeado pela blasfêmia da sra. Vaughan. O sr. Johnson deixou o seu posto de gasolina e vem atravessando a rua para se encontrar com a mulher, que está saindo das preces comunitárias, ele sorri, segura os recibos do dia em suas mãos. Um carro avança sobre ele como um foguete. Um grito súbito, o guincho dos freios, o chiado da borracha queimada e um terrível baque enquanto um corpo velho e cansado é arremessado ao ar e despenca no chão! Moedas voam e chovem por toda parte, tilintando, tinindo, ressoando, rodopiando no pavimento. A congregação se levanta em silêncio profundo, chocado. Notas de um dólar adejam como pássaros de asas quebradas e caem lentamente ao solo. Uma moeda de dez centavos rola na sarjeta com um tinido final.

A multidão compreende e geme o seu conhecimento: ele não pode sobreviver. Esta é a sua decisão, as multidões sabem. Ele se foi, o sr. Johnson, que trabalhou a vida inteira pelo punhado diário de papel-moeda e cobre, agora caiu sobre sua sepultura.

O rosto de lua amoroso de Cora Johnson paira sobre o marido. Ele ainda respira? Os amigos se comprimem ao redor do casal, fungando e gemendo.

— Ó, meu Senhor, ele está morrendo! Eles o mataram! Ó, Jesus, quem será o próximo?

A sra. Johnson fala. Ela é sábia, muito sábia.

— Fiquem quietos agora, não assustem o meu marido. Ele está bem. Um de vocês chame o dr. Bledsoe rapidamente. Como está, meu querido, meu marido bonito? Você vai ficar bom, eu sei que vai.

O reverendo Jones está chegando.

— Com licença, minha gente, deixem-me passar. Alguns dos irmãos, por favor, fiquem ao longo da rua acenando e desviando aqueles carros para não haver mais acidentes.

— Reverendo Jones, isso não é nenhum acidente – diz o sr. Foldy. — Se este fosse um bairro branco haveria um sinal luminoso aqui, onde é preciso. Cansamos de pedir isso!

— É, irmão, nós pedimos!

— Ora, ora, sr. Foldy, não podemos prever os caminhos do Senhor.

— *Esse* não é o caminho do Senhor, reverendo. Este lugar já roubou muitas vidas! O próprio Johnson presenciou, ali do seu posto de gasolina, muitas vidas se perderem, e agora foi a sua vez também. Se não podem nos dar tudo o que a liberdade comporta, não deviam nos ter dado nada. É melhor ser escravo. Pelo menos como escravos temos uma oportunidade de morrer de pé e lutando, em vez de sermos atropelados e mortos como idiotas!

— Vamos, irmão Jackson, não podemos conseguir tudo o que queremos com tanta rapidez. Olhe ao seu redor, tem crianças aqui, o filho do sr. Mingus, Cholly, a pequena Laura Comfort e seu irmão Joe. Essas crianças nem sabem o que a palavra escravidão quer dizer.

— Pois *deveriam* saber!

— Irmão Jackson, quer desencorajar as crianças e fazer com que pensem que seus ancestrais não passavam de escravos ignorantes? Se você não tem todas as respostas, é melhor não dizer nada que possa confundi-las. Temos esse homem ferido aqui, esta é a hora de rezar, não de discutir política.

— Nós *sabemos* a resposta, reverendo! Não somos ignorantes. Somos apenas covardes!

— Ai... Minhas costas...

— Meu querido! Ó, Senhor, por favor, por favor todos, fiquem quietos. Reverendo, peça para que fiquem quietos!

— Todo mundo me ouça agora. Quando eu rezar, ouçam com toda a sua fé, entenderam? Ó, Senhor! Escute-me, Jesus! Um de nossos irmãos foi golpeado por aquela máquina do demônio ali adiante, ó, Senhor, escutai-nos nesta noite! Todo mundo diga amém, Senhor, aqui nesta rua!

— AMÉM, SENHOR!

— O irmão Johnson é um de seus melhores servidores, Senhor. Quando ele pagou, Senhor, pagou de verdade. Seus pecados foram perdoados em cada bandeja de coleta. Sim, Senhor, no meu julgamento o irmão Johnson é necessáááário! Ah! Ó, Senhor, não o deixe morrer! Nós precisamos, precisamos! Nós precisamos do irmão Johnson! Precisamos do seu espírito, Senhor! Da sua gasolina! Sim, Senhor, curai o nosso irmão! Untai sua cabeça com *óleo*! Todo o seu perdão se ele fez algo de que não sabemos! Senhor, curai-o! Todo mundo repita comigo, curai o irmão Johnson! Curai o irmão Johnson!

— CURAI O IRMÃO JOHNSON! CU-RA-I O IR-MÃO JOHN-SON!! AMÉM!

— Wa ta sa ga bo toe gombas, a ta la so bo goum! Aleluia! Ma so buta blombo! Reta goosa la-po co-ro da-le!

— Fale em outras línguas, irmão! Tire o demônio da Morte daqui!

— Muito bem, muito bem, todos vocês, irmãs e irmãos, afastem-se. Com licença, reverendo Jones.

— Graças a Deus que chegou, doutor!

— Algum de vocês, cristãos negros, pediu uma ambulância?

— Eu pedi, doutor!

— Ótimo. Você não pode rezar por uma ambulância aqui. Foi por isso que Deus deixou o sr. Alexander Graham Bell descobrir o telefone. Para trás, todo mundo, precisamos de um pouco de ar aqui! Não há necessidade de leques, irmãs, apenas cheguem para trás. O ar é para mim. Algumas irmãs estão gritando e pulando com alguma alegria. Um pouco de ar fresco, por favor, para que eu possa respirar algo mais que seus perfumes fortes. Disseram que iam mandar uma ambulância imediatamente?

— Não senhor, doutor, perguntaram se ele era de cor, e eu disse que sim, e então disseram, bem, devem chegar aqui logo.

— Alguém se apresente aqui! Vá correndo dizer ao oficial Slaughter para chamar os brancos filhos da ..., desculpe, minha gente. Digam a ele que um cavalheiro *branco* importante foi atropelado por um carro. Então eles vão mandar uma ambulância para cá!

— Ó, Senhor, mande logo essa ambulância! Nosso irmão precisa da Sua Mão que Cura. Amém!

Mas, em determinado momento, enquanto as preces e os apelos fervorosos se elevavam aos escuros céus de Watts, o sr. Johnson morrera silenciosamente.

Depois desse episódio, lágrimas de tristeza pela infeliz e bela sra. Johnson afloravam aos olhos do meu garoto enquanto ele caminhava pelos trilhos da ferrovia para a escola.

A nova escola era toda de negros, com exceção de uns poucos mexicanos e Noba Oke, um menino japonês cuja família era dona do armazém mais simpático e barato do bairro. O irmão de Noba, Mosa, era um estudante aplicado que só tirava as notas máximas no Ginásio de Jordan. Sua irmã caçula, Miko, ficara inválida por causa da poliomielite. Era uma boa família, e eles toleravam os adolescentes negros fugidos da escola (na época os chamavam de delinqüentes) que se reuniam em frente à sua loja fumando e jogando dados a tarde toda, e à noite iam ao Salão de Bilhar do Steve, na rua principal de Watts, para jogar sinuca. Esses garotos durões usavam jaquetas e blusões de couro pintados com caveiras e dragões e os nomes de seus grupos: Panthers, Blue Devils, Crusaders. Um dos líderes era tão magro, frio e de olhar implacável que o chamavam de Boneyard [Cemitério]. Havia também Teddy Poole, o mais boca suja. A maior parte da sua família, incluindo os irmãos, trabalhava na agência dos correios ou como carteiro. Teddy tinha tudo o que um menino precisava em casa, o que tornava difícil entender por que era brigão. Feisty [Truculento] Page já estava no ensino médio, mas andava com os durões do ensino fundamental porque sua idade e seu tamanho lhe davam vantagem. Usava sapatos caros de basquete, de couro preto, andava com uma ginga abusada, do calcanhar à ponta dos dedos, e conhecia dez vezes mais palavrões que os outros.

Embora tentasse evitá-los, o bando às vezes encurralava meu garoto quando ele saía tarde dos ensaios da orquestra. Tinha doze anos agora e não era pequeno, mas ainda era tímido, e eles adoravam cercá-lo e atormentá-lo, chutando o seu violoncelo, fingindo dar socos, chamando-o de maricas, filhinho-da-mamãe e negro cor de merda, até que o faziam chorar. Noba geralmente vinha em seu socorro. Chegava com os ombros empinados, sorrindo e amigável, dizendo:

— Quer lutar *comigo*, Teddy? Vamos lá, vamos lutar, Boneyard! Feisty?

Ninguém aceitava os desafios brincalhões de Noba e por uma boa razão.

Dessa vez, depois de rechaçar o bando, Noba disse:

— Venha comigo, Charles.

Dentro do armazém, enquanto Charles secava os olhos, ele disse:

— Não se preocupe, esses sujeitos não sabem lutar, só sabem falar. Venha conhecer minha mãe.

Meu garoto o seguiu, percebendo que isso era uma honra. Ninguém que ele conhecesse tinha sido convidado para os aposentos da família nos fundos da loja. Noba apontou para um canto.

— Vê papai sentado ali? Ninguém pode enxergar ele lá da frente, mas ele pode ver toda a loja refletida naquele espelho. Ele nota quando os garotos furtam coisas. Às vezes deixa até que os adultos levem alguma coisa.

— Por que vocês fazem isso, Noba?

— Bom... Você sabe, eles devem precisar daquilo que levam, não é? Nós temos tudo o que precisamos... Charles Mingus, esta é minha mãe, Sumi Oke.

Era uma mulher baixa, forte e bonita, que cumprimentou Charles calorosamente.

— Ah, você bom menino. Mamãe Oke conhece bom menino. Noba bom menino também. Meninos aí da rua maus e acabam mal na cadeia. Noba mostra a você como se defender, e, se incomodarem, você derruba todos eles juntos. Não vai mais se aborrecer. Venha, vamos mostrar a você.

Ela o levou aos fundos até uma grande sala de armazenamento transformada num ginásio com tatames cobrindo o chão e espadas, capacetes com telas, varas de bambu preparadas e vestes acolchoadas penduradas nas paredes.

— Muito bem, Charlie, deixe o violoncelo de lado e me observe – disse Noba.

Assumiu uma postura formal e a manteve por um instante, mãos estendidas à frente, uma perna erguida para o lado. Era forte e gracioso como um dançarino. Rapidamente se sentava, levantava com facilidade, sentava, levantava e sentava de novo. Rolava por sobre a cabeça e punha-se de pé, tudo num só movimento. Charles observava fascinado. Não sabia que seu amigo era faixa preta de quinto grau em judô.

Mosa aproximou-se e ficou à porta, relaxado, apoiando-se com as mãos contra a moldura, balançando para a frente e para trás.

— Tenho uma solução melhor – disse no seu jeito descontraído e irônico. — Qual é o comprimento daquele pino afinado de metal em que se apóia o seu violoncelo, Charlie?

Meu garoto respondeu que eram uns cinqüenta centímetros.

— Uma boa arma – disse Mosa. — Afine a ponta com uma lima e dê naqueles sujeitos umas estocadas. Ou talvez queira levar emprestada minha espada de samurai? Certa vez eu os botei para correr até a rua 103 com ela.

— Vamos lá, Mosa, vamos mostrar um pouco de judô a Charlie – disse Noba.

Mosa tirou os óculos e lentamente caminhou para o tatame. Os irmãos ficaram face a face e se cumprimentaram. Então Mingus viu darem, com a velocidade de um raio, uma sucessão de golpes, esquivas, pancadas, baques e quedas que ele achava com certeza que matariam qualquer um dos valentões da rua, com exceção talvez de Feisty.

Depois, mostraram ao meu garoto como dobrar os joelhos naturalmente e cair ou sentar com rapidez, de modo que, se fosse jogado até mesmo sobre o pavimento, teria o choque amortecido pelas nádegas. Demonstraram, então, como um atacante podia ser repelido com a mesma força empregada no ataque, e Noba disse:

— Treine seus olhos e reflexos a reagirem à lei que governa a mente e o corpo do seu oponente. Esqueça-se de si mesmo. Sua vida depende do que o inimigo está fazendo. É por isso, Charlie, que, se eu lutasse com qualquer um daqueles fedelhos da rua, teria de me conter. Porque, pobres coitados, suas vidas são tão duras e eles vivem à beira da insanidade. Sabendo ou não disso, eles querem é matar, por isso eu poderia, por simples acidente, *matá-los*, você entende? Feisty costumava me testar dando socos de pugilista. Eu deixava que me atingisse, recolhia o golpe, agarrava seu braço e o erguia do chão. Se eu prosseguisse com o giro ele teria se estatelado e quebrado o crânio ou as costas na calçada. Se você conhece judô, não tem necessidade nenhuma de machucar ninguém... Agora vou lhe mostrar como você dá continuidade, se precisar fazer isso um dia. Quando eu avançar sobre você, entre em sintonia com a lei que governa o meu movimento e agarre a minha manga, aqui. Sente-se, role para trás e chute para cima num movimento de empuxe e me solte logo depois de chutar.

Noba girou em câmara lenta. Meu garoto fez o que lhe disseram e Noba girou num arco de dois metros no ar e saltou de pé sorrindo.

— Muito bem – disse. — Agora vou lhe mostrar por que um pouco de conhecimento não é suficiente quando duas pessoas estudaram o mesmo assunto.

Novamente ele atacou e Charles reagiu como antes. Os pés de Noba saltaram, mas desta vez ele se agarrou à manga do meu garoto, girou em pleno ar e agarrou sua perna, e Charles deu uma cambalhota e parou de barriga para cima, os pulmões esvaziados de ar, e viu seu braço esquerdo preso numa chave. Noba o soltou.

— Se você conhecesse o terceiro passo, minha própria força teria me jogado de costas. Mas você deixou, Charlie. Você parou o meu movimento e começou o seu próprio movimento, o que é um ataque. No judô, o homem que ataca está em desvantagem. Se você tivesse acompanhado o meu movimento, em vez de tentar se salvar da queda, teria caído com os pés no chão numa posição agachada, entendeu? ... OK, por hoje é só. Não se esqueça, isso foi apenas uma lição. Venha cá depois da aula e na hora do almoço, podemos praticar na caixa de serragem. Quando aqueles sujeitos o virem lutar comigo, não vão mais incomodá-lo.

Mosa sorriu.

— É isso, Charlie. Esqueça o seu violoncelo. Seja um lutador.

— Não, não! – Mamãe Oke interrompeu. — Noba fala sabiamente com seu amigo. Bom menino, Charlie, bom menino. Noba e Mosa, levem Charlie à escola japonesa aos sábados. Ensinem ele a ser um homem orgulhoso. Então vai tocar o violoncelo melhor. Charlie, chame sua mãe, diga a ela para vir comer com a gente. Papai! Miko! Venham! Hora de jantar.

Na mesa de jantar Mingus batalha com os pauzinhos em silêncio constrangido até que Mosa, rindo, traz talheres ocidentais.

— Já praticamos artes orientais o suficiente por hoje. Coma o seu *sukiyaki* da maneira fácil.

Charles pensa em silêncio sobre o que aprendeu, e a família Oke, rindo e tagarelando musicalmente em japonês, deixa-o com seus pensamentos. Pela primeira vez na vida meu garoto aprendeu algo sobre autodefesa. Ele fica pensando se é covarde, porque não gosta de brigar. Mas é que nunca soube brigar. Certa vez pediu ao pai que lhe ensinasse, e Charles sênior o jogou de cabeça contra a parede do outro lado da sala e disse: "Esta é a sua primeira lição, filho."

Ele se recorda de um episódio constrangedor com Chester Lightfoot no ano passado. Uma palavra levou a outra e Charles acabou cerrando os punhos. Chester Lightfoot fez o mesmo, e Charles notou uma diferença enorme ao comparar suas próprias mãos com os grandes punhos de Chester, os dedos enrolados com firmeza para dentro das palmas das mãos e os polegares fechando o conjunto para formar uma marreta compacta, armas tão mortais que Charles se arrepiou, virou-se e saiu correndo para sua casa pintada de amarelo, a cor da covardia, atravessou-a direto para o quintal protegido por cercas. Seu cachorro, Buster Júnior, aproximou-se para confortá-lo.

Chester Lightfoot não chegava a ser um mau sujeito. Entendeu por que Charles havia comprado a briga e o perdoou. Mas os vizinhos tinham visto tudo, e os boatos se espalharam. O bando o provocava e abusava cada vez mais dele, surrupiando dinheiro dos seus bolsos, ameaçando seu violoncelo e fazendo tantas pequenas maldades que quase todo dia ele era levado a uma raiva brutal, chorosa, impotente e sem saída.

Charles percebe que Mamãe Oke está insistindo para que coma um pouco mais. Ele olha ao seu redor, para esta família simpática, com gratidão, esperando que seus dias de covarde tenham acabado.

Depois do jantar pergunta se pode deixar o violoncelo no armazém essa noite. Sabe que seu pai vai estar em casa a essa altura, e o sr. Mingus não gosta do som das crianças arranhando aqueles instrumentos miseráveis. Ele também acha que precisa ter as duas mãos livres no caso de encontrar com Feisty e seu bando.

A família Oke se despede de pé e com reverências quando ele vai embora. Mosa pisca um olho.

— Charlie, não vai precisar da ponta de metal do seu violoncelo?

Como resposta, Charles cai no chão, rola para trás, chuta para cima com os pés e salta na clássica postura defensiva, partindo com o aplauso deles em seus ouvidos.

Meu garoto geralmente pega o caminho mais comprido para casa à noite, pela rua principal bem iluminada, a avenida Compton. Mas agora ele acha que pode encarar qualquer situação e segue no escuro pelos trilhos da ferrovia de San Pedro, embora não lhe passe pela cabeça que um vizinho, o irmão de Johnny Mendosa, Manuel, foi mortalmente apunhalado ali certa noite quando caminhava depois de um ensaio da banda.

Depois da rua 111, os trilhos se curvavam para o leste. Tudo está indo bem. Só faltam mais uns quarteirões. Na rua 109 ele pode ver a família Sander brincando numa balança de fabricação caseira suspensa em um dos poucos carvalhos altos que restam em Watts. O sr. Sander pendurou lâmpadas grandes e brilhantes numa gambiarra estendida por todo o seu quintal para desencorajar ladrões que pudessem ficar tentados pelo monte de lixo que ele junta, sabe Deus para quê. Talvez goste do *status* que lhe dá o título de "lixeiro", embora sobreviva principalmente da assistência social do condado.

Charles pisca diante do fulgor súbito e lembra como costumava acordar antes do alvorecer em sua cama encharcada, com a lâmpada do teto refulgindo em seus olhos e papai diante dele com a correia na mão. Está se convencendo de que pode segurar o pipi até chegar em casa quando uma voz berra da escuridão e o traz de volta ao presente num choque:

— *Ei, seu crioulo covarde bunda-mole de merda! Vou cobrir você de porrada! Vou arrancar seus olhos, seu filho-da-puta!*

Deus do Céu, ele pensa, é a voz de Teddy Poole, o mais sem caráter de toda a gangue! Uma barragem de pedras cai ao seu redor. Em pânico, meu garoto se arrasta pelo barranco da ferrovia à procura de pedras que atira para as sombras, na direção dos gritos e das risadas. Elas se chocam com metal, e as grandes pilhas de velhos pára-lamas do sr. Sander desabam com um grande fragor. O barulho traz pessoas de todas as direções, os Sander, os Smith, Mose, Harold, Minnie, C.I. Pauling, Walter Johnson, Mary Price e até Anthony Duane.

Duane não era um valentão. Seu passatempo era ensinar os meninos mais jovens a se masturbar. Se fosse bem-sucedido nisso, ele tentava persuadi-los a lhe dar satisfação oral, técnica que tinha prazer em lhes demonstrar para provar que não havia nenhum dano ou mal naquilo. Eu diria que aquele jovem observava rigorosamente a Regra de Ouro, que nos ensina a fazer com os outros o que gostaríamos que fizessem conosco. Corria um boato de que Thomas Bradley sucumbira à oferta de Anthony Duane de lhe ensinar como as coisas eram feitas, e Thomas literalmente o inundara, boca, olhos, toda a cara com a substância do seu gozo. Bradley detinha o recorde de ejaculação em Watts, era capaz de encher mais de três quartos de uma garrafa de leite de meio litro. Ninguém jamais foi capaz de alcançar essa marca, mesmo com o estímulo de revistas em quadrinhos que imitavam o estilo francês, cheias de posições humorísticas, Barney Google, Toots and Casper, Popeye e Olívia Palito e, a melhor de todas, Snuffy e Betsy Smith. Acredito que o recorde de Thomas Bradley não foi quebrado nem na nossa atual era atômica.

Por isso, esta noite, no brilho extraordinário das luzes do lixeiro Sander, Anthony Duane assume seu papel costumeiro de instrutor, abrindo uma grande roda e anunciando:

— Vou ser o juiz.

Teddy dança em círculos socando o ar.

— Vou matar esse amarelo! Venha pra cá, seu merda! Vamos, perna-torta!

Charles espera se lembrar das instruções de Noba enquanto tenta chutar os cacos de vidro e as pedras pontiagudas para fora da arena. Impaciente, Teddy se joga para a frente e lhe dá um soco no queixo.

Uau! Como meu garoto reage! Ele berra de raiva!

— Nojento! Maricas! Covarde enganador! Fedelho! Fedelho! Fedelho!

Teddy fica perplexo. Sua presa voltou-se contra ele, o alvo está explodindo no seu rosto! Charles ainda está assustado, mas reza a Jesus para que sua língua melhore.

— Vamos, faça isso de novo seu filho-da-puta! Bata, idiota! Filho-da-mãe!

Teddy se recupera e lança um tremendo direto de direita na cabeça dele. Charles se aproxima, absorve o golpe, agarra o braço de Teddy e pula para trás sobre os quadris, dá um empuxo com força para cima, e Teddy vai parar a alguns metros de distância sobre uma pilha de cacos de vidro e velhas garrafas. E meu garoto volta a ficar de pé, à espera do próximo assalto.

A sra. Sander vem correndo aos gritos:

— Polícia! Vou chamar a polícia! Vou contar a sua mãe, Charles Mingus!

Teddy fica simplesmente caído ali como se estivesse morto. Realmente assustado, meu garoto corre até ele.

— Teddy, Teddy, me desculpe! Vamos, levante-se! Você é capaz de ganhar de mim fácil. Não sei lutar!

Lentamente Teddy se põe de pé.

— Ainda não acabei a parada com você, Mingus – diz ainda tonto. E embora Charles recue, há algo em seu rosto que adverte: "Não force muito a barra, cara, porque eu sei que você não é de nada." Seus olhos se cruzam em entendimento, e Teddy diz num tom mais baixo:

— Vou livrar sua cara desta vez, mas da próxima vai beijar o chão de cada rua! Vamos lá, rapaziada, ele não vai mais se meter comigo!

Charles toma o caminho de casa com um grande alívio. Mas a declaração final de Teddy ecoa na sua cabeça. Quem estava louco, ele ou os garotos? E então, caminhando pelos trilhos da ferrovia cobertos de capim, no escuro, um grande sorriso se abre em seu rosto e parece aquecer todo o seu corpo. Fico um pouco mistificado com o meu garoto nesse momento. Ele provou que aprendeu a lutar, por que então não acabou com Teddy em vez de vir com aquela história de se desculpar? Ora, de que vale tudo isso, lá vai ele de novo: "Obrigado, Jesus! Jesus querido, obrigado!" Charles, meu garoto! Se Noba Oke não lhe tivesse ensinado... Oh, oh, agora ele entrou em outra: está se culpando por não ter chutado e pisoteado Teddy caído, chutado o rosto, os colhões, tudo, como viu alguns homens fazerem do lado de fora do bar Compton, na rua 112. Está debatendo consigo mesmo. Num minuto acredita que suas ações salvaram sua alma e fica feliz por não ter massacrado Teddy, pois aquilo o humilharia e destruiria, já que era tudo o que Teddy tinha. No minuto seguinte queria ter arrancado a vida do fedelho. E então decide que jamais poderia fazer aquilo, sob circunstância alguma, e se odeia por alimentar pensamentos destrutivos em relação a qualquer ser humano. Ele imagina que se encontra no meio do caminho entre Jesus e o diabo, mais próximo do diabo, porém incapaz de executar uma ação perfeitamente maligna. Finalmente, fica agradecido porque agora não precisa ter medo, ao sair com Lee-Marie, de levar de repente uma surra diante dela. Aquele medo já passou quase totalmente. Claro, ainda tem Feisty. Mas ela entenderia se ele hesitasse em lutar com um garoto já no final do ensino médio, não entenderia? Mas se Feisty fosse longe demais, ele teria perfeitamente o direito de rachar a cabeça dele ou quebrar suas costas com o judô no pavimento, nos trilhos da ferrovia ou até o jogando do Empire State!

Chega em casa pensando tristemente em Lee-Marie. Não a viu mais desde o dia nas torres, mas nada mais vai mudar. Telefonou para ela no dia seguinte, e ela disse que nunca mais ia poder vê-lo. Tia Ridey contou que ele estava com elas, não sabia que isso causaria problemas, e seu pai a surrou e trancou no seu quarto.

— Por favor, Charles querido, nunca mais tente ligar para mim – ela disse soluçando, e desligou.

— Que se foda o sr. Spendell – Charles disse para si mesmo. — Vou ligar para ela amanhã!

7

Aos treze anos, meu garoto Charles chegou à conclusão de que as pessoas não tinham tempo suficiente para tudo o que existia na vida. As coisas importantes vinham tão rápido uma após a outra que, mal ele começava a resolver um problema, outro se apresentava, e cada dia questões pendentes eram deixadas de lado por causa de novas questões e desapareciam no passado sem resposta.

Começou a se dar conta de que possuía certos poderes místicos. Sentia-se capaz de tocar as pessoas, de contatar certas almas na sala ao lado ou a quilômetros de distância ou até mesmo aqueles que já haviam morrido. Nos últimos anos teve esta espécie de empatia com Farwell Taylor, um artista amigo seu de Mill Valley, e eles freqüentemente experimentavam uma percepção misteriosa um do outro enquanto se encontravam em diferentes partes do mundo.

Desde Elsinore e da tarde nas torres do sr. Rodia, Charles sentiu uma comunicação telepática com Lee-Marie. Tinha certeza de que tinham os mesmos sonhos, pensamentos e sensações nos mesmos momentos. Por isso não ficou nada surpreso quando ousou pedir uma ligação à telefonista e a própria Lee-Marie atendeu e disse imediatamente:

— Charles, eu sabia que era você!

Como se fosse a coisa mais natural no mundo e eles se vissem o tempo todo, ele a convidou para o show no Teatro Largo em Watts na tarde de sábado. Sabia que ela diria sim, e foi isso que ela fez. O resto da semana do meu garoto foi repleto de cálculos ansiosos. Já tinha gasto uma moeda de cinco centavos da sua mesada semanal de vinte e cinco centavos e não ia se arriscar a pedir um adiantamento. O preço da entrada era dez centavos por cabeça. Sorvete e soda, quinze por cabeça. Revistou o bolso do pai, recheado de bilhetes de loteria chinesa e fichas de pôquer e encontrou uma moeda de vinte e cinco centavos, que afanou sem nenhum remorso. Total: quarenta e cinco centavos. Cinco centavos a menos pode ser um problema tão grande quanto quinhentos dólares a menos, dependendo das circunstâncias. Sabia que tinha de baixar esse orçamento de algum modo. Os garotos lhe disseram que Stewart Harrington, o porteiro e bilheteiro do Teatro Largo, era imune a suborno, mas era possível conseguir entrar pela porta dos fundos com a ajuda de um lanterninha por cinco centavos. Então você ia até a entrada, pedia um passe de saída, encontrava sua garota na confeitaria, pagava pelas sodas, levava ela de volta ao teatro, comprava um ingresso de verdade e vocês dois entravam em total segurança. Total: quarenta e cinco centavos.

Tudo correu bem. No escuro do cinema estão sentados lado a lado, cheios do amor que economizaram por tanto tempo, morrendo de vontade de se beijar, se tocar e se abraçar, mas com medo de serem notados pela irmã de Lee-Marie, Patrícia, que estava sentada bem perto com o seu irmãozinho. Eles imaginam que ela deve estar cuidando das mãos errantes e da respiração ofegante incontrolável, da concentração fraudulenta na tela do cinema para a qual estão voltados, mas que na verdade não estão vendo. A mão de Charles, com um cuidado carinhoso e perfeito, se insinua pela manga da blusa dela para tocar seu pequeno seio nu. Dedos tímidos apalpam a aréola do mamilo até que este incha, endurece e pulsa. Sua mão desliza para baixo, agarra e finalmente puxa sua blusa para fora da saia. Ela cobre o colo e o estômago nu com o seu casaco, enquanto sua anágua é tirada. Os dedos dele rastejam pela borda do elástico da calcinha dela e forçam passagem, implorando. A pele dela se retesa ao toque dele, ela morde os lábios. Seus pés cobertos pelas meias acariciam a perna dele. Ela abre as coxas. Pontadas de prazer percorrem e estremecem seu corpo. Gotas de suor quente molham as palmas das mãos dele, enquanto seus dedos afagam a penugem suave e fina que cresce do umbigo dela, descendo até o púbis úmido e quente, onde alguns pêlos mais compridos se enroscam nos dedos dele. Uma criança, uma mulher, uma esposa! Ele segura o pulso dela enquanto sua mão desliza para dentro da braguilha aberta dele e seu paletó cobre a mão inocente e acariciante. Finalmente, unidos num único pensamento, com pouco ou sem nenhum movimento, ambos atingem um clímax e viram-se para olhar nos olhos um do outro lentamente, sinalizando com a cabeça enquanto o alívio gradual chega. Seus dedos molhados se desenlaçam. Levantam-se. Lee-Marie inclina-se para a irmã e sussurra:

— Fique aqui. Volto logo.

Juntos vão ao nada romântico estacionamento do cinema. Sem uma só palavra abrem suas bocas um para o outro, sorvem o gosto de amor um do outro, engolem e, em sua unidade mágica, dizem ao mesmo tempo:

— E fui você!

— É isso que o amor é, ser *um só*, Charles?

— Não sei. Mas senti seus pensamentos. Li sua mente.

— Eu também li a sua!

— Sempre fomos assim, Lee-Marie – Charles pega suas mãos pequeninas. — Mas só podemos fazer isso de novo quando tivermos idade suficiente para casar. Vamos esperar.

E ela protesta:

— Mas eu amo você, eu amo você! Sou sua e você é meu agora, amanhã, para sempre!

Ele abotoa a blusa dela debaixo do casaco pendurado sobre seus ombros e fitam-se fundo, olhos nos olhos, vivendo por um breve momento numa ilha de pensamento que existe até o dia de hoje.

O amor é uma coisa engraçada. Meu garoto tinha treze anos e entendia que, aos olhos do mundo, eles eram apenas duas crianças, e sua paixão ia contra toda regra de Deus e do homem. "Homem" eram os adultos poderosos e perigosos que os cercavam.

Ele ficou longe dela durante cinco longos anos depois desse acontecimento. Às vezes ligava para o seu telefone, escutava sua voz e desligava rapidamente, ou ia até Southgate para passar pela frente da casa dela, esperando vê-la se locomover dentro das paredes que a aprisionavam. Às vezes ela acenava de uma janela, e ele podia vê-la sorrir, e ficava pensando se haveria lágrimas nos olhos dela, pois às vezes havia nos seus. Mas sentia que ela possuía consciência do seu amor, e era apenas uma questão de tempo para que a família desse consentimento para o namoro.

8

No primeiro dia do meu garoto no Ginásio Jordan, ele encontrou ao chegar os estudantes veteranos encenando o rito tradicional chamado "calças ao vento". Quando Charles entrou no pátio, seis calças já drapejavam no alto do mastro diante das garotas que assistiam animadas. Ele foi rapidamente descoberto por Feisty.

— Peguem aquele filho-da-mãe do violoncelo! – gritou para Peter Thompson, Snooky e a gangue.

Uma gangue é como um animal muito covarde com várias cabeças, e cada uma delas tem uma boca grande e barulhenta municiada de pulmões fortes e um coração assustado e palpitante. Seja tirando calças ou linchando um homem, ela não tem ouvidos e não pode ser persuadida pela razão. Charles sabia disso e fizera seus planos. Correndo até o banheiro dos rapazes, arrancou a cueca e jogou-a no vaso apertando a descarga. Vestiu então as calças e correu até o escritório do diretor.

— Sr. Doherty, estão tirando as calças dos calouros lá fora! Vou deixar meu violoncelo aqui.

O sr. Doherty, que pesava uns bons cento e quarenta quilos, olhou para ele friamente.

— Meu pai é policial – Charles mentiu. — É melhor proteger esta propriedade. Tem uma multidão lá fora.

Deixou o violoncelo e voltou para enfrentar a parada.

— Devia lhe dar uma porrada na cara, seu negro desgraçado! – Feisty gritou. — Você nos entregou para Doherty!

Doherty apareceu na varanda e dominou o prédio com o seu corpanzil pitoresco e a careca de coroinha. Por um segundo Charles pensou que estava salvo. A multidão se aquietou enquanto o diretor falava com ela:

— Não vou dizer que o que estão fazendo é errado desde que ninguém se machuque e vocês se divirtam sem maldade – e acrescentou, com um sorriso benévolo: — Mas não cheguem atrasados às aulas.

Meu garoto subiu a escadaria acima da cabeça do diretor, tirando seu cinto, agitando-o em círculos e gritando para os estudantes que avançavam.

— Estou sem cueca! Joguei-a pela descarga! Se o Gordo Doherty permitir que vocês me deixem nu, que vão dizer os pais das meninas?!

As garotas murmuraram excitados "Ooohs!" e "Uis!"

— É, venham ver o que tem debaixo das minhas calças, suas bobocas assanhadas! E depois que tirarem minhas calças vou arrancar as calcinhas de vocês todas!

O bando hesitou, abalado por essa grande idéia. Rosnando como um cão, Charles desceu as escadas e se enfiou entre as meninas, agarrando saias e incentivando os garotos a fazerem o mesmo.

— Partam para as *meninas*, seus idiotas!

As garotas começaram a se dispersar, correndo e gritando.

— Vamos parar com isso agora! – Doherty gritou. — Parem com isso, rapazes, todos vocês!

Mas os garotos estavam embalados, e um a um agarraram as meninas, que gritavam sem parar, e ficaram estupidamente olhando para o meu garoto, à espera de sua ordem para tirar as calcinhas delas! Charles subitamente se deu conta do seu poder e abriu a boca para dizer "Agora!" Teria feito história, mas todos os vizinhos pendurados nas janelas que davam para o pátio da escola começaram a gritar:

— A polícia está chegando!

Um carro de patrulha aproximou-se, e Doherty dirigiu-se a passos largos ao seu encontro, com Charles nos seus calcanhares.

— Nenhum problema, senhores oficiais, só uma pequena festa de calouros! Acontece todo ano.

Meu garoto avançou.

— Sim, divertimento sadio! Veja, oficial, estou sem cueca!

— VAMOS LÁ, VOLTEM AOS SEUS LUGARES, SEUS NEGRINHOS!

O pátio da escola esvaziou rapidamente, e Charles viu que Feisty e seu bando tinham simplesmente sumido. Voltou para apanhar seu violoncelo, pensando com perplexidade que estes eram os meninos que haviam transformado sua vida num pesadelo no primeiro ciclo, e agora, com um pouco de coragem e astúcia, não seria difícil ser um líder melhor que Feisty ou qualquer outro desse bando de cabeças-de-bagre.

A orquestra sinfônica do Ginásio Jordan, necessitada de um violoncelo, estava à espera do meu garoto Charles, o menino prodígio da escola primária da rua 111 que passara tanto tempo na Orquestra Filarmônica Júnior de Los Angeles. Mas, aos quinze anos, ele ainda não estava preparado para ler partituras difíceis e trabalhava sobretudo por solfejo. Com treinamento adequado, seu talento natural teria desenvolvido uma capacidade de leitura superior, caso não tivesse sido promovido para a orquestra sênior sob a direção do sr. Lippi. No seu primeiro dia, partituras tão complicadas foram colocadas diante dele na estante de música que não conseguiu acompanhar, e o sr. Lippi proclamou isso em voz alta à frente de todo mundo, acrescentando num tom patronal:

— Na verdade, eu reparei que a maioria dos negros não é capaz de ler música.

Il Signore tinha um preconceito florentino contra quaisquer possíveis descendentes do grande Aníbal de Cartago, que atravessou os Alpes no século III a.C. arrebentando tudo por toda a Itália com seus quarenta elefantes e mais de cem mil soldados graúdos e negros. Quando os conquistadores, já reduzidos a trinta mil, arrefeceram seu ímpeto nas cidades, é um fato histórico que as donzelas e mulheres brancas saquearam e estupraram os soldados negros ávidas por suas *coisas*, o que explica certos descendentes de italianos muito escuros até os dias de hoje. E sabe-se que os poucos pertencentes à chamada aristocracia que são inteiramente louros e têm inegavelmente os olhos azuis parecem ostentar um sombreado nas axilas e na virilha.

O pobre Charles continuava observando sua irmã e pensando como era capaz de se sentar ali em meio a todos aqueles outros violinos e tocar a contento para o sr. Lippi se ela não sabia ler tão bem quanto ele em casa e o sr. Arson fora seu professor também. Então percebeu que Grace seguia os outros violinos. Mas não havia outro violoncelo, e ele não conseguia se safar sozinho, por isso se levantou, foi para casa, guardou o violoncelo no armário, deitou-se e disse que queria morrer. OK, eu falei e passei a cortar a onda dele. Vocês deviam vê-lo saltando daquela cama e começando a dar um jeito de aprender a ler partituras.

Ele voltou à escola, mas foi forçado a ficar nas aulas da banda e da orquestra, por isso começou a brincar com o baixo ou qualquer outro instrumento que não precisasse comparecer a paradas, jogos de futebol ou reuniões, porque no íntimo ele havia desistido. Achava que não era bom o suficiente para tocar de novo em público. Claro que aquele sentimento não durou para sempre. Um menino chamado William Marcel Collette, que tocava clarineta na orquestra sênior do sr. Lippi, tinha assistido à humilhação do meu garoto. Era um músico excepcionalmente bom, já com treinamento clássico, e simplesmente riu do desespero de Charles, comentando:

— Você é um garoto engraçado.

O menino era Buddy Collette, que depois o apresentou ao baixo, o ajudou a aprimorar seu talento musical e finalmente sua alma.

*

Preconceitos da parte do sr. Lippi já eram esperados. Afinal, ele se considerava um branco. Mas Watts tinha sua própria hierarquia social, como qualquer comunidade americana média de negros que trabalhavam, ainda ocupados demais em se escravizar como homens livres para avaliar a si mesmos e apreciar sua verdadeira posição na sociedade. Alguns dos rapazes, três, quatro ou cinco anos mais velhos, escolhiam Charles como o excluído dos excluídos porque era uma espécie de mestiço, mais claro que alguns, mas não claro o suficiente para pertencer à elite quase branca, e não escuro o bastante para pertencer ao grupo dos negros bonitos e elegantes, do tipo que faz um homem como Bud Powell dizer a Miles Davis: "Eu queria ser mais negro que você". Não havia realmente cor de pele como a dele. Então deixou de queimar os cabelos com o pente-quente de alisar da sua mãe e passou a molhá-los para que ficassem enroscados com o ar autêntico, natural e digno, crespo e lanoso. Ninguém o aceitou, cabelos crespos ou não. O ódio negro que pairava no ar contra o branco era canalizado para ele, um mestiço de merda, falso e amarelado. Outros podiam dar uma de bamba e se chamar de *crioulo filho-da-mãe* ou *negro cabeça de palha de aço*, mas não engoliam nenhuma conversa tipo "meu irmão" da parte dele, coisa que descobriu de maneira cruel numa festa quando entrou e cumprimentou Snookum Young com um "Olá, negão!", e se viu com uma navalha tentando retalhar seu rosto. Podia ter sido o dia da sua morte. Ficou tão cauteloso depois disso que chamava o quadro-negro de quadro-de-giz.

Sempre que olhava para o espelho e perguntava "O que eu sou?", achava que podia ver um número de traços: índio, africano, mexicano, asiático, e uma certa quantidade de branco de uma fonte sobre a qual seu pai se vangloriara. Queria ser uma coisa ou outra, mas era um pouco de tudo, inteiramente nada, de raça alguma, de nenhum país, bandeira ou amizade.

Então, Charles passou a usar cabelos alisados e a circular com outros mestiços, os poucos japoneses, mexicanos, judeus e gregos que havia no Jordan. Os mexicanos claros se chamavam espanhóis, os chineses claros diziam que eram brancos. Mas mesmo com eles havia dificuldades, porque todos falavam outras línguas e podiam fechar-se para ele sempre que quisessem. Tudo o que ele queria era ser aceito em algum lugar, mas mesmo assim não era. Então que se foda!

Tornou-se uma outra coisa. Apaixonou-se por si mesmo. E pensou: "Vão se foder vocês todos, chupadores de pau patéticos e preconceituosos. Eu curto mentes, por dentro e por fora. Nada de raça, cor ou sexo. Não me mostrem nenhum tipo de pele porque posso enxergar através do ódio em suas pequenas almas subdesenvolvidas."

Eu entendi o que ele estava tentando fazer. Conheci outras poucas pessoas que viviam naquela ilha sem cor.

9

Durante seu décimo sétimo verão ele engraxou sapatos e caminhou pelo menos vinte e cinco ou trinta quilômetros por dia com sua caixa de engraxate percorrendo quarteirão após quarteirão até a rua principal de Compton City, ou oito quilômetros até o centro de Los Angeles. E em certos fins de semana ele andava oitenta quilômetros até Santa Monica e de volta, viajando em seus patins de rodas. Desapareceu dos seus redutos costumeiros e seus amigos não o viam mais.

Tinha uma caixa de engraxate improvisada e esquisita que encontrara um dia na garagem. Pegou uns trapos e escovas em sua casa, prendeu o cinto à caixa como bandoleira, comprou graxa de sapato na loja e saiu às ruas em busca de trabalho.

Ocupava-se em ler tudo que pudesse encontrar na biblioteca que fosse além do seu mero aprendizado de escola dominical, karma yoga, teosofia, reencarnação, Vedanta, e, geralmente, sentado em bancos de parque mergulhava tanto na busca de Deus que se esquecia de engraxar sapatos.

Às vezes, no Million Dollar Theatre, ele via Eden Abez, um poeta-místico que vestia longos mantos brancos e mais tarde compôs uma canção chamada "Nature boy". Entreolhavam-se e falavam com suas mentes em pensamento silencioso sobre o Deus de amor e acenavam com a cabeça e seguiam seus caminhos separados.

Nesse dia, encostado num poste de iluminação na esquina da rua 103 com a San Pedro, lendo um livro à espera de fregueses, um jovem negro alto e bonito aproximou-se dele e disse:

— Você não é o garoto que toca violoncelo? Lembra-se de mim? Sou Buddy Collette.

Apresentou os rapazes que o acompanhavam: Major Harrison, Charles Martin, Crosby Lewis e Ralph Bledsoe, que estavam todos rindo e trocando sorrisinhos, embora Charles não conseguisse perceber nada engraçado.

— Que tal ganhar uma grana e vestir roupas mais elegantes? – perguntou Buddy. — Olhe para você. Você se veste como um vagabundo.

— Não ligo para roupas.

— E que tal ter na mão as garotas mais bonitas da cidade?

Charles disse que não se incomodaria de encarar essa parte.

— Muito bem, entre para o Sindicato – disse Buddy.

Meu garoto sabia que ele não se referia à Local 47 da Federação Americana de Músicos. O Sindicato era um clube privado de Watts que começara a recolher comissões de engraxates e balconistas de confeitarias oferecendo em troca "proteção" contra valentões e desordeiros como Feisty e sua gangue. Tudo o que a vítima tinha a dizer era "Paguei minha comissão ao Sindicato", e estava segura. Ultimamente os interesses do Sindicato tinham se voltado para a música, e suas festas particulares e reuniões sociais estavam causando muito falatório e especulação por toda Watts.

— Vá arranjar um contrabaixo e nós o colocamos na banda de swing do Sindicato – Buddy falou ao meu garoto. — Podemos usar você.

— Arranjar um *contrabaixo*?

— Isso mesmo. Você é negro. Nunca vai vencer na música clássica, por melhor que seja. Se quer tocar, tem de tocar um instrumento *negro*. Não pode dar socos num violoncelo, então tem de aprender a *dar socos naquele baixo*, Charlie!

Charles gostou do modo como Buddy falou e admirou seu porte orgulhoso, a maneira adulta e a elegância, e por isso voltou para casa e discutiu a questão com o pai, explicando que tinha oportunidade de ganhar muito dinheiro se trocasse o violoncelo por um contrabaixo. Seus pais, como de costume, sem saber das coisas, mas esperando o melhor, concordaram em ajudar. No dia seguinte, ele e Papai Mingus foram até a Schirmer's, na Broadway, no centro de Los Angeles, e trocaram o violoncelo por um contrabaixo alemão novo em folha, e papai desembolsou cento e trinta dólares adicionais.

Estava com pressa de começar a sair com as garotas mais bonitas da cidade, por isso meu garoto ligou para Britt Woodman e perguntou o número de telefone de Joe Comfort. Joe era o contrabaixista dos Woodman Brothers, a melhor banda jovem de jazz em Watts.

— Como posso aprender a tocar baixo, Joe?

— Você tem um?

— Tenho.

— Ligue o rádio e comece a tocar acompanhando as músicas. Foi assim que comecei.

Sem saber sequer os nomes das cordas ou como afinar o instrumento, Charles começou a praticar horas a fio de pé ao lado da radiovitrola RCA Victor na sala de estar, e depois de algumas semanas passou a sentir algo. Era capaz de acompanhar o que ouvia usando um dedilhado de violoncelo. Ligou para Joe Comfort de novo e disse:

— Acho que já posso tocar. Como é que afino?

— Como é que tem afinado?

— Simplesmente deixei como estava desde que comprei na Schirmer's. De cima para baixo vai zom zom zom zom.

Charles cantarolou mi, lá, ré, sol.

— Cara, isso está de trás pra frente! É afinação de violino. Tem de começar tudo de novo. Afine sol, ré, lá, mi.

— Como é isso?

Joe Comfort cantarolou as notas.

— Afine exatamente assim, continue a praticar com o rádio e arranje uns discos também. Quando encontrar você na rua eu lhe dou uma aula.

— Vou ter de tirar a capa do meu baixo na rua? – Charles perguntou, atônito.

— Não, cara, toque com o baixo coberto pela capa. Vai aprender melhor assim. Quando tirar a capa não vai ter mistério nenhum.

Depois Charles descobriu que Joe era capaz de tocar qualquer instrumento de ouvido. Essa era a sua grande qualidade. Nunca tentou sequer ler uma partitura. Ouvia a música e pinçava as notas certas. Britt dizia que Joe era capaz de ler uma nota antes que ela começasse a vibrar.

— Mas qualquer um que não seja rápido como Joe deve aprender a ler partitura um pouco. De qualquer maneira, não se preocupe, Charlie, porque basicamente o que todos os baixistas fazem é marcar o ritmo.

10

Quando Charles era pequeno eu costumava vê-lo correr ao encontro do pai gritando de alegria "Papai! Papai! Adivinhe o que me aconteceu hoje?", e às vezes me perguntava se o seu pai sequer o ouvira. "Humm" era tudo o que dizia, ou então, "Como é que está, garoto?", e seguia em frente. Observei a atitude do meu garoto em relação a este "papai" indiferente ao longo dos anos até que ele passou a cumprimentá-lo com um "Olá" desinteressado e finalmente, quando se tornou um músico jovem totalmente por dentro da onda, simplesmente com um relaxado "Oi".

Embora não tivesse mais consciência desse anseio por um pai, a ânsia ainda existia. Por isso, quando conheceu o pai de Buddy na casa dos Collette depois de um ensaio, aquilo mexeu emocionalmente com ele e o deixou invejoso demais. Havia tamanho ar de amizade e descontração entre este pai e este filho, e Charles admirou tanto aquilo que ele decidiu que, se quisesse saber algo sobre a vida, perguntaria a Papai Collette, e não a Papai Mingus.

Um dia Papai Collette disse a ele:

— Charles, você é um rapaz bonito. Tem dinheiro?

— Ainda não – disse Charles constrangido. — As coisas não têm ido bem.

— Ora, um rapaz bonito como você devia saber arrancar dinheiro de todas aquelas belas garotas que conhece na escola. Todas elas têm um dólar ou dois para comprar livros e alguns centavos para as balas. Seus pais e mães têm algum dinheiro. Devia passar a conversa nelas. Deve começar a pensar nisso.

Charles nunca ouvira esse tipo de conversa antes, ou qualquer tipo de conversa, de um homem crescido, embora já tivesse dezesseis anos. Seu pai nunca lhe contara nada, e era lisonjeiro ter o pai de Buddy tratando-o como um simples companheiro. Charles começou a freqüentar a casa dos Collette, e o pai de aparência jovial de vez em quando dava palestras aos jovens sobre a arte de fazer amor.

Disse-lhes que o sexo era importante e não devia ser considerado uma coisa suja.

— Não joguem fora sua juventude – dizia. — Não se masturbem. Aprendam a controlar-se. Descubram a respeito das garotas. Vai ser uma provação para a vida toda se deixarem que elas os façam de bobos. Escutem o que eu digo e vão ver que elas querem vocês mais do que vocês as querem. Esta é toda a arte do sexo entre um homem e uma mulher. Elas pagarão por esse tipo compreensivo de homem, porque a maioria dos homens acha que uma mulher não gosta de sexo como ele gosta, que ela acha uma coisa feia aquilo que ele quer fazer com ela. Portanto, quando ela aceita, no final, ele a trata como se fosse um receptáculo, uma máquina de gozar. Nem chega a lhe fazer um afago na cabeça depois que acabou. Um velho sábio contou-me uma história certa vez. Disse ele: "Se você tentar o que vou lhe contar, toda mulher que tocar voltará pedindo mais do prazer que você lhe deu e lhe dirá essas mesmas palavras, lhe dirá que nunca experimentou nada como isso na sua vida antes." Foi o que o velho disse, e eu deveria cobrar-lhes por estes conselhos, rapazes. Um dia vocês virão a mim e me darão um dinheiro e dirão: "Você tinha toda a razão, Collette."

— O que aquele velho me contou, para os que não têm o talento natural, foram algumas regras para foder bem. Beije-a. Acaricie-a por algum tempo. Então enfie a sua vara, só a ponta, a cabeça. Esfregue-a na racha dela por muito tempo, sobre o clitóris, entre um pouquinho e saia, de baixo até em cima e ao redor dos lábios, enquanto ela está se aquecendo para você. Vai fazer amor assim durante horas, beijando, acariciando, chupando seus seios e dedilhando aquela bucetinha gostosa até ela implorar por você. Então não crave a coisa com força nela. Coloque a cabeça de um jeito suave e delicado.

Tudo isso era chocante, partindo de um adulto. Charles ficou corado, mas Buddy sorriu, já tinha ouvido tudo aquilo antes. Ele e Charles discutem aquelas palestras às vezes nos dias de hoje, em sua maturidade.

Papai continuou:

— Depois que a coisa está no ponto e úmida, molhando todos os lençóis, não dê aquela trepada toda anormal dos brancos. Simplesmente foda à boa maneira antiga. A melhor posição que o velho encontrou foi de lado, com ela de costas, porque era um sujeito muito grande. A esta altura ela está morrendo de tanto esperar, mas você continua brincando, enfiando gradualmente. Fique dentro dela um pouquinho para ela saber o tipo de delícia que você tem, mas recolha a peça se ela desejar muito avidamente, saia até a borda dos lábios. Então, subitamente, enfie tão duro e fundo quanto puder e agüente ali firme e forte como uma rocha, balançando de um lado para o outro. Então tire quase todo. Provoque. Mexa-se o quanto quiser, mas com tanta suavidade que ela mal possa sentir. Retese e afrouxe os músculos do membro. Isso dá a ela um gosto de pulsação. Vai começar a querer que você enfie de novo. Puxe para fora. Justamente quando ela desiste e se acomoda sobre sua bunda, enfie tão duro e fundo quanto puder. Não se mexa por um instante, depois que entrou tudo. Segure firme e balance, então tire de novo, devagar. Desta vez a pele macia dela vai se agarrar à sua, ela vai tentar acompanhá-lo e prender a coisa dentro dela. Agora ela começa a implorar para que você enfie como acabou de fazer. Não faça isso. Brinque e provoque mais um pouco. Se ela nunca fez coisa parecida antes, vai começar a ficar frenética, a choramingar e a implorar. Então — *quando você quiser* — enfie nela de novo, duro, rápido e fundo. Enfie tudo e fique firme e balance de um lado para o outro, beije-a e a mantenha no ritmo do seu balanço. Então relaxe e finja que vai tirar. Tire, e sem dúvida ela o vai agarrar, pedir e implorar por favor para foder com ela do jeito que *você* quer, e então você vai poder ter um daqueles Cadillacs lá fora à sua espera!... Vamos, Charles, tente isso com a próxima garota que você pegar. Observe a diferença nas reações dela. Veja se ela não vai lhe dizer exatamente essas palavras: "Charles, nunca fizeram isso comigo dessa maneira em toda a minha vida!" E vê lá se não vai querer me pagar cinqüenta ou cem dólares pelos resultados que conseguir.

11

Quando meu garoto Charles tinha dezessete anos e estava no penúltimo ano do secundário, seu camarada Britt Woodman veio correndo até ele um dia.

— Cara, tive um ensaio para um disco com o maior tocador de contrabaixo que já conheci! Tinha o som de um instrumento de sopro. O nome dele é Red Callender, já ouviu falar?

— Não, mas gostaria.

— Vou perguntar a Les Hite se posso levar você ao ensaio amanhã.

George Callender era um ruivo alto com pele marrom-clara, um rosto sardento e porte físico de um atleta. Era super-relaxado, de movimentos lentos, e tudo nele parecia estar em paz. Era só dois anos mais velho que Charles, embora os livros dissessem outra coisa, porque a legislação do estado da Califórnia exigia que uma pessoa que trabalhasse nas dependências de um estabelecimento que vendesse bebidas devia ter pelo menos vinte e um anos de idade.

Charles compareceu à sessão de gravação e, no minuto em que ouviu Red Callender tocar, quis que ele fosse seu professor. Disse a Britt:

— Cara, no intervalo ele ficou sentado sozinho tocando "Body and soul". Fiquei tão surpreso em ouvir alguém fazer aquilo com um baixo, usar o arco como nas coisas que Menuhin e Heifetz tocam, se esmerando nas posições harmônicas, como, você sabe, o concerto para violino de Bartok, de ya do, do e de la. Britt, quando eu começar realmente a aprender a tocar as pessoas vão me ver grande, com um baixo grande, mas quando eu quiser elas vão ouvir uma viola, minha viola mágica que toca nos agudos como um violino e nos graves como um baixo, e se livra de todos os subtons embolados e produz um som em *pizzicato* com a clareza de Segovia! Callender estava fazendo algo assim. Preciso estudar com ele.

Red era casado com uma garota chamada Irma, que tinha dois filhos de um casamento anterior, e eles se instalavam na casa dos pais de Irma. Meu garoto ia lá uma vez por semana, e Red lhe ensinava a tocar com o arco e os fundamentos da execução do contrabaixo publicados por Franz Simandl. Cobrava dois dólares de Charles por aula e os gastava levando-o aos cinemas do bairro depois de encerrado o trabalho. Uma amizade fraterna e uma relação para toda a vida cresceu a partir das aulas.

Agora Charles estava se envolvendo tanto com composição que Buddy achou que ele devia procurar Lloyd Reese para estudar piano também. Reese e sua mulher, uma pianista clássica, tinham um conservatório na avenida McKinley, em Los Angeles. Ele era considerado o professor mais completo, além de um excelente instrumentista. Diziam que era capaz de pendurar um trompete num fio preso ao teto e tocar um sol agudo usando o sistema do zunido, soprando no bocal sem tocar o instrumento com as mãos. Muitos garotos que depois se tornaram famosos estudaram com ele e tocaram na sua grande orquestra de ensaio estudantil nas tardes de domingo. Eric Dolphy completou os estudos com Reese cortando a grama e as cercas vivas. Costumava sentar-se nos degraus observando os ensaios da orquestra. Era mais jovem que os outros, e meu garoto não o conheceu na época. Mas anos depois, no Leste, ele se tornou um pilar nos grupos de Mingus.

Charles desfrutava uma vida musical plena, participando da orquestra da escola, estudando com Callender e Reese, tocando em qualquer oportunidade de trabalho que conseguisse com Collette e a banda de swing do Sindicato, e usando todas as horas que sobravam para ensaiar e compor em casa.

Nesta época, uma bela garota mexicana chamada Manuela entrou em sua vida. O clube de meninas da escola de sua irmã Grace deu um jantar festivo chamado "Uma Viagem ao Redor do Mundo", e cada comprador de um ingresso, no valor de um dólar, podia visitar toda uma série de residências e provar suas cozinhas nativas — espanhola, chinesa, antilhana, grega, judaica, italiana, ameríndia, japonesa, mexicana —, Watts tinha todas elas. A noitada terminaria à meia-noite, quando toda a multidão se reuniria para um festival de comida negra com o repertório completo da culinária dos escravos, incluindo até cascavéis.

Mas quando Charles chegou à terceira família na sua lista, os Rodriguez, ele deu uma olhada na filha, Manuela, e decidiu ficar por ali. Subitamente se tornou um aficionado da comida do lado sul da fronteira e persistiu, repetindo um segundo e um terceiro prato, até que a família ficou tão lisonjeada que abriu um garrafão de vinho. E sentado ali comendo, bebendo e rindo com aqueles mexicanos ele se sentiu tão em casa que se viu contando a eles sobre seu amor duradouro por Lee-Marie.

Algumas semanas antes, ele soubera que ela ia participar de um desfile de modas em Watts. Não a via há tanto tempo que não podia perder o desfile, por isso seguiu para o centro da cidade ao longo do San Pedro Boulevard e, imaginem só quem encosta o carro e lhe oferece uma carona, se não o próprio sr. Spendell! Charles ficou exultante com esse sinal de amizade, mas Spendell não perdeu tempo em deixar claro que generosidade não era a sua motivação. Acabou se revelando que ele sabia de tudo a respeito daquela tarde de sábado no Largo Theatre, quatro anos antes, e dos esforços recentes de Charles para voltar a ver sua filha. Charles tentou explicar como eles tinham ficado distantes por vontade própria durante todos esses anos, mas agora que estavam ficando mais velhos... O sr. Spendell olhou para ele como se estivesse maluco.

— Talvez não tenha ouvido o que eu disse – falou. — Estou ordenando que fique longe de Lee-Marie *para sempre*. Ou então vamos ter de tomar alguma providência, como encontrar um beco para você dormir.

A ameaça não assustou Charles, embora Spendell estivesse com o uniforme de guarda bancário e usando uma arma, mas ficou profundamente magoado e triste, pois, por mais difícil que fosse, não foram eles mesmos que haviam decidido ficar separados porque achavam aquilo certo? E tinham esperado tanto... Olhando para o rosto duro do sr. Spendell, teve vontade de chorar.

No desfile de moda, Lee-Marie o viu de pé a distância, no fundo da sala. Seus olhos se grudaram como se o último dia do amor fosse aquele. Ele foi para casa sem falar com ela e compôs ao piano até tarde da noite, sentindo-a ali do seu lado, triste como a tinha visto, balançando, fazendo mesuras, enquanto a brisa soprava os lindos vestidos que ela usava no desfile de moda ao ar livre, na loja de departamentos Elite de Watts.

Contou à família de Manuela essa história, e eles se mostraram solidários, porque Manuela também havia sido magoada por um namorado.

— Você e Manuela estão os dois solitários – disse o irmão Juan. — Podem ser amigos.

E, à meia-noite Juan, Manuela e Mingus partiram para o encerramento da noitada, a festa ao estilo do Harlem. Puxa! Aquela galinha frita! Aqueles chouriços, todos aqueles dançarinos transpirando! Demais, demais! Mingus quase foi feliz aquela noite.

Ele e Manuela iam nadar juntos, e ele a levava a bailes e ao cinema. Seu respeito por ela e por sua família e o fato de que constantemente ouvia seus pais alertando suas irmãs de que tudo o que os homens queriam era se enfiar por baixo de suas calçolas (uma coisa ridícula, aqueles calções grandes e folgados que iam até os joelhos, feitos em casa!) o impedia de ir mais longe com ela que um simples afago.

Foi Manuela quem se tornou impaciente e mostrou que tinha idéias avançadas. A garagem de telhado achatado no quintal dela tinha o que chamavam um "jardim suspenso" com uma rede, arbustos, e era coberta por galhos das árvores circundantes. Uma noite, quando ele a trouxe de volta para casa, ela o levou até lá e, depois de alguns beijos, puxou o vestido para cima:

— Estou sem calcinhas, está vendo, Charles?

Ela lhe implorou que pegasse nos pêlos compridos que cobriam sua "xoxotinha".

Como eram negros e, no entanto, macios como barbas de milho!

— Pegue, Charles. São para você, por causa dos seus beijos. Veja quando eu abro o meu suéter. Está vendo meus *chi-chis*? Nunca uso nada sobre eles. Está vendo como não são caídos? Não usamos sutiã na minha terra. Somos mulheres de verdade. Não temos vergonha de mostrar que temos peitos quentes e que adoramos que sejam chupados. Sabemos quando um homem está pronto e com tesão para uma boa foda. Adoramos foder com ele também. Me foda agora, Charlie. Ó! Eu sabia que a sua *macoula* estava dura e quente para o meu buraco! Ó! Ó, adoro isso! Enfie fundo. Fode, fode, fode! Eu fodo você, você me fode todinha! Ninguém pode nos ver debaixo das árvores. Agora foda no meio dos meus *chi-chis*! Veja, vou ficar de joelhos. Ai chi uau uau! Gosto do seu gozo. Venha, vamos deitar um pouco na rede. *Madre mia*, como você me abre quando começa a me foder! Assim, assim... *Chingala, chingala tu madre*! Oh, eu vou gozar, Mingus! Meta fundo, lubrifique minha racha, foda, Mingus!

— Sua cadela de buceta quente! Não agüento mais! Venha, goze, garota! Mexa com essa buceta molhada!

— Ó, que gostoso, que gostoso!

Foi uma experiência fantástica durante alguns meses, e então meu garoto começou a ficar nervoso. Tudo o que Manuela queria fazer toda noite era subir à cobertura da garagem, tirar suas grandes tetas e esfregá-las no rosto e na boca dele e finalmente fazer amor de todas as maneiras possíveis durante horas. Ele achava que os pais dela sabiam o que estava acontecendo, mas não pareciam ligar. E ela era tão louca que não queria nem que ele usasse as camisinhas que comprava na farmácia Raleigh's. Tinha medo de engravidá-la, e, então, o que iria acontecer?

Começou a sair com outras garotas, especialmente Rita Reed, uma negra de pele macia tão bonita que ele e Buddy a chamavam de "cavalo de raça".

Mas o dia que ele temia chegou. Por algum motivo, talvez ela achasse que o estava perdendo, Manuela discutiu sua relação com os pais. Ele ficou tão envergonhado com a reação civilizada que, num impulso, e talvez tentando justificar seu comportamento, ouviu-se propondo casamento a Manuela na frente de toda a família dela, e foi aceito na hora. Felizmente estava abaixo da idade e, segundo as leis da Califórnia, precisava da permissão dos próprios pais para se casar. Papai reagiu, como Charles esperava, com uma recusa violenta e acrescentou que a loucura corria no sangue da família Mingus, e que Charles tinha sorte até agora de ter mais ou menos controle sobre suas faculdades mentais. Acusou Manuela de ser imoral e, de qualquer modo, indigna de servir como esposa. Charles, enfurecido, defendeu a namorada, mas sabia, e percebeu que seu pai sabia que ele sabia, que estavam fazendo um teatro, e houve até um sorriso secreto entre eles que Manuela não percebeu. Esse entendimento particular trouxe de volta esperanças de uma nova proximidade e de amor entre ele e seu pai, mas alguns anos ainda se passariam antes que isso acontecesse.

Embora estivesse claro que nenhum casamento era possível no momento, Manuela continuava ávida como nunca pelos jogos na cobertura da garagem e cada vez mais exigente. Finalmente, ele arquitetou um plano maluco para romper com ela e, certa noite, no *playground*, em frente do irmão dela, Juan, e de seus amigos mexicanos, anunciou que iria se matar porque seu pai se recusava a deixá-lo casar com Manuela. Estava tomando vinho. Derramou um frasco inteiro de iodo na garrafa e bebeu tudo dramaticamente. A ambulância da polícia veio, ele contava com isso, e foi levado às pressas para a clínica de Watts, o mesmo local para onde Baby Charles fora levado com um buraco na cabeça. Fizeram-lhe uma lavagem estomacal e o colocaram na cama.

Logo Manuela chegou com o irmão e a mãe em lágrimas. Disseram que entendiam a situação e esperariam.

— Contanto que Manuela seja feliz, é tudo o que conta.

— Podem até morar conosco, se o seu pai deixar – disse a sra. Rodriguez com ternura.

Juan disse:

— Meu irmão, não faça coisas que o machuquem. Você é nosso amigo. Nossa gente não é esquisita como os gringos, minha casa é sua, minha irmã também. Mas não minha mulher, nem a mulher de meu pai, você entendeu? Vá descansar um pouco e depois volte para casa com Manuela.

Manuela ficou depois que a mãe e o irmão se foram.

— Mingus, podemos nos amar tanto quanto você quiser. Não ouviu o Juan? Não se preocupe, não vou ter um bebê. Sou uma mulher, não sou uma criança estúpida. Ai, nós fodemos porque adoramos isso. Você nunca disse que me ama. Não me importo. Fodemos melhor que ninguém. Então eu digo para o papai e a mamãe que vamos casar um dia. Mas não se preocupe, não precisamos casar para foder.

Meu garoto Charles fechou os olhos desesperançado, achando que não estava seguro de que quisesse mais foder de novo na vida.

12

Charles estudava com Red Callender há um ano quando, numa tarde de sábado, ele estava no seu quarto em casa, trabalhando num arranjo de "I'll never smile again" para a orquestra do Sindicato, o telefone tocou na tonalidade de fá bemol.

— Alô? Ei, Lee Young, como é que vai, cara? ... Art Tatum? Claro que conheço Art Tatum, pelo menos *falei* com ele nas gravações. O quê? Está brincando? Uau, fico honrado! Meu ego subiu um milhão de pontos! Claro que posso, vou estar lá. Quando? Qual é o endereço? Certo, já anotei, Lee. Obrigado. Dê um abraço no seu irmão Lester e nos outros caras do grupo, Bumps, Red Mack e Red Callender, sabe que ele é meu professor? OK, Lee, com certeza vou lá e obrigado de novo...

Uau! Se meu garoto conhecia Art Tatum? Todo mundo conhecia esse maravilhoso pianista cego de Toledo, Ohio, que havia causado um grande burburinho entre os músicos quando apareceu no Onyx Club, na rua 52, em Nova York, e no Three Deuces de Chicago, e era uma lenda viva agora aos trinta e um anos de idade.

— Papai, que tal me dar uma carona até a cidade? Lee Young acabou de telefonar e Art Tatum quer conversar comigo! Preciso estar na casa dele às quatro da tarde para ensaiar um dueto! Vou trabalhar com um gênio, papai!

— Tudo bem, filho, eu levo você até a casa de Tatum. Mamãe, prepare alguma coisa para este garoto comer e vamos andando...

— É a casa do lado norte da rua, papai, trinta e oito, vinte e seis e meio. É isto, bem ali!

— Muito bem, muito bem. Estou vendo. Você pode voltar para casa no bonde com aquele contrabaixo?

— Claro, vou pegar o carro da linha V até Watts. Obrigado, papai... Olá, eu sou Charles Mingus. O sr. Tatum mandou me chamar!

— Entre, Charles. Lembra-se de mim? Sou Carol. Era a melhor amiga da sua irmã na Escola Jordan.

— Olá, como vai, Carol? Conheço você antes disso, até. Eu ia ao armazém do seu pai às vezes quando visitava Britt, está lembrada?

— Isso foi há muito tempo. Você era apenas um garotinho.

— Pois é, estou no último ano na Jordan, agora. Onde posso colocar a capa do meu baixo? Ele está em casa?

— Estou aqui, rapaz. Como vai, Mingus? Callender me contou que você está se saindo muito bem com o baixo. Pois bem, vamos ver em um minuto. É só ficar aqui ao lado do piano que vou trabalhar com você e mostrar o que estou fazendo. Depois, se combinarmos alguma coisa, eu digo ao meu agente e tentaremos mostrar o que fazemos às pessoas.

— Por mim, tudo bem, sr. Tatum!

— Pois bem, ouça como eu toco "All the things you are". Um, dois, três, quatro... Agora vamos fazer de novo. Vou mostrar a você bem devagar. Ainda estuda piano e composição com Lloyd Reese? Bom. Agora você digere isso no piano primeiro, para que possa pegar as variações melódicas e as nuanças...

Os ensaios continuaram por várias horas ao dia, durante várias semanas. Às vezes eles seguiam tocando juntos a tarde toda, o que quer que lhes viesse à cabeça.

— Vamos, filho. Pelo menos podemos tocar para nos divertir. Não acho que os brancos possam nos impedir de fazer isso. Pegou a modulação que eu lhe mostrei em ré natural de "Night and day"?

— Art, peguei no piano, percebe? Vamos em frente.

— Ei, vai com calma, rapaz, está roubando minhas idéias!

— Ora, Art. Você é... o que posso dizer? Existe Jesus, Buda, Moisés, Duke, Bird e Art.

— Espere um minuto, filho. Você acrescentou um mi bemol naquele acorde em lá bemol que desce cromaticamente. Ora, Buda não faria isso. Só lá bemol e sol bemol na mão esquerda. Vê? Si natural, ré natural, fá sustenido em cima. É puro, filho, é beleza pura. Aquele mi bemol não cabe ali, ele entra em outro tipo de composição.

Depois, Mingus voltava para casa de bonde, abraçado ao seu contrabaixo, exausto, feliz e atordoado de tantas idéias musicais.

Mas, embora meu garoto mal pudesse esperar, nenhum convite para apresentações chegou a ser feito ao duo, e finalmente Art Tatum pegou a estrada de novo como solista e passou-se um longo tempo antes que os dois tocassem juntos profissionalmente.

*

Buddy Collette tinha um pequeno carro de turismo Auburn verde-oliva modelo 1935 e passeava com as garotas do centro da cidade. Índias, mexicanas, negras, brancas, qualquer tipo que gostasse de ser tratado ao estilo do Sindicato.

Nesta noite particular de domingo, tinham programado uma festa do Sindicato, e Charles ia ter a sua oportunidade de conferir as teorias de conquista de Papai Collette. Budd e os camaradas tinham pegado algumas garotas novas do centro numa festa na noite anterior, e Charles tinha um encontro com Rita, o Cavalo de Raça, alta, negra como o ébano, uma garota bonita e graciosa, com certeza a mulher mais bonita que ele já conhecera em toda a vida, com cabelos macios, felpudos, lanosos, cortados baixos para destacar sua elegante estrutura óssea. Era uma garota impulsiva, de aparência sexy, e sua arrogância mostrava que sabia disso.

Buddy convocou uma reunião. Major Harrison, Charlie Martin, Crosby Lewis e Ralph Bledsoe estavam lá.

— Não tem grana pra gasolina esta noite – alertou. — Acho que vamos ter de dar o golpe do latão. É a sua vez, Chazz.

Meu garoto não sabia o que aquilo significava, portanto Buddy explicou o método.

— Depois que escurecer, pegamos este latão aqui e rodamos por aí à procura de um tanque saudável. Leva vinte e sete minutos para encher um latão de cinco galões com esta mangueira que usamos, e se alguém sair e nos pegar temos que correr e levar o latão, cara! O carro não vai desacelerar, por isso vocês têm de ser rápidos. Mingus segura o latão e Crosby é o vigilante. Mingus, sabe como fazer o sifão?

Charles disse que tinha aprendido quando trabalhava na garagem do sr. Woods.

Quando escureceu, eles saíram em busca de uma perspectiva de tanque cheio de gasolina. Buddy disse que geralmente era capaz de saber pela aparência de um carro se o dono tinha ou não dinheiro o bastante para encher o tanque em cada dia de pagamento.

Lá está um deles! Bem em frente da velha Igreja Batista em Central Gardens. Tudo está quieto, os serviços acontecem lá dentro e o pessoal da vizinhança está jantando. Mingus salta do estribo do automóvel com o latão e Crosby vem logo atrás para dar cobertura. Buddy roda em velocidade normal. Não há ninguém por perto. O carro estacionou debaixo de uma árvore, sombreado pela luz do poste da rua, que vem de cima. Uau! Que tanque saudável! Charles coloca o latão debaixo do pára-lama. Nem chega a aparecer. Aperta com um elástico cada extremidade da mangueira para que ela fique firme. Suga uma golfada de gasolina e cospe fora. Sacode a mangueira e certifica-se de que a gasolina está fluindo. Ele e Crosby pegam Buddy na corrida na esquina de Grape Street, a dois quarteirões de distância. Rodam um pouco esperando passar o tempo. Crosby comenta com aprovação os elásticos.

— Desta vez passa, Mingus – diz Buddy. — Mas daqui pra frente não melhore os métodos do Sindicato sem consultar antes o presidente.

Depois de vinte e cinco minutos a igreja começa a despejar gente para fora. Mingus, querendo provar que é o tal, implora a Buddy:

— Me deixa pegar o latão. Pego e saio correndo.

— Nada disso, ficou arriscado demais agora – responde Buddy. — Na próxima volta que dermos no quarteirão o dono vai estar encostado naquele carro, e o pastor parado ao lado do seu grande Cadillac bege cercado pelas irmãs da congregação dando risinhos e disputando sua atenção e elogiando o sermão.

Rodando devagar, eles vêem que o latão encheu e a gasolina está escorrendo para a sarjeta.

— Droga! – diz Major. — Eu *achei* que aquela mangueira era maior do que a que a gente usava sempre.

— Êta tanque saudável!

— Buddy, dê mais uma volta. Eu vou pegar o latão.

— Não seja burro, Mingus. Quer ir para a cadeia?

— Ora, ora – diz Buddy –, não podemos bancar os covardes quando um novo associado vem com essa força toda.

— Obrigado, Buddy. Não vou deixar você na mão. Sou capaz de correr as cem jardas em dez segundos e nove décimos com toda aquela roupa de futebol.

— Ah, é? Então é bom quebrar o seu recorde esta noite porque nós vamos passar a vinte e cinco quilômetros por hora e não vamos desacelerar. Salte e pegue o latão. Se não alcançar ele, azar o seu. Encontre com a gente lá em casa, se não for preso. Se for, não vá nos entregar. Lembre-se do Sindicato!

Eles dão a volta no quarteirão de novo. Major se pendura para fora do carro e cobre a placa com um lenço enquanto começam a marcha regular a vinte e cinco quilômetros por hora. Pouco antes de chegar ao quarteirão, Charles salta e faz uma corrida acelerada à frente do Auburn. O presbítero Washa Moola está parado no meio-fio tragando um charutão e girando uma corrente de relógio de ouro, o anel de diamante do tamanho de um olho de gato em seu dedinho cintilando como um minúsculo raio de sol. Usa um chapéu-coco inglês, calças listradas de jogador, um casaco esporte preto, colete xadrez escocês de fundo branco e sapatos de couro envernizado. Casualmente lança com um peteleco rubras cinzas cintilantes na sarjeta e comenta:

— Irmãs, nós certamente mexemos com o espírito aqui esta noite. Todos os pecadores vão arder nas chamas do Inferno!

Uma baforada de fumaça e chamas vermelho-azuladas se elevam sobre sua cabeça! Fumaça preta sobe para os céus! Meu garoto agarra o latão e corre para a lateral oculta do Auburn. Mulheres gritam:

— Ó, meu Deus, por favor nos salve! Ele realmente fez um milagre! Amenhotep! O mundo chegou ao fim dos seus dias pecaminosos! Louvado seja seu nome cheio de graças!

— Ó, meu Deus! Aqueles garotos roubaram minha gasolina! Peguem aquele canalha que está correndo ali!

O velho pastor sai correndo, com a navalha zunindo para pegar a bunda do meu garoto. Charles se esquiva. O joelho do reverendo vacila, a outra perna voa para o ar num passo de *jitterbug* e o arremessa num rodopio que o faz cair sobre algo a respeito do que Jesus Cristo às vezes comparecia às cidades para falar com as pessoas.

— Senhor, minhas calças se rasgaram! – ele grita! — Santo Moisés, veja só o meu Cadillac, todo consumido pelas chamas! Salvem a carruagem do Senhor! Chamem a polícia!

— Lá vão eles – as pessoas gritam. — Pega! Pega! Anotem o número da placa! Ó, Senhor, salvai nosso local de culto da ruína e das chamas!

Buzinas berram, carros começam a enxamear no local. Mas Charles conseguiu voltar ao carro e Buddy diz tranqüilamente:

— Continue com o trapo sobre a placa, Major. Lá vamos nós. Se segura, rapaziada.

Ele pisa fundo, oitenta quilômetros por hora, noventa, desguia para a reta e sobe para cento e dez, cento e trinta, cento e quarenta, e vamos voando, chegamos a cento e noventa na rodovia de San Pedro. Mingus está apavorado.

Nunca andou àquela velocidade, a não ser na montanha-russa. Mas subitamente todo mundo lhe dá tapinhas nas costas e ri enquanto Buddy diminui a marcha até o limite de velocidade e parte para o centro. Charles sente-se bem de novo, renascido. Está finalmente com seus camaradas, aceito.

— Uau, Mingus, vamos contar pra Rita que sujeito esperto você é! Vamos fazer uma tremenda duma farra, cara! Igual os reis com seus haréns e aquela merda toda esta noite!

Passam pela casa de Rita para apanhar as garotas. Depois juntam mostarda, *marshmallows*, pãezinhos, cerveja, vinho e maconha para um churrasco de salsichas e partem para a praia.

Mmmmmm! Salsichas compridas grelhadas até ficarem escuras e quase estourarem, pingando sumo naqueles carvões vermelhos em brasa. Mmmmm! Pãezinhos quentes e saborosos cortados pela metade e mostarda francesa espalhada dentro deles. *Marshmallows* de coco tostados sobre brasa ardente preta e vermelha coberta de cinzas brancas, as entranhas brancas e xaroposas espumando, escorrendo, crepitando e saltitando, enquanto são calcinadas e viram cinzas, o doce aroma penetrando o ar salino fresco. Bolas de fogo flamejantes saltam e estalam no buraco cavado na areia úmida. O som quieto do silêncio por trás da brisa marinha. Lá embaixo, as ondas quebram, e a maré branca beija as rochas cruéis de granito perto da caverna subterrânea que aqueles que conhecem chamam de Cova do Amor.

Charles improvisou um poema de pura sedução para a eloqüente silhueta de ébano de Rita enquanto o luar criava um halo em torno do seu peito, de seus quadris e de sua forma escultural. Estava encantado, exaltado aos píncaros de êxtase sensual como nunca sentira antes. Lee-Marie tinha sido o objeto puro do amor de sua alma, Manuela, a agressora voluntariosa, supersubmissa e apaixonada. Mas esta noite ele tencionava conquistar uma deusa. Ia desfrutar daquele rabo fabuloso.

Todo mundo fazia barulho agora, embriagando-se de cerveja, vinho, fumando maconha, exceto Buddy, que calmamente bebia refrigerante. Examinava e comparava peitos e pernas como um juiz num concurso de beleza, e tocava sua clarineta, e a bateria do Major, o prato acionado por pedal, tambor e escovinhas. As garotas dançavam e corriam tirando as roupas, engolfando o ar salgado, deslizando sedutoramente um sutiã para fora de um ombro, dobrando as costas para trás até quase o limite e puxando com malícia as calcinhas para os lados da virilha.

Rita acariciou as orelhas de Charles, mordeu-lhe suavemente a nuca. Marian ficou totalmente nua e dançou ao som da bateria, gingando bem perto da cara de Major. Ele tirou a salsicha quente do pãozinho, sugou, lambeu a mostarda e subitamente agarrou Rita como se tivesse tomado de repente consciência da sua nudez. Jogou-a para trás, chupou e beijou seus seios. Então foi descendo, deixou a salsicha de lado e começou a beijá-la toda, respirando fundo e rápido, sugando o ar entre seus dentes com um "Fiu!"

— Marian, traga mais para cima a gostosura do pãozinho que tem no meio das pernas.

Enfiou a salsicha e tirou, e no começo achamos que a estava comendo, mas ele comia o que vinha acima da salsicha com longos bafos, estalando a língua dentro da boca, *tut tut*. E finalmente comeu a salsicha.

Rita gritou:

— Mingus! – e correu graciosamente para a espuma das ondas, despindo-se.

Charles foi atrás dela, arrancando as roupas e gritando:

— Vou nadar nu com Cleópatra esta noite!

— Cleópatra porra nenhuma! Sou uma crioula mais pura e mais bonita que aquela vaca preta!

Rolando sem parar no mar revolto, em meio às ondas que quebravam e àquela água toda, a espuma branca e raivosa parecendo flutuar entre o líquido escuro e o céu escuro, Rita foi tragada pelo oceano. Ele cobriu suas curvas celestiais, com exceção das nádegas reluzentes e, quando ela se revirou e flutuou sobre as costas, seus seios estavam intumescidos. As águas cintilantes assobiaram e espumaram entre suas coxas. Mingus ficou atônito e ereto até que ela rolou com as ondas, e eles se ajoelharam na areia molhada, algas marinhas envolvendo e se enroscando em seus tornozelos, água salgada esticando seu membro liso e duro e o prepúcio enrugado, minúsculos grãos úmidos de areia picando provocantemente a cabeça pulsante em forma de coração. Rita olhou para esta beleza primitiva e selvagem, empinada, mais dura do que jamais esteve no pico do prazer auto-erótico. Ela estendeu a mão e apontou o membro bem para o alto do céu. Suas mãos macias envolveram e acariciaram suavemente o pescoço do membro e o saco de pele esticada protegendo dois tremendos pingentes de pérolas negras e os manuseou com um carinho estudado. Abaixou sua cabeça sobre estas bolas e disse:

— Você é negro como eu. Grande, bonito, duro com este saco taurino, negro como eu, Mingus!

Pela primeira vez, Charles sentiu-se completamente aceito por uma negra de verdade. Oscilou, tremendo. Acariciar e remexer nos pêlos pubianos macios e felpudos de Rita era uma experiência nova e eletrizante. Dava coceira na palma de sua mão e nas pontas dos dedos. Pensou com aversão nas garotas com cabelos alisados. Ela o puxou para a areia e montou sobre ele, escarranchando as pernas, os peitos pendendo sobre seu rosto, e então inclinou-se para trás e abriu bem os joelhos, botando a mão debaixo de suas pernas e o acariciando e aproximando do meio de suas pernas. Ondas cálidas do oceano salpicaram seus corpos e deslizaram suavemente sobre eles e salpicaram de novo. Uma sombra avolumou-se atrás deles.

— Buddy! Seu desgraçado crioulo comprido! Estava espionando a gente! Volte pra lá, você tem duas só suas, mas não esta aqui.

— Nada disso, você me interpretou mal, Mingus. Major e as garotas nadaram até a caverna, vou levar alguma comida e outras coisas neste plástico, está vendo? Vamos acender uma fogueira? Quer juntar-se a nós?

Podiam ver Major e as duas garotas gingando atrás das grandes pedras. A entrada para a caverna secreta era um buraco um metro abaixo da linha d'água. Quando você emergia, entrava num espaço do tamanho de uma sala de estar, com saliências secas e arenosas.

— Depois, cara – disse Mingus, e Buddy entrou na água e partiu para os rochedos com sua sacola nos ombros. Meu garoto puxou Rita de volta para as ondas quentes e a agarrou com força. Lenta, lenta e deliberadamente, começou a se mexer e a fazê-la se mexer com ele até ceder aos seus ritmos. Então a afastou e ela começou a implorar.

— Não fique só me excitando, *baby*, me fode! Você entra tão bem, *baby*. Até há pouco eu não conseguia agüentar você dentro de mim. Agora eu quero e você só me dá a cabecinha! Me fode, cara! Enfia em mim, *daddy*! Agora, agora mesmo, por favor! Oh! Sim! Humm! Seu desgraçado! Enfia de novo, *daddy*. *Por favor*. Fique dentro de mim. Enfie bem fundo e mexa! Vou te agarrar com meus músculos... vou fazer você ficar preso!

— Você é meio estranha, Rita *baby*... Parece que tem uma boca maluca aí embaixo me mastigando e mordendo.

— São os meus músculos, *daddy*. Tenho de usar meus truques, jogar meus cachorros pra cima de você! Eu ouvia papai dizer a mamãe "Céus, *baby*, tira esses cachorros de cima de mim, não consigo me mexer!" Ó, Mingus, volte aqui, seu filho-da-mãe sujo, seu desgraçado, volte aqui dentro de mim, o que está fazendo comigo?

— Praticando.

— O quê?

— Como fazer uma vadia pedir mais. Venha, vamos nadar até a caverna.

— Eu devia matar você, Mingus, por me deixar querendo tanto esta coisa!

— Quem vai deixar você, sua puta de buceta gostosa? Tenho mais guardado para você, mas só vai ganhar se fizer o que eu mandar. Vamos lá.

Charles nadou em direção dos rochedos e Rita o seguiu submissa. Meu garoto riu bem alto com essa nova sensação de poder e agradeceu às suas estrelas pela ajuda de Papai Collette.

13

Charles se sentia envergonhado porque as garotas da turma de ginástica do sexto período, com suas blusas brancas e shorts pretos, ficavam penduradas na cerca vendo os jogadores de futebol aos risinhos, embora a essa altura ele já devesse estar acostumado às chacotas delas em relação a suas pernas cambaias e a seus pés de pombo. E tinha consciência a todo minuto da presença de Lee-Marie, de pé, sozinha e à parte, não parecendo notar que ele estava ali. Aproximou-se da cerca e sussurrou a Rachel e Kate:

— Por que não riram no "abatedouro" de Buddy na sexta-feira passada, garotas? Viram mais das minhas pernas tortas do que estou mostrando agora. Até aqui *em cima*, sacou, *baby*?

Afastou-se pensando consigo mesmo, não curto vagabundas que caem na conversa de fazer sexo com dois caras ao mesmo tempo, fiquei doente só de ver.

Trotou até o campo de futebol, ciente de Lee-Marie, que nunca olhava para ele quando voltava o rosto para ela. Mas de certo modo, acima e abaixo das risadas, dos vivas e das vaias dos companheiros e das garotas penduradas na cerca, sabia que ela falava com ele, embora seus lábios não se mexessem. O chamado ficou tão intenso que no final do quarto de tempo teve de ir diretamente até ela, sem saber se ela queria ou não, mas quando se entreolharam através da barreira de aço pareceu que ela estava dentro dele, como se fossem uma só entidade de novo.

— O que estava me dizendo, Lee-Marie?

— Que te amo e você precisa de mim agora. Já se esqueceu de mim?

Charles agarrou-se à cerca, olhando para seus pés de pombo, sacudindo a cabeça.

— Não entendo.

— Então me escute. Sou uma mulher agora e esperei mais de cinco anos desde aquele dia no Largo. Não tentou me procurar. Ó, às vezes à noite na cama eu ouvia você chamando o meu nome lá fora quando andou bebendo vinho, e ouvia a dor na sua voz e sabia que era você quem jogava coisas nas paredes de nossa casa no meio da noite. Mas Charlès, meu pequeno Mingus! Por que nunca veio durante o dia, abertamente, por quê, por quê?

— Querida... Seu pai...

— O que podia meu pai fazer? Meu pai carregou uma arma durante trinta anos e nunca deu um tiro em ninguém.

— Quando falou comigo, ele falou sério, Lee-Marie. E estava no seu direito, levando em conta nossa idade.

— Nossa idade? Sabe há *quanto* tempo foi isso? Quanto tempo precisamos esperar? Sei tudo sobre o "abatedouro" de Buddy e as garotas. Acha que as garotas não falam? Dizem que você e Buddy são vadios, prostitutos, fáceis de pegar. Charles, não me orgulho de ser virgem. A culpa é sua. Mas precisar de você é natural para mim. Não posso mudar aquilo que ensinamos um ao outro, talvez cedo demais em nossas vidas, mas foi uma coisa sagrada para mim, e seria um sacrilégio com qualquer outro homem. E agora tenho de ouvir as garotas dizendo que você e Buddy são os melhores amantes de todos...

— Querida, me escute, por favor, me escute. Quer me escutar, Lee-Marie? Eu fiz merda e não foi pouca. Trepei com um monte de garotas e fiz de quase tudo. Mas mesmo quando elas fazem o que ensino a elas, eu sei que usar o sexo dessa maneira é zombar do amor.

— Ah, querido, não estou com ciúmes, mas sou egoísta, quero a minha outra metade. Estou queimando de desejo por você, aqui, agora. Não somos mais crianças, nosso lugar não é na escola. *Estas* pessoas que nos cercam aqui são crianças brincando e esperando crescer, amar, casar ou ir para a cama com alguém, e tenho medo de que esta sociedade esteja fazendo de *você* uma criança de novo. Quando só tinha dez anos, você era mais homem do que é hoje. Você disse que nada poderia nos separar, mas hoje sonha comigo como a sua noiva sagrada e vai para a cama com vagabundas. Sei que você me escuta, Charles, sei que ainda entende, mesmo o silêncio entre nós me diz isso. Pôxa, eu te amo! Diga que me ama! Não é verdade?

— Ei, Mingus – gritou Peter Thompson. — Vamos lá!

Lee-Marie fixou os olhos no meu garoto num tom de súplica, mas ele não pôde falar uma palavra.

— Mingus, arrasta essa bunda pra cá e venha jogar!

Charles olhou para o campo e, soluçando, Lee-Marie virou-se e foi embora. Ele a seguiu ao longo da cerca até que ela desapareceu na entrada dos fundos do salão de ensaios e as portas se fecharam atrás dela.

No vestiário depois do jogo Charles se veste devagar. Britt Woodman entra mansamente e senta-se num banco.

— Ei, Britt, que faz por aqui?

— Ei, Chazz, vim ver Mildred Ray. Ela ficou acanhada desde que me formei, toda vez que apareço por aqui ela corre pra casa. Ei, vi você falando com Lee-Marie.

— É.

— Ouça, não quero me meter nos seus negócios, mas parece que você tem uma boa garota que o ama. Tem muita sorte. Veja só como Mildred me deixa confuso.

— Britt, fique na sua, tá? Que merda, não sei o que fazer.

— Bem, se é assim, meu chapa, vou te ajudar, vou centrar a bola pra você. Veja, Charles, você e Lee-Marie são um sinal para todos nós de que tudo na vida pode dar certo. Mingus, ela é... não sei como explicar. Por exemplo, certa vez William Luke deu em cima dela.

— Ah, é?

— Espere aí, Mingus, um minuto só. Sabe que Luke é educado, o cara tem estilo... Não vamos esquentar a cabeça por causa disso.

— Estou certo de que ela soube cuidar dele.

— Escute aqui, meu irmão, você quase nem falava com ela, menos ainda saía com ela.

— Estou esperando.

— O quê?

— Até chegarmos à idade certa.

— Vamos ver, Lee-Marie deve estar quase com dezoito. Você já devia estar cansado de esperar. Charlie, meu caro, o amor não obedece à idade, ela não é mais uma criança, é uma mulher, não tem erro. Quando Luke começou a dar em cima dela, ela deitou sobre ele uma conversa de tecnocracia, autocracia, filologia, economia, etnologia, antropologia, todo o repertório. Luke se deu por feliz de poder se safar. Mas agora tem Nathaniel Raven.

— Quem?

— Rags Raven, você sabe, o pai dele é camelô, vende frutas naquela carroça velha. O que você acha dele, assim à primeira vista?

— Bom, mais ou menos o que o nome diz. Meio vagabundo. Não cuida de si mesmo. Um porco. Relaxado. Como eu, só que às vezes é sujo. Mesmo assim é gente boa, um cara quieto.

— Charlie, há cerca de um ano os pais de Lee-Marie deixaram ela ir a uma festa, e Rags estava parado na entrada; ele me contou. Ela chegou correndo, pensou que fosse você, inicialmente. Convidou-o a entrar e dançou com ele a noite toda falando sobre você. Ele disse que se apaixonou por ela aquela noite e ainda está apaixonado, mas seu nome fica ecoando nos ouvidos dele o tempo todo. E não se esqueça de que existem outros sujeitos por aí de olho nela.

— Britt, ela não é assim. Ela vai esperar.

— Talvez. *Tal-vez.* Mas, você sabe, uma necessidade é parte da pessoa, isso não se discute. Pode-se morrer de necessidade de amor... Bom, vamos nessa.

— Vamos, vou trancar o armário.

— Charlie, sou apenas o seu velho amigo do peito desejando pra você boa sorte em tudo o que fizer, mas estou torcendo para que vocês dois acabem juntos um dia.

— Lee-Marie?... Posso levar você em casa?

— Charles Mingus Júnior querido! Está me seguindo? Sinto muito por ter ido embora hoje.

— Vamos, entre aí.

— Um Lincoln? Não é um carro chique demais para um estudante?

— Peguei emprestado. Vai ficar comigo esta semana. Isso incomoda você?

— Ora, Charles, não responda às minhas perguntas bobas. Peço desculpas por me intrometer na sua vida particular. Charles querido, como vai você?

— Eu amo você, é assim que estou.

— Está feliz, meu querido? Quero dizer, realmente Feliz-Felicíssimo, em grande estilo, como na música do Red Callender.

— Acho que não sei o que é realmente ser feliz.

— Durma comigo no olho da sua mente, grite por mim na escuridão? Eu faço isso, Charles, eu faço. Esta é a minha felicidade, é tudo o que tenho.

— Lee-Marie...

— Claro, sr. Mingus, entenda plenamente que, agora que estou com o senhor, não vou para casa. O senhor vai me levar pessoalmente para aquele famoso covil seu.

— Não é meu covil. Moro em minha casa. É só um lugar que Buddy e eu usamos às vezes para ensaios.

— Então me leve lá.

— Não quero levar você lá. Não é o tipo de lugar para você.

— Então vai me prometer que nunca mais voltará àquela casa de má fama de novo? Só a negócios?

— Negócios? Que tipo de negócios?

— Meu pai nos contou que alguns de vocês são proxenetas.

— São o quê?

— Alcoviteiros, cafetões. Você e Buddy também estão nesse negócio?

— Ora, Lee-Marie, não, claro que não.

— Então me leve ao seu local de ensaio. Para que a gente possa ficar a sós um tempinho. Por favor, Charles.

Meu garoto dirige cada vez mais devagar à medida que se aproximam da casa branca com vigamento de madeira, no lado leste da cidade, que ele e Buddy alugam por trinta dólares mensais do irmão de Tan Blue, Amos. Ele acha errado, de certa forma, levar Lee-Marie para este local, cena de tantas festas e conquistas. Mas ela salta do carro sem hesitação, corre até a varanda, e ele a segue, gira em silêncio a chave e abre a porta. Ela entra e fica parada, olhando curiosamente ao redor. O que ela esperava encontrar? É uma casa pequenina simples, com móveis simples. Ela percorre rapidamente os quatro quartos, volta e se aproxima dele, fitando-o nos olhos. Quase com um soluço ele a abraça.

— Ah, Charles, Charles, nos seus braços de novo! Aperte-me com força!... Não, me solte, deixe eu fazer o que eu quiser. Chega, não quero mais ser uma boa moça! Aí, pegue! Fiu! Pegue! Meus sapatos! Meu vestido! Tudo! É, estou com você, estamos sozinhos, sozinhos, sozinhos! E vou seduzir você, está vendo? Fique quieto, você está resistindo. Não resista a mim, querido. Olhe para mim, olhe! Nunca me viu nua antes! Está chocado, querido? Me dê a sua gravata, pronto, eu já a afrouxei... E sua camisa...

— O que está *fazendo*, Lee-Marie?

— Ora, você sabe o que estou fazendo! Me dê estes... Levante este pé... Agora o outro... Que calças estranhas, com joelhos largos e bainhas estreitas!

Você não é mesmo conservador em matéria de roupas, meu querido. Veja só, suas pernas tortas tão bonitinhas, eu adoro seus joelhos!

— *Baby*, você ficou maluca!

— Me largue, não tente resistir a mim! Quero contar a eles que seduzi *você*! Ninguém poderá magoá-lo então. Eu estou obrigando você, eu estou obrigando!

— *Baby*, não aqui, onde todas aquelas vagabundas...

— Cale a boca! Chegue pertinho, não se afaste! Você começou isso muito tempo atrás.

— Lee-Marie, se tem de ser esta noite, não vai ser aqui ou em nenhum lugar como este. Você é demais, *baby*, você é bonita demais para esse pardieiro. Não aqui. Quero me encontrar com você em algum lugar maravilhoso e maluco...

— É, Charles, tem razão, aqui não é bom porque quando eu não chegar em casa vão saber que estou com você e virão aqui à nossa procura.

— Se seu pai tocar em você...

— Não vai tocar, não vai porque eu é que estou seqüestrando você, e o estou levando... Tenho tudo planejado, a Elsinore!

— Ah, *baby*, isto é maravilhoso, mas é muito longe, devem ser uns cento e cinqüenta quilômetros.

— Não me importo, e você?

— Não tem medo? Porque se formos não vou trazer você de volta para casa esta noite. Não ficaria arrependida?

— Não mais. Não me importa se nunca mais voltarmos.

— Vamos, *baby*, coloque suas roupas!

— Não, não quero os sapatos, vou andar descalça esta noite. Não vou vestir *nada*, só o meu casaco, e colocar todas as minhas coisas nos bolsos da sua capa de chuva, está vendo?

E então, sem saber se era certo ou errado, sentindo-se feliz, impulsivo e tão apaixonado, meu garoto mergulhou de cabeça. "Temos um direito", pensou, refletindo muito. "Esperamos metade das nossas vidas."

*

— Oi, Charlie, completa?

— Completa, Bubba. Qual é a distância até o lago Elsinore?

— Entre aqui, vou mostrar no mapa... Diga, rapaz, a garota não é a filha do Spendell?

— Bubba, por favor, não conte nada a ninguém, aconteça o que *acontecer*.

— Rapaz! Não estou dizendo nada, mas você realmente está procurando encrenca, Charlie. Onde conseguiu aquele carro? Não é daquela atriz, como é o nome dela, Lupe? Puxa, rapaz! Espingardas de cano duplo! Carros e garotas menores de idade! Está maluco, rapaz, você não pode lutar contra Sidney Hall! Mas não se preocupe, não vou dizer nada.

— Me deixe deitar com a cabeça no seu colo, querido Charles. Hummmm! É tão gostoso.

— Não precisamos ir até o fim, *baby*. Mas eu sou humano, também.

— Você se cansaria um dia de mim?

— Não vejo como.

— Então vou ficar deitada aqui e fazer tudo aquilo que tiver vontade.

— Não deixe as coisas desandarem, *baby*, eu poderia perder o controle.

— Um amor como este é deixar as coisas desandarem? Você é engraçado, querido.

— Eu quis dizer controle sobre o volante do carro. Vou lhe dizer uma coisa, Lee-Marie. Se não a conhecesse tão bem, se você fosse uma outra garota, com este baú poético do fundo do qual está tirando essas coisas todas, ia achar você a maior artista trapaceira sobre a terra.

— Trapaceira?

— Embusteira. Charlatã.

— Talvez amantes tenham de ser trapaceiros nessa pobre terra para convencerem um ao outro de que uma coisa maravilhosa como esta pode existir... Vem, querido, chegue mais perto, Charles, me ame dentro de mim, na minha boca. Quero sentir o seu gosto nela.

— *Baby*, está vendo ali ao redor do lago, aquela cadeia de montanhas e a boca do cânion e as montanhas mais altas atrás? É ali que vamos morar. Podemos viver numa cabana, ou numa barraca, ou em sacos de dormir, o que você quiser.

— Uma casinha pequenina para morar? E fazer o que quisermos? Ah, sim, eu quero isso, Charles. Quando?

— Temos dinheiro suficiente para sobreviver uma semana ou duas. Está com medo?

— Você é que está apavorado.

— Vamos lá, vamos entrar no lago. Vamos deixar nossas roupas aqui. Não há uma alma viva a quilômetros de distância.

— Olhe só a lua! Veja os planetas, Charles!

— Sim... Sabe, *baby*, no verão seguinte depois do piquenique da igreja, voltei aqui com minha família e fiquei parado exatamente *aqui* onde estamos parados, naquela vez, e senti tanta saudade sua que chorei. E meu pai gritou "Vamos, acorde e venha se divertir, daqui a pouco vamos voltar para casa!" Eles sempre gritavam conosco, não é?

— Você realmente me *ama*, Charles!

— Sabe que eu amo!

— Então venha me pegar! Venha me caçar, homem primitivo que ama a sua parceira! Sou a mulher-*tigre* que ama o seu homem e não quer ter nenhum outro! Uau! Sou sua, mas você tem de me domar, eu sou selvagem! Uau!

— Você é maluca, *baby*, você me arranhou. Venha cá, sua...

— Diga, diga! Sua piranha selvagem! Nenhuma outra piranha vai me separar mais de você, sou a sua única piranha, agarrando você e arranhando, amando você! Venha me pegar, Mingus, venha me pegar! Não consegue, seu trapalhão, seria mais fácil para você pegar uma bola de futebol, segurar um violoncelo ou tocar um piano!

— Venha cá, mulher! Vou agarrá-la pelo seu rabo celestial! Você está sob o meu poder hipnótico!

— Minggggusssss!

— A água não vai ajudar, *baby*, você não vai se safar. Pediu isso, de qualquer maneira, portanto me diga, como é, está gostando, sua piranha? Não, você não é uma piranha, você é um anjo que nunca foi fodido ou levou uns tapas ou beijos no rabo! Fique quieta, sua bruxa escorregadia! Quase me fez machucar você, pronto, agora peguei você, que se dane! Se não sabe nadar é melhor aprender agora, *mama*, daqui pra frente vai ficar mais fundo, e tenho certeza de que posso boiar mais tempo que você.

— Eu amo você, Charles. Estou cansada. Não posso lutar mais.

— Sinta como está quente aqui, onde estou de pé.

— Este lago é estranho, lá atrás a água estava fria. Veja, está ficando mais raso, a água só cobre meus ombros. Agora baixou ao meu peito e continua ficando mais quente. Agora está... Charles!

— Chue é, *baby*, sou eu.

— Você está me afogando!

— Piranhas não se afogam, elas só flutuam um pouco até que a água fica mais rasa, até que só resta areia úmida, quente, macia e fina.

— Como se fosse um cobertor de penas quente e macio debaixo da gente. Deixe minhas pernas, ó, deslizarem para baaaiiixooo suavemeeenteee. Ah, Charles, me agarre forte.

— Não vou machucar você, querida.

— Me machuque.

— Não é preciso, *baby*, tem tempo, tempo de sobra. Vamos, enfie os dentes no meu ombro, morda, se dói para você eu quero saber disso também.

— Oooooooh... querido.

— Está descansada agora, *baby*?

— Charles, foi como se eu quisesse morrer por você! ... O que fez comigo? Sou um bebê, chorando assim... O que fizemos, Charles? Ah, Charles, estou assustada. Eu desmaiei, apaguei...

— Oh, *baby*, eu disse que devíamos esperar.

— Não vou poder mais voltar para casa.

— Não se preocupe, *baby*, está tudo certo, você vai ficar bem. Vamos, segure meu ombro, está fundo aqui.

— Parece que estamos tão longe. Estou com medo.

— Segure firme em mim. Com calma, querida, não quebre nada. Podemos quase ir caminhando agora.

— Acha que sou uma garota má por amar você assim?

— Ora, Lee-Marie.

— Então, por que, depois que me beijou por todo o corpo, parou antes de me beijar aqui embaixo?

— É só que... Ora, pôxa!

— Fale, Charles.

— Seja lá o que você ouviu aquelas vagabundas falarem é tão mentiroso que eu... Ora, porra, não *fiz amor* realmente com ninguém a não ser você, e queria beijar você toda, por dentro e por fora, por toda parte, mas é uma coisa sagrada para mim, por isso simplesmente hesitei quando tive vontade de amar você de todas as maneiras que existem no mundo e que as pessoas fazem parecer tão pervertidas e sujas porque elas não sacam o que é o amor.

Eu queria me entregar a isso e amar de todos os ângulos e maneiras possíveis, mas gostaria que não fizessem a coisa parecer a última moda do ano, inventado por algum maluco francês.

— É sujo, Charles?

— Não com você, Lee-Marie. Mas se as pessoas soubessem que fazíamos desse jeito iam nos chamar de tarados, de adolescentes pervertidos. Imagine se a gente fosse apanhado aqui fazendo isso, seríamos presos e chamariam você de puta, sabe disso? Quanto soltassem a gente, você seria estuprada ou forçada a fazer qualquer coisa com um tira branco que estivesse a fim de transar como uma garota de cor e, se eu não pudesse livrar você, iam mandá-la para uma prisão de mulheres onde uma inspetora lésbica do tipo amazona pegaria você e ameaçaria de morte se contasse qualquer coisa!

— Mingus, não se preocupe pensando nisso tudo agora.

— Não quero parar de pensar nunca, é o único jeito que tenho de seguir em frente.

— Não, querido, por favor. Vamos procurar ajeitar a nossa cabana, onde vou poder cozinhar e cuidar de você como uma esposa doce e querida, e vou amar você, e ninguém vai nos encontrar ou ver... Mas quem é Lupe Madrid?

— O quê?

— Não o quê. Quem.

— Por que pergunta isso?

— Tentei não perguntar. Não queria bisbilhotar sua vida de novo. Mas no porta-luvas tem uma bolsinha com as chaves de um quarto do Hotel Dunbar e fotos suas e de Buddy com duas garotas, e aquele nome está escrito no verso. Este carro é dela?

— Sim, é.

— Quem é ela?

— Só uma garota. Uma dançarina no Million Dollar Theatre.

— E a garota com Buddy, quem é?

— Seu nome é Pat. Uma índia Sioux. É como nós, não se sente tratada como uma americana. Vi a foto do seu avô no museu de Los Angeles, era um chefe indígena. Eu e Buddy conhecemos essas garotas quando nós trabalhávamos como extras no filme *A tentação de Zanzibar*. Ha, ha! Uma grande palhaçada. Cortaram a minha cena com Bing Crosby e Bob Hope, eu estava parado atrás dele com uma lança na mão, dizendo: "Sim, Bwana."

— Não acho que goste de ter Lupe Madrid contribuindo com o transporte da nossa lua-de-mel. A partir de agora vamos pegar o ônibus.

— Esse tipo de conversa está levando você em algum lugar da minha cabeça que jamais poderia imaginar. Sabe a que distância fica Tijuana daqui?

— Não, por quê?

— Porque é aonde vamos. Estamos em nossa lua-de-mel agora, sra. Mingus. Antecipadamente. Estamos celebrando nosso casamento que vai acontecer daqui a não mais que cinco dias.

— Charles...

— Lee-Marie, Lee-Marie, sua boca é tão deliciosa. Venha, *baby*, ainda falta muito para o alto do cânion...

Dois dias depois, meu garoto levou Lee-Marie para o México no carro de Lupe Madrid e eles se casaram. Nenhum dos dois tinha terminado o ensino médio, e o mundo não viu com bons olhos o que fizeram. Deus não abençoou a união.

14

Um ano se passara desde Elsinore, e meu garoto se formou no ensino médio e foi para o Norte, longe de lugares que lembravam Lee-Marie e as coisas incríveis que haviam acontecido com os dois. Fez alguns shows em São Francisco, algumas gravações com uma grande orquestra para Harold Fenton, trabalhou como carteiro, encarou uma porção de bicos, qualquer coisa para ir levando. Art Tatum estava na cidade, e o grande prazer de Charles era tocar com ele quase toda noite num local de fim de madrugada chamado Jimbo's. Foi uma época dura e triste para meu garoto. O pai de Lee-Marie comunicou-lhe que a mandara para fora do país, não sabia para onde e, se soubesse, nada poderia fazer a respeito. Tinha a certeza de que nunca mais a veria de novo.

Durante o ensino médio tinha tocado algumas vezes com o grupo de Herman Grimes e, quando recebeu um telegrama para juntar-se de novo a eles, voltou para Watts. Herman era um versátil pianista das teclas pretas e um mestre no uso de colheres, garfos, facas e ossos, por isso era adequado que seus encontros ocorressem principalmente em salas de jantar de hotéis. Ele encarava o trabalho como uma lição de tonalidades fora do comum, pois Herman nunca tocava em tonalidades simples, mas principalmente em fá sustenido, ou ré, lá e mi, que não eram usados comumente no jazz.

Ele e seus antigos amigos de colégio e companheiros do Sindicato seguiam caminhos separados, pegando a estrada, entrando para o exército ou indo para o Leste, para Big Apple*. Quando sua própria carta de convocação chegou, ele botou açúcar em pó debaixo das unhas e mijou tudo o que tinha direito, de 1-A a 4-F. Mas, de certa forma, o feitiço virou contra o feiticeiro,

* *Big Apple*, Grande Maçã: na gíria dos músicos, Nova York, a grande tentação e a meta suprema. (N.T.)

porque quando meu garoto mudou de idéia e quis se alistar na Marinha acabou rejeitado.

Ele e seus camaradas, aqueles que ainda estavam na área, se reuniam de vez em quando no parque municipal e praticavam halterofilismo. Certa tarde o irmão Woodman apareceu.

— Ei, cara, amigão! Já soube do Britt? Está partindo com a banda de Les Hite.

— Uau! Acho que isso me deixa muito sozinho. Buddy já não liga mais para esportes ao ar livre.

— Britt quer que a gente o encontre no playground agora mesmo, OK? Vamos ver se ele ainda é capaz de vencer você no levantamento de halteres.

— Estou numa boa agora, irmão – levantando peso como nunca.

— Levante o que puder, cara, e eu aposto o dobro de tudo o que fizer. Que tal cinqüenta dólares?

— Vamos correndo até o parque, irmão Coelho. Quando quiser: um, dois, três, já!

— Ei, mãe, podia me fazer um sanduíche de feijão com cebola?

— Sente-se aí e coma aqueles deliciosos rabinhos de porco que preparei para você no arroz.

— Só quero um sanduíche. Vou até o parque.

— É melhor sentar aí e comer a sua comida. Não pode ficar correndo por aí como o resto dos garotos, você é filho de um homem já velho.

— Que merda é essa, mãe!

— O que foi que você disse?

— Eu disse "não seja *lerda*, mãe", o que é que tem na panela aí?

— Umas verduras para acompanhar seus rabos de porco no arroz. É saudável.

— O que rabos de porco gordurosos fazem de bom para a nutrição?

— É só comer a sua comida para ficar forte. Lembre-se de que ele já tinha passado dos cinqüenta quando você nasceu.

— Quem? O seu presidente Roosevelt?

— Filho, não está nem me ouvindo. Os filhos de homens velhos não são fortes como os outros. Vai se matar tentando acompanhar os rapazes normais.

— Quais são os fatos em que se baseia sua teoria?

— As Sagradas Escrituras. Está lá, em algum lugar. Eu vi.

— Jesus fazia pipi, mãe? As Escrituras dizem alguma coisa sobre isso? E quando fazia o número dois ele usava papel higiênico? Ou era uma espiga de milho, o manto, ou talvez apenas uma folha?... Mamãe, é a última vez na vida que vai me bater! Foi a senhora que pediu isso! Estou velho demais para esse negócio. Não é minha mãe de verdade, de qualquer maneira, e distribuiu tanto ódio que perdeu meu pai e vem descontando em mim desde então!

— Seu demônio! Solte minhas mãos que vou bater em você até arrancar o seu couro!

— Não vai fazer porra nenhuma a não ser cheirar rapé às escondidas e sair sorrateiramente para a casa do sr. Marvin e deitar na cama dele. Fique quieta! Não vê que não estou lutando com a senhora? Vamos resolver logo essa parada. Não admira que os Spendell achassem que sua filha era boa demais para nossa família. Tenho uma mãe sorrateira que cheira rapé e se veste como uma bruxa! Vá contar a suas coleguinhas fofoqueiras o que a *senhora* faz, conte a elas sobre o sr. Marvin e o sr. Duane também!

— Quem?

— Você sabe quem, o pai de Tony Duane! Devia ver o olhar que a senhora acabou de me dar, como a velha mexicana no nosso beco que chamava de bruxa. Ora, acorde, mamãe! Enganou os vizinhos, a Igreja e os amigos do papai, mas não enganou a mim. Criticava papai por levar alguma mulher em casa e nos fazia tomar o seu partido até que ele se sentiu tão mal que acabou nos deixando para sempre. Sabe por que ele foi embora? Quando fomos visitá-lo no hospital, ele tinha um sorvete que a sra. Garrett levara para ele, e a senhora achou aquilo um ato de fornicação! Não podia nem mesmo deixar um membro da sua igreja dar ao papai um pote de sorvete sem o acusar de adultério quando ele estava à beira da morte num hospital. Foi quando papai finalmente desistiu para sempre da senhora. Sacudiu a cabeça, seus olhos se marejaram e nenhuma palavra saiu, simplesmente sacudiu a cabeça como quem dissesse não, não, isto não, Senhor, esta mulher realmente me odeia! A senhora tornou nossa família *extinta*! Matou o espírito que havia em todos nós. Mamãe, a senhora é uma bruxa que cura mulheres velhas com suas mãos e destrói o marido e os filhos com seu ódio!

— Filho... filho... você não sabe o que eu passei com o seu pai.

— O que foi, mamãe, me conte?

— Você viu ele me jogar um livro e quase me arrancar um olho.

— Depois de anos de ranhetices! E o que mais?

— Você viu ele me bater e jogar ao chão.

— Quantas vezes, mamãe? Só lembro uma. Ele se levantou da sua cadeira e gritou: "Deus, me dê um momento de descanso nesta casa!", e agarrou a senhora pelos cabelos e jogou contra a parede.

— Deus, ele quase me matou! Filho, está lembrado disso?

— Lembro, mamãe, tenho uma memória muito boa, sou o filho de um homem velho. Lembro de apanhar porque fiz pipi na cama e de ser açoitado quando chovia, e meus pés ficavam ensopados d'água. A senhora não se importava. Diz que papai é cruel? A senhora é a pessoa mais cruel que já conheci porque seu coração está cheio de ódio!

— Ó, Senhor, todo mundo está contra mim!

— Vai, chore! Abafe a verdade. Quando meu pai saiu do hospital com a perna amputada, tinha setenta e dois anos e teve de ir morar num quarto da casa da sra. Garrett para salvar a saúde mental! A senhora tem uma cabeça mesquinha, má e suja, mamãe. E sabe o que mais, não toma um *banho* nem sei mais há quanto tempo! ... Vamos lá, me corte com sua faca de açougueiro, minha bela mãe adoradora de Jesus Cristo! E me mande de novo honrar a mãe, e vou direto para o inferno como um pecador de ouro, porque não vou honrar uma velha miserável e má! ... Pelo amor de Deus, largue essa faca, cale a boca e me ouça enquanto eu lembro à senhora o que fez com sua própria mãe de sangue, minha avozinha Newton. Estava ocupada demais em não fazer nada e era egoísta demais para cuidar dela, por isso disse que era maluca e a mandou para um asilo de loucos! Ela veio ao meu quarto na noite antes de fugir, não sabia disso, sabia? Eu a amava. Ainda amo. Foi a única coisa que conheci sobre amor naquela época. Vovó tinha oitenta e sete anos de idade e pediu *a mim* que a ajudasse a escapar! Empacotamos as coisas dela e eu a levei até a casa dos Drew e implorei para fugirmos juntos! Ela me disse, não, filho, volte para casa e aprenda o que tem naqueles livros dos brancos para poder sair dessa confusão e dessa pobreza que deixa a gente negra sempre na ignorância. Ela me disse todo tipo de coisas naquela noite e falou comigo como se eu fosse capaz de entendê-las como ela as entendia. Contou-me que nasceu escrava e lembrava-se de quando os brancos a arrancaram dos braços da mãe e a criaram separadamente. Só via sua mãe de vez em quando nos algodoais. Contou as coisas que sabia, como o homem branco ao chegar à África agiu amistosamente e tentou mostrar às tribos a sua superioridade em mágica, mas a medicina do nosso povo era tão avançada como a deles e *mais* ainda quando se tratava de febres e doenças tropicais. O branco tinha uma mágica que nós não tínhamos, ele sabia escrever, era capaz de colocar no papel suas idéias, e isso maravilhava o nosso povo. Mas o branco não podia transmitir pensamentos de uma mente à outra como os africanos, ele precisava falar. No entanto, mil palavras suas podiam ser ditas na linguagem de signos africana, simplesmente erguendo uma sobrancelha negra, num tremor de lábios, sacudindo a cabeça de um lado para o outro, cerrando um pouco os olhos, mexendo os dedos, grunhindo. Sim, vovó Newton sabia muita coisa. Poderia ter ensinado para a gente um poder maior que a mágica do homem branco. E quando teve de fugir, ainda assim a senhora não a deixou em paz, disse aos Drew que os mandaria prender por seqüestro! Então ela voltou sozinha, por vontade própria, com todos os seus pertences embrulhados numa pequena trouxa. Outra parte de mim morreu naquele dia. Como podiam a senhora e papai julgar e condenar uma bela senhora idosa como aquela? Era o dinheiro dela que queriam? Então mentiram e fizeram ela acreditar que Norwalk era apenas um asilo de velhos, e até me levaram junto para fazê-la se sentir mais segura. Quando se deu conta de que estava no asilo de loucos, ela gritou, gritou: "Diga a eles, rapaz! Você sabe que sua velha avozinha não está louca!" Eu chorava e queria tanto ajudar. Agarraram ela como se fosse um cachorro louco, e eu a ouvi gritando com vocês: "Vou morrer aqui, vou morrer em poucos dias e tudo ficará nas suas mãos!" Mas a senhora e meu pai foram embora para casa falando sobre como tinham feito a coisa certa! Por que não podiam deixar a velhinha ficar conosco e se divertir no último ano de vida? A senhora matou sua própria mãe de sangue, sua bruxa metida a santa que adora citar a Bíblia! Agora vou até o parque pensar na senhora e derrotar todo filho-da-mãe sobre a Terra!

Correndo em direção do parque, meu garoto sentia o coração envenenado. Por que dissera aquelas coisas cruéis à sua mãe, embora fossem verdade? Algumas estavam enterradas tão fundo que ele só soube que estavam lá quando vieram à tona. A dor da confrontação era insuportável. Tentou não pensar sobre o que tinha feito.

Os camaradas estavam amontoados num canto do parque, o Irmão e Britt, Brady Whitehouse, Bubba Lee, Booker T., Warthell e Travis Grissom, Vechi Lopez.

— Ei, Mingus! Pintou sujeira! Pintou sujeira, ô cara, devagar! Ei, Cara-de-Tacho! Mingus, veja só isso, prenderam nossos pesos com correntes!

— O novo diretor do parque diz que precisamos assinar um papel pelos halteres e pagar um depósito antes de poder usar. Tem algum dinheiro, Charlie?

A raiva tomou conta dele. Sem uma palavra, pegou os halteres um por um e os foi rodando, esticando as correntes até que os elos enferrujados se romperam.

— Aqui estão os pesos – disse, rolando-os livremente pelo chão do parque. — E aqui está o depósito deles! – e jogou as correntes rompidas por cima da cerca.

Escutou uma voz suave em seus ouvidos:

— Os rapazes vão ter de fazer uma "vaquinha" para pagar pelas correntes quebradas.

Virou-se e viu uma jovem estranha e atraente ao seu lado.

— Quem é esta vadia? – perguntou Charles, furioso. — Esses pesos são nossos, nós fizemos eles com rodas de trem e pés-de-cabra! Como se chama, garota? Se quer respeito, se apresente. O que faz aqui, afinal?

— Meu pai é o novo diretor do parque municipal e estou ajudando ele temporariamente. Ele acorrentou os halteres porque são propriedade do parque.

Os caras estão assobiando e desmaiando. Brady Whitehouse zomba:

— Ei, garotinha tesuda de bunda gostosa, venha cá sentar-se nesses halteres e me deixe levantar você com eles para poder ver melhor essa sua bundinha gostosa!

Meu garoto se vira.

— Brady, andei procurando você por toda parte! Se não me devolver minha caixa de ferramentas vou quebrar suas costas, está me ouvindo?

— Está dizendo que eu roubei sua caixa de ferramentas?

— Sim, estou. Vá buscar.

— Ora, está maluco. Vá se esconder atrás do seu violoncelo, seu covarde filho-da-mãe.

PUM! PÁ! TUM! POF! PLAF!

— Mingus, pare com isso, ele apagou, você vai matar o cara, se é que ainda não morreu!

— É justamente o que estou tentando fazer. Hah!

— Meu Deus, você enfiou o nariz e os dentes dele para dentro!

— Me larga, Irmão! Foi Brady quem começou, há treze anos que me provoca! Eu *quero* matar ele!

— Booker T.! Britt! Venham me ajudar. Grita que nem um louco e tem a força de um demônio!

— Charles!

— Vai embora, Lee-Marie!

— Não sou Lee-Marie. Meu nome é Barbara.

Meu garoto pára bruscamente e se vira para olhar a garota.

— Não bata mais naquele garoto, Charles – ela apanha o seu casaco, espana a poeira e entrega a ele, tira um lencinho do bolso. — Vamos, me deixa limpar o seu rosto.

Meu garoto deixa.

— Agora, por favor, os rapazes podem assinar pelos halteres antes de usá-los e deixar um depósito?

— Bubba Lee, me ajude a levar Brady para o meu carro – diz o Irmão.

Charles pega o livro de registro da mão da garota e rabisca o seu nome.

— OK, assinei. Onde está minha carteira? Aqui, isso é o bastante para o depósito?

— Isso está ótimo. Obrigada – ela se vira e vai embora, o meu garoto a observa se afastar e vai atrás.

— Ora, ora! – diz Booker T. — Primeiro Charlie fica doido e agora está tentando fazer média com a bela nova diretora do parque! Vamos lá, Travis, vamos ver o que é capaz de levantar.

— Espero que não ache que sou doido como disseram, Barbara. Aquele cara roubou minha caixa de ferramentas.

— Não, mas acho que Brady Whitehouse é doido. Eu o vi tirar dinheiro de um menino de seis anos. E ficou trancado no vestiário das meninas com a garotinha Barton. Não deve ter mais do que doze anos. Mas você devia aprender a controlar melhor seus instintos violentos.

— Venho controlando meus instintos com Barton desde que tinha sete anos. Estou contente com o que eu fiz. Foi bom. Todos os Thompson e Feisty e Johnny McDowell, todos aqueles que me maltrataram morreram naquela hora. Porque eu sei que já agüentei demais. Ninguém vai mexer nunca mais comigo... Barbara, não quero parecer piegas, mas tive vontade de protegê-la. Sinto-me estranho quando caras sem juízo assobiam ou dizem gracinhas para uma mulher como você. Não são capazes de ver que é uma dama? Não deviam ficar felizes por ainda existirem mulheres de classe?

— Ora, estou acostumada com isso. Não fazem por mal.

— Foi o que a diretora do parque anterior disse a você, mas ela assediava alguns dos rapazes, até mesmo a mim. Pie Bailey não conseguia manter as mãos longe dela. Ela não se importava, mas algumas das mães locais viram e ela perdeu o emprego.

— Tudo bem, eu não sou assim, Charles.

— Posso ver. Você me faz pensar em alguém que conheci, que era boa para mim. Era como se fosse ela, por um momento. Como num sonho.

— Acho que está se referindo a Lee-Marie.

— Como sabia disso?

— Ouvi falar de você. Ela freqüenta o mesmo colégio que eu, o Compton.

— Quer dizer que ela está aqui na Califórnia? O pai dela disse que tinha mandado a filha para fora do país!

— Esteve fora algum tempo, mas voltou.

Entram no escritório do parque e meu garoto senta-se, sentindo-se confuso, meio zonzo. Saber que ela estava tão perto de novo!

— Sinto muito por lhe trazer todas essas lembranças, Charles.

— É só que... pensei que ela ainda estivesse fora. Não sabia onde.

— Deixe eu dar uma olhada nas suas mãos. Estão todas cortadas! E se tivesse quebrado uma mão? Um músico não pode correr esse risco.

— Espero que tenha sido minha última luta. A não ser que alguém me ataque. Pelo menos é o que espero.

Charles e Barbara ficaram sentados no pequeno escritório a tarde toda, e ele contou sobre Lee-Marie e como tudo tinha terminado, e até mostrou a ela a cicatriz de bala no seu ombro. Ela não falou muito, mas olhou para ele de um modo gentil e triste.

— Barbara, você acredita que alguns homens podem morrer quando querem, quando sentem que já cumpriram o seu carma?

— Carma?

— A compreensão pessoal de si mesmos em relação à Criação.

— Não sei, Charles.

— Barbara, vai achar que sou realmente louco, mas de qualquer maneira vou lhe contar. Já atingi o ponto em que me lembro do meu nascimento, e me arrependo disso. E no ano passado, em São Francisco, eu deveria morrer.

— Não entendo. Quer dizer se matar?

— Não, aprendi a meditar, entrar em transe e deixar meu corpo, e tornou-se cada vez mais difícil voltar. Então deixei São Francisco e voltei para a casa do meu pai em Watts para deixar a Terra, para morrer segundo a vontade divina. Não queria que minha família pagasse as despesas de trazer meu corpo de volta para ser enterrado, achei que era melhor morrer em casa.

Alcancei um nível de meditação em que meu batimento cardíaco desacelerava e parava. Graças a Deus e aos meus planetas protetores, descobri a tempo que não havia feito as malas adequadamente para a morte. Como Red Callender disse, fui um covarde de sorte.

— Sua ânsia de morte foi por causa de Lee-Marie?

— Acho que não. Era todo o cenário americano, parecia o inferno. Achei que a ioga tinha uma nova instrução, mas quase me levou antes do tempo. Pode rir de tudo isso se quiser. Achei que devia contar a alguém, entende, Barbara?

— Claro.

— Fico pensando se um dos meus problemas é que nunca fui o maior em nada. Por exemplo, posso fazer flexões na barra, quatro vezes com a direita e uma com a esquerda, tive de aprender esse tanto, mas Britt Woodman é o melhor do país em flexão na barra, talvez no mundo. Bate qualquer pessoa fácil, nove com a esquerda e quinze com a direita. Sim, Britt seria material para os Jogos Olímpicos, com certeza. Parece que ninguém repara no talento negro nas escolas de ensino médio. Percorremos todos os parques recreativos algum tempo atrás só de sacanagem, porque sentíamos que os garotos brancos não gostavam de nós ou não queriam que nos exibíssemos na frente de suas garotas. A maior parte do tempo nem nos dávamos conta de que havia garotas, porque, como manda o Homem, não olhe para minhas mulheres. Ainda não olho. Enfim, íamos àqueles parques e nos mostrávamos desajeitados diante do equipamento, e as garotas nos rodeavam, e os caras brancos que eram bons naquilo vinham para competir conosco e nos vencer. No começo fazíamos apenas o que eles faziam, nada mais. Tínhamos uma espécie de enganação rolando, Britt dizia: "Vá você dessa vez, Mingus, esse cara ainda não está à altura da minha forma". E, se era algo que eu não podia fazer tão bem como Britt, eu dizia: "Vá nessa você, Britt, não estou afim de perder meu tempo." Então nós dois dávamos a impressão de fazer tudo melhor que os cavalheiros brancos que competiam conosco, e suas garotas ficavam coradas e com a pele arrepiada, se aproximavam de nós e falavam dos nossos músculos. Às vezes, nós dávamos a eles uma amostra de pugilismo. Britt treinava na academia de Robert Hannibal e é um boxeador fabuloso. Foi o pai de Hannibal quem o ensinou, ele foi o treinador de Dynamite Jackson. Britt tinha uma extrema fé em si mesmo, achava que era um Sansão, o Sansão estava em Britt como Deus em Jesus. Estou chateando você, Barbara?

— Claro que não. É muito bom contador de histórias.

— Enfim, de qualquer maneira, tentei morrer por minha própria vontade com a ajuda da ioga. Tive um meio-irmão, chamava-se Odell Carson Mingus. Na época eu o achava quadrado. Acreditava em Jesus Cristo, em Deus, em toda aquela história. Depois que sua mulher o deixou, pregava timidamente na igreja, lia, meditava, falava muito raramente e levava uma vida fechada. Eu me achava muito mais avançado, embora ele fosse mais velho que eu. Mas, quando ficou doente, me bateu que tinha um desejo de morte na sua cabeça, que estava planejando e premeditando sua própria morte. Quando o vi no hospital, a máscara da morte cobria o rosto do meu irmão. Mas no último minuto ele mudou de opinião, não estava tão seguro de que quisesse ir embora. Gritou: "Me ajude, Charles, não quero morrer!", porque ele sabia onde eu achava que eu estava, meu orgulho de ter a grande resposta para os segredos da vida. Eu não ia sequer à igreja como minha família e lá estava, vejam só, todos seus cristãos! Lá estava meu irmão dizendo: "Me ajude Charles!" Para mais ninguém, a não ser para mim! Eu disse: "Odell, depende de você. Pode mudar a situação, se quiser". Mas depois daquilo não o vi mais. Só deixavam minha mãe entrar, embora eu soubesse que ele estava apavorado e me queria com ele. Todos os seus amigos da igreja foram ao hospital, cantaram e rezaram. Lembro que uma enfermeira negra apareceu e os viu e ficou envergonhada, envergonhada da fé da sua gente de cor. Acho que eu podia tê-lo salvo se estivesse lá até o fim... Mas depois, quando erradamente achei que era a *minha* vez de partir, ouvi a voz do meu irmão morto. Um pássaro chegou ao peitoril da minha janela e pousou. Reconheci o seu som. Esse mesmo pássaro tinha me seguido por algum tempo. Meu corpo não se mexeu, mas eu me aproximei da janela em espírito para ouvir o canto desse pássaro. Ouvi a voz do meu irmão! "É melhor voltar lá ao seu corpo antes de outra entidade qualquer! Volte à sua cama e volte ao seu tempo..." E assim foi finalmente meu irmão quem *me* salvou. Enfim, foi melhor que não morri antes do tempo, embora o homem branco faça a morte parecer preferível ao destino que nos impõe. Mas ainda tenho de me situar. E achei que alguém, não sei quem vai ser agora, podia me ajudar a deslindar tudo isso antes que seja tarde demais.

Escurecia e ficaram sentados em silêncio por um tempo. Então meu garoto perguntou:

— Podemos nos falar de novo qualquer dia desses? Gostaria de ver os homens mais fortes da Terra levantarem pesos esta noite? Vamos, Barbara, gosto de você porque escutou a minha conversa esquisita. Quem sabe, talvez eu quebre meu próprio recorde com você assistindo com esses belos olhos grandes. Trabalha aqui todo dia?

— Só depois das aulas.

— Você vai ser minha nova namorada.

— O que faz você pensar que estou disponível?

— Sinto como se já soubesse. Você também sabe, Barbara, não sabe?

15

— Oi, papai! Como está? Resolvi dar um pulo aqui para conversar com o senhor sobre algumas coisas.

— Ora, como vai, filho? Esperava que viesse me ver um dia desses. Vamos, sente-se, fique à vontade. Estava à sua espera desde que colocou a arma na minha mão.

— Ah, papai, eu não sabia o que estava fazendo. Estava tão magoado porque ia me deixar. Por que ele não me mata, pensei. E então vi a expressão nos seus olhos quando lhe dei a arma.

— Eu teria matado a *mim mesmo*, filho, se achasse que resolveria as coisas. Aquela mulher me deixou tão confuso! Mas você é minha carne e sangue e eu amo você. Ó, Pearl! Quer fechar a porta, por favor? Meu filho veio me visitar.

— Olá, como vai, pequeno Charlie?

— Oi, sra. Garrett.

— Agora, Ming, deixe esses docinhos em paz, você sabe o que o médico disse. Não deixe que ele coma, Charlie.

— Ora, que bobagem! Vou viver até os noventa. Médicos! Descobrem uma verruga e cortam a minha perna! O Senhor tinha um remédio lá chamado penicilina à minha espera, mas não conseguiram encontrá-lo a tempo. Que merda!

— Tudo bem, Ming, tudo bem, vou deixar os dois homens a sós.

— Vamos lá, desembuche, filho.

— Sempre quis lhe perguntar... O senhor e ela, pai. Sabe? Consegue ter uma ereção?

— Claro! Ou já teria deixado esta terra há muito. A coisa levanta, sim. Pode broxar de vez em quando se o tesão está em baixa, mas eu aqueço ela e tudo sai bem como sempre saiu. Veja, sua madrasta achava isso sujo. E ela não usava todo o equipamento moderno, não acreditava nisso. Meu Deus, tem muita roupa de baixo de seda bonita que comprei há quinze, vinte anos, ainda lacrada nas caixas. Em vez disso, cortava as pernas das minhas velhas ceroulas de inverno e as colocava ao redor da cintura. Quando eu ia beijá-la sentia um cheiro de rapé e espirrava meus pulmões inteiros. Existe algo definitivamente errado com a mulher. Não parece humana como uma mulher, teve até ciúmes quando coloquei flores no túmulo de sua mãe. Mas eu não gostava daquilo, na verdade. Costume tolo. Pro inferno com lápides, sepulturas e toda aquela porcaria! É só para compensar o que devia ter sido feito pelos mortos enquanto viviam. É, filho, é uma porção de solo bom desperdiçado. Quando eu for embora, não apronte nenhuma confusão com os meus restos mortais.

— Pai, está lembrado daquela vez em que cheguei em casa e ouvi seu carro ligado na garagem? Quase desmaiei com o monóxido de carbono quando abri a porta. Vi aquele tubo vermelho na sua mão, que havia tirado do cano de escape quando tropeçou para fora do carro. O senhor disse: "Entre em casa, a porta está aberta. Em um minuto estarei lá, filho." Tive medo de lhe contar que sabia o que estava fazendo, mas sei que Deus me mandou para lhe dizer que esperasse chegar a sua vez.

— Aquele foi um dia muito ruim, filho, mas fico feliz hoje porque você apareceu lá.

— Eu me arrependo de ter interpretado mal você tantas vezes, pai. Podia ter aprendido muito com o senhor. Como da vez que ingressei nos maçons e descobri que o senhor é um dos poucos membros do Trigésimo Terceiro Grau deste mundo! E depois que nos deixou encontrei livros seus na casa. Lembra aquele do Herbert G. Wells? Todos cheios de anotações, análises realmente inteligentes. Mas o senhor nunca falou comigo.

— Tentei, filho. Talvez não se lembre.

— Mesmo quando deixou mamãe, as pessoas dizem que saiu por causa da sra. Garrett. Seria diferente se tivesse deixado ela por uma mulher mais nova, seria um sinal de fraqueza. Mas o senhor é um homem de setenta e seis anos e saiu para uma mulher condizente com sua idade. E ela é uma pessoa com orgulho próprio, o que significa que a mente tem muito a ver com a sua relação, e isso é normal e maduro. Por isso, vou agora lhe pedir uns conselhos sobre minha própria vida.

— Filho, você é doido de uma porção de maneiras, mas você é uma ótima pessoa e seu pai tem orgulho de você. É o que me basta. Você não precisa tentar ser nenhum presidente da República. Quem tem tempo para cuidar do mundo com todos esses malucos soltos por aí? Como é que vai o seu trabalho? Qual é o nome do seu grupo?

— Pick, Plank e Plunk. Estamos conseguindo trabalho. Buddy e Britt querem formar uma banda cooperativa, podemos começar a qualquer momento no Bobo's, na avenida Central. A única coisa é que o dinheiro vai ser a metade do que estou ganhando agora, e eu queria me casar.

— Casar, ora vejam só! Como se chama a menina?

— Barbara Jane Parks. O pai dela é John Parks, aquele negro grande e vaidoso, um sujeito com aparência de Tarzã, você conhece, o diretor do parque de recreação da rua 22?

— Ah, sim, Parks. Há quanto tempo conhece essa garota?

— Quase um ano. Queremos nos casar imediatamente.

— Por que imediatamente?

— Porque, por algum motivo, eu me sinto culpado sexualmente em relação a ela e acho que só devíamos fazer sexo depois de casados. Fomos passear de barco outro dia e surgiu outra situação de esfregação, e isso tem de terminar de um jeito ou do outro. Não quero pensar nela apenas como uma garota que quero levar para a cama. Sinto que já fiz muito disso. Perco o respeito próprio e fico meio confuso, sem saber para que serve uma mulher, além daquilo.

— Eu vi você caminhando com ela algumas vezes, filho. Ela se porta realmente com muito recato, como se estivesse guardando aquilo para uma ocasião especial. Tudo bem, mas não vá entrar numa coisa como o casamento simplesmente para obter uma amostra, ou por qualquer outra razão, a não ser amor. Veja quanto tempo aturei os abusos daquela mulher para manter vocês, crianças, juntos. Teria sido melhor colocá-los num orfanato. Mas tenho minhas dúvidas. É difícil encontrar uma mulher que aceite os filhos de outra e os ame como se fossem seus. Olhando a coisa por esse ângulo, quase me dá vontade de voltar e abraçar a velha Mamie. Mas ela é tão ordinária que não pode me perdoar pelo que acha que eu fiz. Seja como for, é a única mãe que você conhece, por isso seja tão bondoso com ela quanto puder.

— No ano passado, mamãe e eu tivemos uma conversa e eu lhe contei a verdade, papai, eu soltei o verbo nela. Nos damos bem desde então, somos até educados agora. Lembra que ela achava que o senhor andava se engraçando com cada mulher do quarteirão? O que o senhor teria feito se fosse o oposto?

— Se eu a apanhasse em minha própria casa? Lembra como eu costumava caçar pardais no céu, atirar neles quando voavam, bem no olho? Lembra como atirei em Buzza Perkins e Turk Hawkins quando roubavam nossa ração de galinha? Se fiz isso com o Turk e o Buzza por causa das galinhas, o que acha que eu faria em relação à minha mulher?

— Lembra quando eu era um garoto e o senhor estava atirando com a sua espingarda uma dia e me contou a história do seu nascimento? Aquela foi uma história verdadeira?

— Tão verdadeira quanto estou aqui sentado à sua frente. Vocês, crianças, são herdeiros sangüíneos da mesma família do pessoal de Abraham Lincoln.

— Papai, não quero ser parente de nenhum branco.

— Mas, que diabos, você é! Não pode mudar isso. Aquela história não é mentira, é a verdade abençoada por Deus, desejaria que não fosse. Não conto isso para que você se envaideça. Não percebe que eu não mentiria em relação ao fato de você pertencer à mesma família de Abraham Lincoln? Meu pai, o seu avô, era escravo na plantação de uma prima em primeiro grau de Lincoln, ela vivia lá com o marido, a irmã e o cunhado. Meu pai se apaixonou pela prima de Abe, e ela por ele. Ninguém soube disso e eles nunca foram pegos. Finalmente Mingus, este é um dos poucos nomes africanos de verdade, fugiu, escapou. Ela o ajudou, para que pudesse um dia juntar-se a ele. Eu só tinha quatorze anos quando minha mãe ficou tão zangada com o marido que resolveu contar a verdade e lhe disse que estava apaixonada por Mingus e que Charles (eu, que ele tomava por seu filho) era parcialmente negro. O marido dela e seus irmãos vieram atrás de mim atirando para matar. "Seu filho-da-mãe desgraçado!", gritavam, "o seu pai era um negro sujo como *você*!" Corri até o celeiro para pegar minha espingarda. Eles se esconderam, agacharam e correram, mas não ousaram se aproximar assim que eu botei as mãos numa arma. Eu tinha uma pontaria tão certeira que seria capaz de arrancar seus olhos com um tiro. Eu arrancava botões de suas camisas, saltos dos seus sapatos, armas de suas mãos, eu não queria *machucá-los*! Estava chorando, magoado, porque ainda os amava! Tive vontade de me jogar diante de suas armas. Sempre pensei que eram minha própria gente. Quando anoiteceu, eu saí de lá e parti para os campos e não parei de correr até chegar bem longe. Não vieram atrás de mim, por isso achei que pensavam que eu ainda estava lá. Naquela noite vi um brilho vermelho no horizonte e sempre me perguntei se eles não incendiaram aquele celeiro. Segui em frente até chegar a dois estados ao norte e entrar no exército. Isso foi por volta de 1880. Depois tentei me comunicar com minha casa e com minha mãe por um vizinho amigo para quem escrevi, e ele me contou que minha mãe tinha partido não muito tempo depois de mim, e ouviram dizer que ela fora para Massachusetts. Mas eu nunca soube para onde ela foi ao certo. E lá estava eu, no Décimo Regimento Negro de Cavalaria, sentindo-me como um branco sulista, do jeito como haviam me criado! A partir de então, em toda a minha vida, de tempos em tempos, passei por branco sempre que pareceu uma boa idéia. Por isso, filho, leve a coisa do jeito que quiser, diga que tem o sangue de Abraham Lincoln correndo em suas veias ou simplesmente diga que fui criado numa plantação como garoto branco até os quatorze anos porque um dos crioulos se enfiou no meio das pernas de uma dona, não faz mais diferença para mim. Foram precisos todos esses setenta e seis anos para eu descobrir que é tudo uma grande palhaçada. Não foi o que lhe ensinei, filho, quando era ainda pequeno? Porque a verdade é essa.

— É, papai, mas não estou entusiasmado. Lincoln que se foda. Ele não libertou os escravos, simplesmente nos ajudou a nos escondermos.

— Bom, filho, este é o seu século. No meu, as pessoas falavam muito sobre liberdade. Mas vejo agora que é um desperdício de tempo, porque até mesmo um escravo podia ter liberdade dentro de si, se quisesse.

— Isso é lavagem cerebral feita pelo branco.

— Cuidado, rapaz, *você* não é totalmente negro. E não venha falar mal da sua gente como fez. Que história é essa de se casar com a filha de John Parks? Já pediu ela em casamento?

— Não me deram muita chance de pedir. Eu estava lá conversando com Barbara uma noite dessas. Eles têm uma casa grande, grande demais para três pessoas. Tudo nela parece que não foi usado, novo em folha. Tem uma pessoa que cozinha e serve as refeições e tem até um chofer de uniforme para o carro da mãe dela. Depois do jantar a sra. Parks disse que ia para Watts e ficaria contente em me dar uma carona até lá, por isso tive de ir com ela. No carro, ela começou a fazer todo tipo de pergunta sobre minha vida, como são os Mingus, o que fizeram, acho que fiquei meio queimado, então ela disse que éramos vira-latas e não tínhamos cultura nem orgulho racial e que não queria mestiços dando em cima da sua filha. Chamou nossa casa de barraco e disse que eles tinham uma porção de casas assim que alugavam para operários em Pasadena. Disse que John Parks trabalhava como diretor de parque recreativo porque era um trabalho socialmente valioso. Não entendo esse sistema de classes de negros que ela tentou jogar para cima de mim — porra, sua família vem de uma longa linhagem de miseráveis e pobretões!

— É uma carta que sacam contra você, filho, essa história de negro de raça pura. Diga a eles então que o seu avô era um chefe de tribo africano chamado Mingus e guarde a história de Abraham Lincoln para si mesmo.

— Papai, se lembra de como me dizia que eu era melhor que as outras pessoas porque tinha uma cor mais clara? Nunca acreditei naquilo, e também, nada dessas bobagens me atinge. Dizer aos Parks que o seu pai era um chefe africano soa igual ao branco me dizer que sou um negro. Alguém, o Deus do amor ou alguém, parece acreditar que o mundo consegue ir em frente com todas essas raças aqui, caso contrário as coisas não teriam chegado a esse ponto. Toda coisa sobre a Terra vai ter sempre alguma maldade embutida. O homem branco não está assim tão unido com o seu povo, pensar assim é superestimar o seu poder. As pessoas que querem a liberdade deveriam levar em conta as fraquezas do branco. Ele é insano! Estupra e mata sua própria gente, rouba seus próprios bancos, trapaceia seu próprio sistema, ignora seus doentes, desamparados e idosos. Os brancos jogam uns aos outros em fornos crematórios e fazem abajures e estofos de móveis com seu próprio couro. E depois mentem a si mesmos sobre essas coisas em seus jornais. São doentes e talvez seja nosso dever cuidar deles, ser seus médicos e enfermeiros, e curá-los, ou acabaríamos pegando a mesma doença e infectaríamos o nosso futuro e arruinaríamos nossas esperanças de chegar um dia a viver num mundo verdadeiramente livre. E isso seria mais aterrador que a própria bomba atômica! Não, papai, a mãe de Barbara pode me inferiorizar, meu corpo, minha família, minha casa, mas não dou importância a medalhas, cor de pele, linhas de sangue. Não estou usando nenhuma dessas regras. Se o senhor não tivesse chegado aos setenta, duvido que estivesse falando com o senhor agora. O que tem o fato de que foi para a cama com minha mãe a ver com qualquer coisa? O único pai que tenho é Deus. Seu único dever foi cuidar de mim até uma idade em que eu pudesse pensar por mim mesmo. O senhor nada me deve, a não ser a verdade da sua jornada. Um dia poderei escolher outro pai para me guiar, e o senhor poderá escolher outro filho para guiá-lo. Se eu pareço desprovido de amor e isso o magoa, peço desculpas, porque não estou sendo claro. Estou aqui porque o amo, não é o seu poder sobre mim como o criador do meu ser que me trouxe até aqui a essa altura. O homem que o senhor *foi* certa vez me fez ir embora. O que me trouxe de volta foi o seu eu verdadeiro, o homem com quem estou falando hoje.

— Eu entendo você, meu filho. Pensa e fala exatamente como sua mãe Harriet. Fez-me pensar que de certo modo ela nunca o deixou, embora tivesse morrido quando você era ainda bebê. Senhor, me apavora pensar nisso, que você pertence a ela em espírito... Bom, vamos voltar a nossos problemas de hoje. Se vai casar, imagino que precise ter um emprego de dia.

— Tentei isso antes. Da última vez, o cartaz do homem branco na fábrica dizia OPERÁRIOS, APRESENTEM-SE NA SALA 1, TRABALHADORES ESPECIALIZADOS, NA SALA 2. Por isso, fui à sala 2. O homem disse: "O que sabe fazer?" Eu disse a ele que estudei desenho técnico durante quatro anos. Ele riu, como se fosse uma piada. O que me fez ficar furioso. Às vezes penso que se todos os negros fossem como eu não teria havido nenhum escravo, iam ter de matar a todos nós! Enfim, aquilo não era lugar para eu trabalhar. Nenhum ser humano consegue. Não, não gosto das coisas como estão por aqui, papai. Você só tem essa liberdade de mentira.

— Filho, pediu o meu conselho e aqui está. Não se case com ninguém. Vá para a Europa ou para algum lugar onde possa ter uma oportunidade de se expressar.

— Talvez um dia eu faça isso para sempre. Mas amanhã vou me casar.

— Amanhã, verdade? E onde vai morar?

— Tem uma casa que vai ficar vaga na Vermont Street ao lado de Jake e Bess Baines. Enquanto isso ficaremos na casa de Vivian. E acabei de apanhar os resultados dos exames de sangue do dr. Bledsoe. Está tudo bem conosco.

— Bom, filho, desejo a você toda a sorte no mundo. Mas não force demais essa sorte depois que estiver casado.

— Eu não. Vou ser o verdadeiro Charlie Sincero. Não vou olhar sequer para outra mulher, isso já deu para mim. Chega. E vou ao Bobo's com Buddy e Britt por menos dinheiro do que estou ganhando, *alguns* de nós precisamos gostar de tocar por algo além do dinheiro. E Red Callender vai marcar algumas sessões de gravação para mim, ele quer que o deixe agora e procure um professor clássico. Herman Rheinschagen é o nome que ele me indicou. Foi o principal contrabaixista da Filarmônica de Nova York. Vou estudar com ele e depois vou fazer o que Casals e Segovia fizeram, vou criar meu próprio sistema de dedilhado. Esses são meus planos, papai.

— Muito bem, filho, toda a sorte no mundo.

16

*O*utubro

— Charles, cante a nossa canção para mim de novo, aquela que você compôs.

— *Baby*, você sabe que não sei cantar.

— *Diga* a letra então. Por favor?

— Tudo bem, *baby*, para você, em nossa última noite juntos como garoto e garota. Venha sentar-se ao meu lado, eu vou tocar para você... "Mocinho encontra mocinha numa tarde nebulosa, a mulher precisa do homem, é o que dizem. Amor à primeira vista, ó, que dia foi aquele: piqueniques, passeios de barco, caminhadas pelo parque, vendo os vaga-lumes piscarem no escuro..."*

— Vamos, Charles, a parte que você escreveu quando mamãe tentou mandá-lo embora.

— Talvez não dê sorte, Barbara.

— É só uma canção. Eu adoro. Por favor!

— "E as chuvas chegaram, levando todos os nossos sonhos. Não é culpa de ninguém, na verdade, fracassamos no jogo do amor e da compreensão. Cada um está tentando aprender que a vida é apenas uma lição. Se você der e receber em troca, é o amor que ganha. Agora que ouviu minha história, agora sabe por que estou triste, perdi minha Barbara Jane e não sei o que fazer — até que minha amada volte, acho que vou simplesmente ter de morrer ou cantar minhas tristezas..."**

---

* Boy meets girl on a cloudy afternoon, woman needs man so they say. Love at first sight – oh what a day that was – picnics – boat-rides – strolling thought the park – watching fireflies light up the dark...

** Came the rains, washing away all our dreams. No one's exactly to blame, we failed at the game of love and understanding. Each one is trying to learn that life is just a lesson. If you give and take in turn, love is what you earn. Now you've heard my story, now you know why I'm blue, I lost my Barbara Jane and I don't know why I'm blue, I lost my Barbara Jane and I don't know what to do – until my baby's back guess I'll just have to die or sing the blues...

— Querido, não faça esse ar tão triste. Essas últimas palavras nunca vão se concretizar.

Maio

— Devíamos ficar aqui, estamos indo bem. Não devíamos nos mudar para a casa da sua mãe. Pelo menos temos nossa privacidade.

— Charles, quando você trabalha fora à noite, se houver algum problema, você sabe, o bebê, mamãe estaria lá para cuidar de mim.

— Barbara, não gosto disso, estamos melhor sozinhos. Ela acusou você de tudo, só faltou chamar você de prostituta antes do nosso casamento. Agora quer que eu chame ela de "mamãe". Ainda não acredita que não fizemos sexo antes e *tivemos* de casar.

— Quando o bebê chegar em setembro ela vai saber.

— Quem se importa? Não é da conta de ninguém quando meu filho foi concebido.

— Ora, escute só você. E se for uma menina?

— Está escrito que vou ter um filho. Só vou ter filhos até quando eu quiser ter filhas.

— *Estou* pensando numa menina.

— Não confunda meu filho. Ele ouve você falando. Ei, você aí, menino, homem! Charles Terceiro, está me ouvindo? Viu? Ele me cutucou bem no queixo!

Julho

— Charles, vamos! Papai vai estar aqui em um minuto para pegar nossas coisas mais leves.

— OK, você finalmente venceu. Estamos nos mudando para a casa dela e vou ter até de chamá-la de "*Mammy*".

— Como ousa! Minha mãe não parece uma velhota!

— Não fique zangada. Aposto que a sua parecia.

— Papai acabou de chegar.

— Ora, ora, a mãezinha está pronta para partir? Olá, filho.

— Oi.

— Quero lhe dizer, Charles, nada tenho a ver com as decisões que as garotas tomaram. Você e eu vamos ficar amigos, não? Certo? Aperte aqui.

— Ui! Uau! Pô, está querendo aleijar o pai do seu neto?

— Ora, é apenas um aperto de mão amistoso.

— Aperte você também, Charles. Papai acha que é mais forte que todo mundo. Mostre que é capaz de fazê-lo gritar.

— Aperte, filho, tente a sorte... Ei! Uuuiiii! Me solte! Você é realmente muito bom nisso.

— OK, estamos quites.

— Ótimo. Agora vocês homens usem esses seus músculos enormes e coloquem essas coisas no carro. Lá vamos nós.

Setembro

— Enfermeira? Sou Mingus. Minha mulher está bem?

— Ah, está, é um menino saudável de quatro quilos.

— Uau! Que beleza. E minha mulher, ela está bem?

— Foi um trabalho de parto muito demorado e duro, mas Barbara está passando bem agora. Pode entrar.

— Ah, Charles! Ele é tão bonito, um anjo! Já viu?

— Ainda não. Você está bem?

— Claro. Ah, Charles, vai adorá-lo!

— Bebês sempre parecem horríveis ao nascer.

— Ele não. Está olhando para a vida à sua volta como se já fosse um adulto! Enfermeira, meu marido ainda não viu nosso filho.

— Quando quiser, sr. Mingus. A última porta à esquerda. Vão lhe dar uma máscara.

— Charles... obrigada.

— Pelo quê?

— Por Charles Terceiro.

— Lamento, senhor, só mostramos os bebês uma vez por dia.

— Escute aqui, não vou esperar até amanhã para ver o meu filho!

— Ah, o senhor é o pai. Desculpe. Veio um homem alto aqui antes...

— Foi o avô Parks. Demorei a chegar. Sabe, eu trouxe minha mulher ontem... Ou foi anteontem? Não sei. Esperei aqui até as nove da noite, depois tive de ir trabalhar. Hoje é domingo, não é?

— Não, é segunda.

— Puxa! Quando foi que meu filho nasceu?

— Às três desta madrugada.

— Ora, vejam só! Rigorosamente certo, nove meses exatos, no mesmo segundo! Eu geralmente chego em casa por volta das duas e quarenta e cinco.

— Aqui está o seu filho.

— Ei, garoto! Ei, amigão! Ei, Charles Terceiro! Acorde! Abra os olhos! ... Acho melhor levá-lo de volta agora. Ele sente frio aqui fora.

— As outras enfermeiras disseram que você é Charlie Mingus, o músico.

— Não, nada de Charlie, por favor. Não sou definitivamente um Charlie. Não que Charles seja muito melhor. Não ligo particularmente para nenhum nome nessa sociedade. Enfim, logo vamos ser apenas números.

— Toca outro instrumento além do baixo?

— Diria que toco piano. E brinquei com o trompete e o trombone. Com a maioria dos instrumentos, eu acho.

— Onde está tocando agora?

— No Lounge, em Santa Mônica.

— Pode ser que eu vá vê-lo uma noite dessas. Gostaria disso?

— Claro. Considere-se minha convidada.

— Eu toco um pouco de saxofone. Tenho um. Acho que é um instrumento esquisito para uma garota.

— Alto ou tenor?

— Sabe que eu nem sei o que é? Mas gosto de tê-lo à mão. Talvez faça aulas um dia. Conhece um bom professor?

— Procure Lloyd Reese. Seu nome está no catálogo telefônico.

— Esperava que você me desse algumas aulas. Só uma aula seria mais do que eu poderia lhe pagar na vida inteira, mas tenho certeza de que o grande Charles Mingus seria bonzinho para uma pobre enfermeira que ganha tão mal e não chegaria a cobrar dela. Acha isso possível?

— Tudo é possível, *baby*.

— Olá, querido. Você viu ele?

— Vi. Estava dormindo, mas é genial. Escute, Barbara... eu sinto muito.

— Sente pelo quê, querido?

— Ora... não sei. Porque sou burro. Desculpe.

— Não sei do que está falando, Charles. Venha cá, me abrace.

— Barbara... Por que as mulheres acham os músicos tão especiais?

— Eu vejo você de uma maneira especial, mas não porque é músico.

— Não lembra como sua mãe advertia você de que os músicos tinham uma namorada em cada canto?

— Ora, era bobagem dela. Todos os pais odeiam o homem que acham que vai roubar a filha deles. Mas, de certo modo, acho que eu não o poderia culpar se tivesse namoradas.

— O que quer dizer?

— Tenho me preocupado muito conosco... Como eu não posso deixar que me penetre.

— Querida, falou ao médico sobre isso?

— Eu disse a ele como doía. Ele falou que não havia nada de errado comigo.

— Estou começando a pensar que é uma coisa da sua cabeça.

— Não é minha cabeça que dói! *Você* me machuca, é muito grande. Acho que nunca vou conseguir agüentar essa coisa.

— Minha coisa não é tão grande quanto o meu filho, que acabou de sair daí.

— Foi diferente. Usaram éter.

— Talvez a gente devesse usar éter também.

— Isso é maldade, Charles.

— Desculpe.

— Mas estamos felizes hoje, não é, Charles?

— Muito felizes, Barbara, muito felizes.

17

Por volta da meia-noite no Bobo's na avenida Central. Eles estão tocando "Bedspread" de Collette quase no final do último set, e Timothy Mark está solando. Meu garoto se sente muito deprimido, quase à beira da loucura, perseguido por sentimentos de culpa por ter trepado com outra garota e, além disso, ter perdido sua mulher ao confessar. Barbara voltou para a casa da mamãe Parks, que se sente feliz ao lembrar a todo mundo que sabia que esse casamento não ia dar certo. As luzes e a fumaça queimam seus olhos, mal pode ver os rostos da multidão que enche a sala, e está tocando em outro mundo.

Merda! Estou ficando confuso, deprimido. Não posso jogar a culpa no meu pai e me desculpar para sempre. Acho que estou me tornando um reflexo dele. Sua impressão adormecida no meu inconsciente não é facilmente apagada. O simples ato de evocar aquelas imagens antigas me impele a desejar uma vingança. Mas por que eu desconto nas pessoas com as quais trabalho? Oscar, John, Buddy e Givons aqui, eles não são culpados pelo meu progenitor rápido no chicote que me deu uma infância sem amigos e sem pai. Claro, existe o amor como antídoto, e tentei ficar aberto para ele. Mas não existe meio algum de transmitir naquele comprimento de onda quando o ouvinte, eu, desligou o receptor e está transmitindo um programa multidirecionado só seu. Acho que sou tão ruim quanto as outras pessoas, só chamo Deus numa emergência ou para resolver algum problema material egoísta, como meus pais faziam. Raramente digo "Obrigado, Jesus". Talvez tenha começado a pensar que Ele sou eu, ou que eu sou Ele. Certa noite tentei caminhar sobre a água para mostrar que Jesus nada tinha contra mim. Isso me preocupa. Se fosse minha verdadeira alma que tivesse tais pensamentos, isso me levaria com certeza à ruína. Sou o carneiro que sente que chegou a hora da morte e passa e salta por cima de todos os outros em direção à sua matança...

Meu camarada Mingus tropeçou para fora do tablado da orquestra e, no instante em que o machado descia sobre a sua cabeça, uma mão foi estendida, tocou no seu braço e alguém disse:

— Aonde vai, seu filho-da-puta maravilhoso e independente?

Ele lançou os olhos sobre o rosto da garota que tinha telefonado várias vezes sem sucesso e finalmente mandara um bilhete apaixonado dizendo que iria vê-lo uma noite. No tablado, Timothy Mark havia acabado de anunciar um intervalo de vinte minutos e começou a assobiar "Mingus fingers" ao microfone. Piscou para o meu garoto e emendou com "Pennies from heaven".

Mingus sentou-se à mesa. Então esta é Cindy. Parece tão boa quanto qualquer piranha de Hollywood. Deixem eu ficar na minha e quieto com esta dona, como Buddy. Cruzar as pernas é difícil para mim, engordei demais para cruzá-las confortavelmente. Não consigo imaginar por que meu pai está voltando à minha cabeça de novo. Você sabe por quê, Charles. Seu pai usava as mãos para cruzar as pernas na frente daquela piranha na rua 48. Você se odeia por estar gordo e usar as mãos para cruzar as pernas, como ele, isso o faz lembrar dos namoros dele, e dos seus próprios namoros também. Está gordo e comilão. Era a fuga do seu pai também, a comida o ajudava a esquecer por algum tempo toda a infelicidade que estava causando. Ele sugeriu para você um padrão de comportamento a ser imitado...

— Ei, acorde! Eu daria um milhão de dólares para saber o que está se passando dentro da sua cabeça – a garota disse.

— Um milhão só para isso, Cindy?

— Para isso e mais algumas coisas.

— Não acredito que tenha viajado até a Cidade dos Crioulos para pagar pelos pensamentos de alguém. Todo músico negro na cidade sabe que você comprou um Cadillac para Tim Mark.

— Ele não é o único.

— Sim, são itens que recebem muita publicidade. O próximo homem deveria levar um Rolls.

— Uau, você é um filho-da-puta muito doido. Acontece que uma garota só pode comprar algumas coisas antes que a sua pensão se esgote. Vou precisar esperar um ano para ter todo esse dinheiro de novo.

— Então volte no ano que vem.

— Ora, seu imbecil preconceituoso! O que faz você pensar que valeria sequer um Ford?

— Já tenho um Ford. Estou desperdiçando o seu tempo?

— Claro que não.

— Pois bem, você está desperdiçando o meu. Podia começar comigo por uma conta bancária, pelo menos. Me dê um pouco do seu dinheiro para que possa conseguir um fumo para nós.

— Tome aqui, seu interesseiro desgraçado. É tão frio que deve ter um aparelho de ar condicionado compacto enfiado no rabo. Tome aqui, é dinheiro.

— Estes cenzinhos não me impressionam muito. Sabe que imprimem notas de quinhentos também, e de mil... Assim está melhor, piranha. Ha! Eu volto logo.

— Voltaria mesmo que eu não tivesse um centavo. Não é verdade?

— Está certa, *baby*. Porque você é maravilhosa. Uma mulher bonita e de muita classe.

— Ei, Timothy, você disse que essa piranha era rica?

— Ela é, cara, mas está cansada de sujeitos que pegam a sua grana e se mandam.

— Ela me deu cem quando falei de fumo. Depois sacou essa nota de quinhentos quando eu disse que não estava impressionado.

— Deixa ver, Ming... É, a nota é boa. Guarde. Guarde inteira e pense em notas maiores que virão a seguir. Não vire o rosto, ela acabou de me mostrar uma mão cheia de notas e piscou para mim. Vou dizer que você a espera lá fora no carro dela. Mas temos de estar de volta ao palco em dez minutos, horário da Califórnia. Namore com ela um pouco. Pegue a sua bolsa e arranque cada centavo só por ter exibido o dinheiro daquele jeito.

— Pegar *tudo*? E se ela precisar de gasolina ou coisa parecida?

— Cara, não caia nessa conversa. Pode apostar que ela tem algumas notas enfiadas na meia ou até mesmo no rabo. Pegue tudo. Você pode despir uma mulher e deixá-la completamente nua, pegar os seus pertences e trancá-la no quarto, e quando voltar ela vai estar embrulhada em arminho com as paredes forradas de ouro.

— Tudo bem, mande ela para fora, Timothy. Mas o que consegui já é suficiente. Sinto-me meio constrangido. Ainda não sei agir friamente até o fundo.

— Você vai conseguir. Não se esqueça da parte de cima das meias.

— Até mais, Timmy.

E essa puta dizendo que não tem nenhum dinheiro? Grande conversível branco, capota branca, pneus com bandas brancas, porra! Forro de couro branco! Casaco branco de zibelina, sapatos brancos de cetim, aqueles cabelos platinados – uma mulher bonita totalmente branca — com exceção daquelas veias azuis e daqueles olhos verdes. Eu agarrei definitivamente uma mulher branca. Porra! Onde está aquela puta?

— Timmy disse que você queria falar comigo.

— É isso mesmo, *baby*. Entre aí. Que carro maneiro.

— É, e você não pode tê-lo.

— Não ia querer. É leve demais para um peso-pesado como Mingus. Da próxima vez vou comprar um Lincoln Continental. Com meu próprio dinheiro.

— Vai mesmo, seu desgraçado gostosão?

— Sua puta branca maluca! Vou! Me ame!

— Ó! Ó! Humm. Não posso chegar muito perto de você aqui, *baby*. Ei, minha bolsa! O que está fazendo com ela?

— Apenas um pequeno seguro.

— É tudo o que tenho, eu lhe dei o resto!

— Venha cá, piranha. Eu devia tirar isso de você, por ter mentido para mim.

— Está bem, pode levar, seu filho-da-puta! Seus desgraçados, vocês são todos iguais! E tem aqui mais um pouco que você não viu!

— *Baby, baby*, vai rasgar sua blusa bonita. Deixe comigo, vou desabotoar para você. Não é um bom lugar para esconder dinheiro velho e sujo.

— Ora, seu...! Meu Deus! Seu filho-da-mãe maravilhoso...! Me beije de novo assim!

— *Baby*, se arrume e volte para o clube. Estão me esperando no palco para o último set. Até daqui a pouco, querida.

Tenho de voltar correndo antes que Bobo perceba que estou atrasado. Não foi uma parada difícil, exatamente como Timmy falou. Parece fácil para ele, algo natural, mas me surpreendi comigo mesmo. Achava que seria difícil tirar dinheiro de uma garota. Gostaria de saber se a verdade é parecida com o que a Bíblia diz, sobre o inferno e tudo mais destinado aos pecadores...

— Desculpem, amigos – diz meu garoto, subindo ao tablado.

Timmy sorri.

— Então, fez o que eu mandei? Vejo que fez.

— Ei, Mingus! – grita Oscar. — Agora que ficou rico, o velho Oscar bem que podia merecer uma bateria nova.

— É, cara, soube que você entrou num barato. Bota a gente nessa também?

— O barato dele foi com uma dona maluca, não foi com droga nenhuma.

— Ora, ora, genial! Então me empresta uns dez aí? Eu devolvo quando pagarem a gente no sábado à noite.

— Vamos lá – diz Buddy. — Um, dois, três, quatro. *Ba coo pah che pee doup la ca singala coupa la caah!*

— Ei, Mingus, Mary, a garçonete, disse, enquanto você estava lá fora, que sua sogra telefonou e falou que você não precisa fazer sua visita amanhã, nem nunca mais, simplesmente deixe Barbara em paz.

— De novo? – disse Oscar. — Que chatice. Por que os velhos continuam se metendo no seu casamento?

— Chatice é vocês, caras, falando durante o meu solo – reclama Givons.

— Os pais de Barbara querem que eu deixe a música. Não vou deixar a música, eu vou deixar é *eles,* mas o meu filho, não, eu morreria por ele.

— Pare de falar em morrer e olhe para aquela piranha maravilhosa ali, Ming. Aquela dona pode salvar você.

— O dinheiro dela pode – diz Tim.

— O velho Timmy com seu lado comercial! Ha, ha!

— Posso ser comercial, mas sou o único cara aqui com um carango de classe. Não é um Ford caindo aos pedaços, é um Cadillac. Boas roupas, um anel de diamante e uma bela esposa, também.

Oscar sussurra para Mingus.

— Uau! Beleza! A patroa dele tem uma cabeça doida e se distribui por toda a cidade.

— Ora, é verdade? Sério? – diz Chazz, desviando o rosto.

— Estou falando, cara, aquela puta faz você gritar, ela não larga você. Uau, beleza! É melhor bater na madeira e fazer figa. Ela sabe fazer coisas incríveis, é capaz de comer o meu pudim até quando estou dormindo, e como sabe mexer aquela coisa!

— Porra, Oscar! Como pode sorrir na cara do sujeito e me contar que está trepando com a patroa dele?

— Trepando! Ela pinta com o meu pinto, entuba minha chapetuba, rala e entala com a minha mala e dá aquela pala, me encana na sua xana, pede que eu passe a rabeca na sua xereca ou na perereca sapeca, ela é ducaralho!

— Fique frio, Oscar – diz Britt. — Tim pode ouvir você.

— É, cara, posso e já escutei. Da próxima vez que Oscar procurar ela ele vai me pagar.

Oscar olha para ele, chocado.

— O que, cara, qual é? Do que está falando?

— Cara, há algum tempo já sei de você com a June. Quando eu disse pagar eu quis dizer pagar em dinheiro, e falo sério. Nenhum homem pode obrigar uma mulher a fazer o que ela não quer fazer. Deveria ficar zangado com você por fazer aquilo que qualquer outro homem faria? Vamos lá, Givons, continue tocando.

— Nem todo homem vai se engraçar com a mulher do próximo – Britt fala baixinho ao meu garoto.

— Tem razão, Britt. Mas o sujeito não deveria contar ao amigo se a mulher do amigo tem uma queda por ele? É uma coisa que eu gostaria de saber.

— Para que ele pudesse botar ela para trabalhar na rua, como o Tim? – pergunta John.

— Não, cara, se eu fosse sincero com ela eu conseguiria algum tipo de satisfação que ainda não foi inventado.

— Como assassinar a piranha – Givons diz, nervoso. — E todos os filhos-da-puta que falam durante os solos dos outros.

Timmy ri.

— Cada um na sua. Alguns caras atiram em si mesmos, outros atiram na garota e no outro cara, outros deixam a coisa passar. Eu mandaria a puta para Tijuana ou algum lugar onde pudesse eliminar essa coisa do seu sistema e ser paga, também. Quando ela voltasse, ficaria feliz em se encontrar com alguns cavalheiros que eu conheço.

— Como pode ter certeza de que ela voltaria? – pergunta Charles.

— Quando você tiver o filho dela e ainda um motivo para matar a puta, ela vai voltar.

— E quanto ao amor, Tim? – pergunta Britt.

— Posso passar sem amor. Mas o dinheiro e eu somos inseparáveis.

— Não, Timmy, eu não penso assim. Eu ficaria magoado – diz o meu garoto.

— Por que vocês estão me pondo pra baixo? Ficariam magoados porque são ciumentos. Vejam essa Cindy ali, já trepou com dois caras pelo menos, talvez mil. Eu não ligo e vocês não ligam, mas depois desta noite ela é a *sua* mulher. Eu trepo com ela e você se importa. Você só se importa pelo que vem depois, está me entendendo?

— Há algo de errado nessa filosofia – diz meu garoto, e Tim ri.

— O que você vai fazer? Dar um tiro em si mesmo? Arranjar uma nova mulher toda vez que uma delas faz o que quer? Vigiá-la o tempo todo e se preocupar? Ou acordá-la, deixar que cada um faça das suas e admitir que ambos são adultos o bastante para serem pagos por suas fraquezas.

— Mas existe mais na vida que diversão e dinheiro! – afirma Britt.

— Foi o que me disseram meu pai e meu avô, ha, ha, mas eles nunca encontraram isso.

— Ei, já são duas da manhã – interrompe Britt. — Vamos à saideira. Tema. Um, dois, três, quatro... Nos vemos, rapazes.

— Até mais, Britt.

— Até mais.

— Boa noite para todo mundo.

— Cindy? Vamos, *baby*, estamos de saída. Onde é que você mora?

— Em Laurel Canyon. Quer dirigir?

— Não sou o seu chofer, piranha, especialmente na avenida Central na frente de todos os caras.

— Cara, que coisa mais quadrada.

E Charles pensou: "É, ela está certa. Entrei numa de quadrado, no aspecto racial da coisa. Tenho de agir de forma mais madura e ser mais esperto com essa garota."

Quando chegaram ao carro ele assumiu o volante.

*

Ao subirem de carro a entrada de sua casa bem no alto das colinas de Hollywood, Cindy disse:

— Arrume-se e entre. Ora, vejo que Sally e Nancy ainda estão trabalhando no andar de cima.

Passou pela cabeça do meu garoto que este era um comentário meio estranho para uma herdeira branca, livre e sofisticada.

Assim que se instalaram confortavelmente na sala de estar, ela pediu "o de sempre" ao camareiro filipino, e ele trouxe um pequeno cachimbo com papel laminado cobrindo a chaminé cheia de folhinhas verdes picadas e esmagadas numa substância de aspecto viscoso como erva-dos-gatos em alcatrão. Givons certa vez tinha enrolado algo assim e chamou a coisa de *moto.* "Maconha de primeira classe misturada com haxixe" – dissera. "Dois tapinhas disso deixam a gente siderada."

Esperava que Cindy não soubesse, mas era a primeira vez que ele ia ficar realmente siderado. Gradualmente ela começou a parecer uma deusa-virgem maluca, enquanto meu garoto flutuava pela sala, tão lento e natural, convencido de que era o maior amante – foda-se Casanova! – que já existiu, e seu pau era o maior e o mais comprido da terra. Tinha uma mente própria, a cabeça estava equipada com uma boca e uma língua, e como o mundo todo é tão quadrado! Quando os olhos da deusa, que pareciam mudar de tamanho, se encontraram com os seus, os dois se achavam em pólos opostos de um poderoso facho magnético que se concentrava na base do cérebro e descia ao longo de suas espinhas até a bunda dela e eletrificava o pau e as bolas dele. Quando um deles mexia com a cabeça, esquerda, direita, para cima, para baixo, o outro sentia o movimento vibrando no facho e tinha de acompanhar o deslocamento.

— Estou doidão! – disse Mingus.

— Siiiimmm, Charles *baby,* vamos continuar fodendo e chupando assim em nossas cabeças até não agüentar mais, é uma beleza isso, temos um monte de tempo para curtir essa beleza.

— É! – era assim que ele *sempre* se sentira, mas nunca pudera mergulhar fundo em si mesmo para descobrir. Estava mil vezes mais sóbrio que qualquer um no mundo, mais do que pessoas que nunca ficaram altas, realmente de bem consigo mesmo, e conhecia todos os pensamentos de Cindy, assim como ela conhecia os seus. Uau, que loucura essa piranha louca, devíamos deitar e rolar por toda esta casa! Depois do que pareceram anos, Cindy sorriu para Mingus e disse:

— Pepe, está tudo bem. Se manda e só volte se eu chamar... Charles... Por que não começa a fazer algumas dessas coisas em que estava pensando?

Ele sabia bem o que queria, mas podia ouvir Papai Collette lhe dizendo "Sempre as deixe de molho por um tempo até que elas o desejem mais do que você as deseja." Então simplesmente ficou na sua e disse:

— Me faça sentir em casa, *baby*, faça algumas das coisas em que *você* está pensando.

E num segundo ela atacava o meu garoto. Ele se deixou ficar mole e superdescontraído como se aquilo não fosse tão interessante, mas de repente as coisas começaram a se tornar cada vez menos relaxadas até que os dois assumiram suas entidades animais, selvagens, brutas, com as garras à mostra.

Mingus é acordado por risadas. A garota chamada Sally está de pé sobre eles jogando uma coberta de cetim púrpura em cima do sofá.

— Pelo menos vocês dois podiam se cobrir!

Ele se pergunta, meio tonto.

— Como foi que vim parar *aqui*? – e estende a mão para deixar a outra metade cair sobre Cindy, agachada e dormindo perto dos seus pés.

— Então, finalmente pegou o grande Mingus! – cacareja Sally. — Agora não vamos ter mais de ficar ouvindo o dia inteiro, graças a Deus, como ele deixa ela maluca!

Cindy acorda, espreguiçando-se e bocejando.

— Não encha o ego dele, querida, já está custando mais caro que qualquer coisa que temos por aqui.

Uma jovem de peitos fartos com cabelos negros caindo pelos ombros até o umbigo entra na sala completamente nua e grita:

— Se vocês, piranhas, vão trazer seus gigolôs negros para cá ocupando todo o espaço me avisem primeiro! Quase perdi um cliente antigo de cem dólares esta manhã. Quando levo meu amigo à porta, lá está aquela bunda preta deitada no sofá, e Cindy grudada nele totalmente chapada e fora desse mundo! Meu cliente diz: "Não é um crioulo?" E eu digo a ele: "Claro que sim, e ela também, é a nossa empregada com o nosso chofer." Espero que ele tenha acreditado em mim!

Ela se vira mostrando uma bunda saliente, pára com as pernas abertas e as mãos na cintura por um momento e sai para a escadaria. Cindy se levanta casualmente, nua como esteve nas últimas onze horas, e rosna:

— Sua piranha!

Nancy reage:

— Piranha é você, madame *Magricela*!

Corre de peito aberto contra o peito de Cindy, enganchando suas pernas nas de Cindy, tentando derrubá-la. Cindy dá um soco no queixo de Nancy.

Gritos e uivos, línguas e dentes, punhos, unhas e dedos cheios de cabelos platinados e negros de todas as partes da anatomia! Mingus tenta se enfiar na sua cueca, e o pé de alguém acerta ele no traseiro. Cindy ensaia uma chave de braço, mas Nancy consegue desequilibrar as duas, e elas caem no chão numa chave de cabeça nas pernas uma da outra, rolando sem parar até que Sally chega com uma garrafa de água de Seltz e esguicha em seus rostos e suas bundas.

— Um minuto atrás estavam lutando, agora estão nos braços uma da outra!

Cindy solta a cabeça do meio das pernas de Nancy e respira fundo.

— Nancy, você é uma puta! Já lhe dei um pontapé na bunda uma vez e se pegar você se requebrando para o lado do Mingus de novo eu arrebento você de vez, sua puta barata!

— Barata? Conheço mais truques que você!

— Claro, com o preço que *você* cobra tem de conhecer, sua burra! Posso ganhar a vida trabalhando como modelo e ganhar mais que você! Corra atrás de uma grana e quem sabe dentro de um ano ou dois vai poder se aposentar!

— OK, arranha-céu! – zomba Nancy.

— É isso mesmo, garota – diz Cindy. — A última moda neste ano: a mulherona!

— Onde está Pepe? – pergunta Sally.

— Eu mandei ele à outra casa buscar algum dinheiro para o meu homem. Coloquem suas roupas, meninas. Vamos tomar um café da manhã.

Meu garoto estava pensando: "Então esta é a casa da famosa Cindy, rica, branca e herdeira! Não admira que a chamem de *madame* Perkins!" Ele ainda via o corpo de Nancy na sua cabeça. Gostava do seu tamanho mignon. Cindy tinha um metro e oitenta e de salto era mais alta que ele, e isso o fazia se sentir esquisito. Sabia que Nancy gostava dele. E se a tirasse da casa de Cindy? Tim Mark poderia conseguir contatos para uma garota de programa de primeira classe, ele dissera. Ora, e então, por que não?

Cindy queria que ele ficasse na casa de Laurel Canyon e mandou trazerem um piano. Durante a semana seguinte ela lhe explicou tudo sobre o negócio, a operação discreta aqui e a casa aberta do outro lado da cidade. As garotas não gostavam de trabalhar lá, os tiras vinham, trepavam com elas e depois as prendiam. Ela ofereceu a ele colocar nas suas mãos a quantidade de negócios que quisesse, mas com um novo piano de um quarto de cauda à sua disposição ele estava mais interessado em música do que em todos aqueles corpos. E era bom, ele se sentia à vontade com Cindy, tão à vontade para obter permissão de trepar com Nancy, se quisesse, pensou, só que estava errado quanto a isso.

Cindy voltou para casa uma tarde e o encontrou com um ar culpado, enquanto Nancy corria para cima a fim de se arrumar. Não disse muito, apenas olhou para ele, tímida e magoada.

— Não sou nenhuma vagabunda, Mingus.

Despejou o conteúdo da sua bolsa aos pés dele. Mingus olhou para ela friamente.

— Nem eu, e não posso ser comprado.

Caminhou até o piano e começou a tocar furiosamente planejando na sua cabeça cortar aquela onda e levar Nancy com ele. Talvez ela não tivesse um milhão, ou um Cadillac, ou uma pensão anual, mas não se drogava e não era deslumbrada, e disse que iria a qualquer lugar com ele e toparia qualquer parada. Enquanto estava sentado ao piano compondo uma canção chamada "Devil woman" e remoendo mentalmente esses planos, Cindy se aproximou e colocou a cabeça sobre seu ombro.

— Sinto muito, *baby*. Pode fazer tudo o que tiver vontade – e ela o beijou, perdoando.

Durante toda aquela tarde Cindy ficou sentada perto dele, observando-o compor, fazendo café, sem interferir.

— Onde está Nancy? – meu garoto perguntou depois.

— Eu dei uma missão a ela – respondeu Cindy suavemente.

O telefone tocou.

— É para você – cantou Cindy. — Uma mulher. Talvez seja a sua *esposa*.

Era Nancy e estava chorando.

— Querido, fui presa aqui na zona oeste. Por favor, faça alguma coisa.

— Não se preocupe, vou tirar você daí o mais rápido possível – meu garoto falou.

— Espero que faça isso, porque já é minha terceira penalidade. Cindy me mandou até aqui para um serviço especial. Foi estranho, porque o cara chegou e disse apenas: "Qual de vocês é a Nancy? Venha comigo", e ele era um tira. Por favor, me ajude. Já sou sua, você sabe disso. Preciso desligar, querido. Tchau.

Charles virou-se para Cindy.

— Sua piranha! Você armou uma cilada para ela. Vou cuidar de você, *mama*.

— Por que não faz isso, seu desgraçado sujo – ela respondeu sorrindo. — Vá socorrer sua vagabundinha e veja quanto tempo *isso* vai durar!

Meu garoto foi até o centro da cidade e pagou a fiança para soltar a garota e então lhe disse adeus e sabia que não ia mais vê-la. Sentiu que havia escapado por pouco de uma vida que não queria levar. Mas estava solitário e pesaroso ao dirigir até o apartamento vazio em Vermont Street, sentindo-se tão triste e sozinho que detestava ter de enfiar a chave na fechadura. Mas, ao abrir a porta, viu com um jorro de alegria e alívio que Barbara e seu filho Charles tinham voltado para casa.

18

Numa tarde de domingo em agosto, antes que seu segundo filho, Eugene, tivesse começado a caminhar, Mingus disse:

— Barbara, encontre alguém para ficar com o bebê e vista Charles rapidamente. Tenho de tocar numa sessão esta tarde no Billy Berg's e vou levar você e ele.

— Ora, querido, ele é muito criança para apreciar uma coisa dessas.

— Não, ele não é, e quero a sua opinião. Preciso ligar para Buddy Collette... Alô, Buddy? Pode tocar no Billy Berg's hoje? É a sua chance de me mostrar aquilo do que falava sobre aquela boquilha pequena Merle Johnson e a palheta macia, porque Charlie Parker vai estar lá com a sua velha alma desafinada, como você diz... É, eu ouvi ele tocar com cordas. Parecia que as cordas estavam desafinadas, e Bird entortava as notas e tocava jazz sem ligar para aqueles filhos-da-mãe cheios de grana, nenhum violinista negro em toda a gravação! Vamos lá, quero vê-lo tocar melhor que ele para que os músicos comecem a falar de você, porque eu sei que se você tocar como tocava quando garoto, com os culhões, Buddy, é isso que vai acontecer. Até logo mais, Buddy.

— Papai, papai!

— Ei, garoto. Você e mamãe vêm comigo ouvir um pouco de música. Quero a sua opinião hoje. Lembra de todos os discos que toquei para você, né? Lembra de Buddy?

— Lembro, papai.

— Você gosta de Duke Ellington?

— Gosto, papai. Duke, Duke!

— É tudo o que quero saber. Quando eu estiver no palco hoje com Buddy e Bird, lá estará Charlie Parker, o homem com o instrumento igual ao de Buddy, você vai subir ao palco e ficar do lado daquele de quem gostar tanto quanto gosta de Duke Ellington.

— Está certo, papai.

— Pronta, Barbara?

— Estou indo.

— E agora, senhoras e senhores, o último set desta tarde. Stan Levy à bateria, do grupo de Dizzy Gillespie. Dodo Marmarosa, piano. Lucky Thompson, sax tenor.

— Quem é ele, Buddy?

— Um cara que veio da banda do Basie.

— Buddy Collette, sax alto. Charles Parker, um cavalheiro do grupo de Dizzy também. E Charles Mingus ao baixo. E, por favor, vamos todos receber com uma salva de palmas Miles Davis. Miles acabou de chegar de Nova York. Vamos lá, todo mundo: Miles Davis! Vamos dar a eles as melhores boas-vindas da Califórnia!

— OK, Bird. Algo que todo mundo conheça.

— "Billy's Bounce"?

— Não conheço essa, Bird.

— É simplesmente um blues em fá. Buddy, vamos... Conte até quatro, Dodo. Toque, Miles.

— Já toquei, seu filho-da-mãe. Agora é a sua vez, seu chupador. Toque, Lucky.

— Miles, por que a cabeça dele está tão inchada? Ele soa como um Don Byas abaixo do tom.

— O que foi isso, seu tocador de baixo caipira? Esfria a cabeça e me acompanhe enquanto eu solo!

— Acompanhe a si mesmo, Lucky, antes que eu comece a lhe devolver seus solos.

— O quê? Saquem só esse cara! Com um contrabaixo? Vamos lá, quero só ouvir isso.

— Chegue pra cá e vamos dividir o microfone, cabeção, para você não ficar constrangido. Vou macaquear você. Dodo, Stan, fiquem fora dessa. Vão dar uma volta.

— Huiiii-uiuiiii! Este filho-da-mãe sabe tocar! Que frase foi essa que acrescentou ao meu solo?

— *Kiddle lid.*

— Como é que consegue esse som, parece que está rindo e conversando?

— Bird, ouviu só esse caipira?

— É, Lucky, e você ouviu? Do mesmo jeito que fazemos *dah ooh dah* numa seqüência cromática do seu dó para dó sustenido, para si e para dó natural, si bemol para si natural, e assim por diante. Ele só acrescentou um glissando em quarto de tom e deu o máximo que pode.

— A outra noite ouvi um cara tocar baixo do jeito que Adolphus Allbrook costumava tocar. Ninguém achava que isso fosse possível, mas tem gente que consegue.

— Bird, está gozando de mim? É a segunda vez que ouço falar de Adolphus Allbrook. Jimmy Blanton contou que ele entalhava uma palheta de madeira com uma mão, continuava tocando com a outra, terminava a sua palheta e dedilhava o baixo com ela como se estivesse tocando uma guitarra.

— Um verdadeiro gênio, Mingus.

— Gostaria muito de conhecê-lo.

— Sim, é fabuloso. Cientista, também, formou-se em física. Ensina judô no Departamento de Polícia. Dominou a harpa em dois anos.

— Quando é que vocês, seus filhos-da-mãe, vão parar de falar e começar a tocar, em vez de deixar só Dodo e Stan ali tocando punheta?

— Miles, você é tão vulgar.

— Quero ouvir o Bird tocar, não essa conversa cretina.

— Vamos lá. Um, dois, um, dois, três, quatro.

— *Yeah*, Bird. Toque, *baby*! Vai fundo, cara.

— Urra!

— Senhoras e senhores, por favor, parem de falar e ouçam este filho-da-puta tocar!

— Miles! Calma, cara, não pode falar assim.

— Porra, cara, eu tapei o microfone com a mão na palavra "filho-da-puta". Estão lembrados do Monk chamando o dono do clube em Detroit de filho-da-puta sete vezes ao microfone porque não tinha um piano bom?

— Acabou ganhando um piano bom na noite seguinte. Se o chamasse de "senhor" ficaria com a mesma carroça desafinada.

— Quem é esse Buddy Collette, Mingus?

— Meu melhor amigo. Tocava realmente bem, mas o Branco o assustou tanto que ele ficou branco por dentro. Gosta de soar como um branco. É capaz de ler até cocô de mosca espalhado num mata-moscas.

— Mas isso não é jazz.

— Então diga você a *ele*, Lucky.

— Vou dizer. Primeiro vou derrotá-lo no seu próprio território.

— Não tente, Lucky, vai sangrar até morrer. Toda a turma que toca em estúdio já tentou. Ele toca flauta, clarineta, tudo, exatamente como os brancos dizem que você tem de tocar, e ainda com um som mais cheio.

— Um cara chamado Paul Desmond, em Frisco, toca assim. Já ouviu falar dele?

— Quem é aquele menino agarrado nas calças do Bird?

— É o meu filho.

— Duke Ellington, papai! Duke Ellington, papai!

— O que ele está querendo dizer?

— Está me dizendo que gosta do Bird. Veja só o velho Bird sorrindo de bochecha a bochecha. É mesmo uma pessoa maravilhosa.

— Vamos nessa, Dodo! Cara, esse branco-azedo toca pra valer! E aquele baterista, também. Como se chama?

— Stan Levy. É judeu. Sabe que tem uns garotos judeus com muito *soul* e suingue.

— Demais. Ao encerramento.

— Urra! *Yeah!!*

— Que tal "April in Paris", Bird?

— Beleza. Beleza.

— Ming, ouça só isso.

— Deus do céu! É um som de milhões de almas entrelaçadas naquele velho saxofone dele, remendado com fita durex, elástico e goma de mascar, e dizem que ele guincha. Uau! Pode guinchar, Bird! Ele está simplesmente ouvindo seu sax cantar.

— Veja, botou o seu menino num transe. Não pode nem se mexer.

— Sshhh, Lucky! Agora eu ouvi. É o cara que tenho ouvido em meus sonhos.

— Vamos dar uma fumadinha lá fora, Mingus.

— Fico pensando se Buddy ainda acha que as boquilhas Merle Johnson produzem um som mais encorpado. Um professor andou dizendo a ele que músicos negros não conseguem obter um som muito encorpado com boquilhas mais abertas.

— Ha, ha, Mingus! É preciso esforço, é o que eles querem dizer. Trabalho. Não gostam de suar. O branco não fica satisfeito enquanto não elimina todo elemento humano. Veja Bird, chegou até este ponto e eles lhe presenteiam com saxofones de ação suave. Ele diz: "Pra quê? Tarde demais." Ele gosta de trabalhar. Toca um velho Conn com uma boquilha aberta número trinta. Lembro de um garoto que falou ao Bird que os negros usavam boquilhas cheias de truques para tornar as coisas mais fáceis. Bird enfiou a mão no seu estojo e disse: "Tome, experimente esta Berg Larsen, meu filho." O garoto colocou a boquilha no saxofone e soprou. Huiiii! Não saiu nada além de ar. Seu rosto foi ficando vermelho e roxo. E nenhum som. Bird disse: "Deixa ver, qual é o problema? Ora, a palheta está muito mole." Tirou do bolso uma moeda de cinqüenta centavos, encostou a palheta nela e foi queimando a ponta com um isqueiro até consumir boa parte da palheta, cuja ponta ia engrossando. Então ele mesmo experimentou. "Toca que é uma beleza", disse Bird. "Ainda está um pouco mole, mas já dá pro gasto." Se aquele garoto tivesse tentado soprar uma palheta tão dura como aquela teria desmaiado ou morrido antes de conseguir fazê-la vibrar. Sabem quem era? Um garoto chamado Lee Konitz. Pergunte a ele quando o encontrar ou se um dia for a Nova York... Escute, quer tocar com a minha banda, Mingus?

— Não. E você, quer tocar com o meu trio, Lucky?

— Ha, ha, Mingus, ninguém nunca ouviu falar em você.

— Fico feliz, cara. É por isso que toco três vezes por semana em meu lar, a Califórnia ensolarada e endiabrada.

— Três vezes? Com quem?

— Nós mesmos. Pick, Plank e Plunk. Eu, Lucius Lane e Larry Hopewell.

— Lane?

— Guitarra. O melhor.

— Ah, é? Ouviu falar de Barney Kessel?

— Ouvi, e Kessel ouviu falar de Lane. Lucky, por que você e Miles não vêm ensaiar conosco? Talvez a gente possa incorporar vocês. Temos um repertório *incrível.* Não existem muitos trompetistas que consigam tocar. Carl George diz que tem dificuldades. Diz que existe movimento demais na nossa música.

— Já ouviu Diz?

— Só em discos com o Bird. Parece enfronhado em Bartók. Mas que se foda toda essa conversa fiada, Lucky. Venha tocar com a gente um pouco da nossa música negra simples e sem nome da Costa Oeste. Ensaiamos amanhã na casa de Britt Woodman. Ele está com Boyd Raeburn agora. Alguns dos músicos da orquestra disseram que negro algum seria capaz de tocar as partituras de trombone, por isso fui eu o engraçadinho que conseguiu uma audição para Britt.

— Mas Boyd é um cara bastante certinho.

— É, e eu não suporto pessoas olhando por cima do meu ombro, e Harry Babasin estava de pé atrás de mim, me botando bafo na nuca, por isso eu me dei mal com a música do Boyd. Mas disse a Boyd que, como precisava de um trombonista, para dar uma oportunidade a Britt e não julgar todos os negros por mim.

— Quer entrar para ouvir o Ray Brown?

— Se é o garoto que toca com o Diz, eu o ouvi outra noite no rádio. Ele toca Oscar Pettiford muito bem, mas eu queria saber o que ele pode fazer sozinho com toda aquela técnica. Sei quando um músico ainda usa truques corriqueiros de contrabaixo. Bill Hadnot, um dos maiores contrabaixistas da terra, e que talvez nunca chegue a ser ouvido, me telefonou para saber se eu estava tocando com Bird e Diz. Liguei o rádio e pronto, lá estava eu, pelo menos do jeito que tocava por volta de 1939. Na verdade, era Ray. Mas Ray fica próximo demais das idéias de Oscar. Ele está pensando o baixo, o que não deveria ocorrer. São *notas* pensadas, sons que você ouve, iguais aos de um instrumento de sopro. Se um sujeito pudesse *cantarolar* boas idéias eu iria curtir aquilo. Já ouviu um alto com o som igual ao do Bird?

— Nem mesmo Buster Smith.

— Pois bem, observe e veja se o som de Bird não vai se tornar mais ou menos a referência para o alto, pelo mundo afora, para qualquer um que escute ele... Lucky, preciso ir andando. Tenho de levar minha mulher e meu filho pra casa e depois seguir para a apresentação em Venice.

— OK, Mingus. Vamos conversar sobre formar um grupo um dia desses. A gente se vê.

— Barbara, está pronta?

— Estou, se você conseguir tirar a cabeça de Charles de dentro do saxofone do Bird.

— Ei, garoto! Vamos andando.

— Bird, papai! Duke Ellington. Bird! Bird!

— É, eu sei, filho. Bird é realmente do outro mundo.

19

O trio vinha tocando com regularidade nos clubes do sr. e da sra. Bart Morgan. No começo de noite de um domingo em dezembro, Charles entrou no clube de Venice.

— Ei, Lucius! Harry já chegou? Tenho uns arranjos novos para nós.

— Ainda não, mas Nesa quer ver você na cozinha. Cuidado, Mingus. O marido não vem esta noite e ela está com um vestido vermelho justo decotado até os mamilos, do jeito que o diabo gosta, e sem calcinhas, é rabo puro. Falou para eu mandar *você* lá e dizer a todo mundo que está ocupada. Cuidado, amigo.

— Olá, Nesa. Não vi muitos carros no estacionamento esta noite.

— Ora, domingo às vezes é assim.

— Como vai seu marido?

— Bart deixou a cidade por uns dias. Foi até Salinas ver como estão os legumes da fazenda. Quer um cigarro?

— Não, eu fumo cachimbo. Além disso, é quase hora do show, eu devia começar o aquecimento. Queria falar comigo sobre o quê?

— Sabia que o seu pianista tentou dar em cima de mim? Não quero nenhum negro botando as mãos em mim, a não ser que eu mande, está me ouvindo?

— Me chamou para dizer isso? Olhe aqui, Nesa, nada de insultos, não preciso tanto disso aqui. Estou me mandando.

— Aonde vai? Volte já aqui! Afaste-se daquela porta. Olhe para mim, rapaz, não estou brincando! Vou gritar "estupro" se não fizer exatamente o que eu mandar! ... Assim está melhor. Agora me ouça. Meu marido não me toca há anos.

— Então largue ele.

— De jeito nenhum. Bart tem mais negócios do que qualquer outro desse lado do Mississípi e eu o ajudei a chegar onde está. Agora me ouça, eu podia torná-lo famoso da noite para o dia, está sabendo disso?

— Posso voltar ao trabalho?

— Ainda acha que estou brincando? Quer que eu grite "estupro"?

— Não.

— John! John, venha cá!

— Sim, sra. Morgan.

— Se alguém perguntar por mim diga que estou no escritório preparando os pagamentos e não quero ser interrompida. Vou ficar com este rapaz aqui como proteção. Tenho de abrir o cofre e não quero ninguém entrando aqui e tocando no dinheiro do meu marido. Passe a ele o seu quarenta e cinco.

— Sim, sra. Morgan. A banda devia começar a tocar agora.

— Diga a Hopewell para tocar piano por um tempo. E Hickey Lorraine está no bar, ele trouxe o sax, pode dar uma canja. Venha comigo, Mingus.

— O que está fazendo, Nesa?

— Trancando a porta, não vê? Agora. Venha cá, que tal isso aqui?

— Bom demais, mas já vi antes.

— Grandes como esses? O que você sente?

— Medo.

— Por quê?

— Se eu *não* reagir você vai gritar "estupro", e se eu *reagir* seu marido vai nos pegar um dia. Porque se eu fizer uma vez com você, vai querer mais.

— Meu marido sabe que eu quero você.

— Ah, meu Deus! Nunca pensei que fosse morrer assim, tão longe do Sul. Sou casado. Tenho filhos.

— É por isso que quero você. Não vai falar. Está tendo problemas com sua mulher e eu sei disso. Olhe. Vamos, pode olhar. Já viu coisa mais bonita? Venha cá, eu sabia que isso ia mexer com você. Está duro como pedra. Como é que se abre essas calças? Vamos, não posso esperar! Aqui, esse sofá abre...

— Nesa, me desculpe, não consigo. Ainda não gosto de toda essa história de me chamar de negro e de me tratar por "rapaz".

— Quer saber de uma coisa, Charles? Foi a primeira vez que usei essa palavra. Sei que a usei porque tinha medo de perder uma coisa que nunca tive e que talvez nunca mais tenha a chance de ter de novo. Estava com medo. Você é o primeiro negro que olhei duas vezes. Isso é... Certa vez, na praia, vi um que parecia ter colhões roxos e era enorme no meio das pernas, debaixo do calção de banho. Me ajude, não tenho nada debaixo deste vestido de cetim, quase não consigo tirar essa coisa. Pronto. Agora você tira as calças enquanto eu abro o sofá. Venha, Charles, se abaixe aqui e veja o que está prendendo esse sofá. Eu, uuuuuu! Seu filho-da-mãe gostoso! Ah! Ah, meu Deus! Faz tanto tempo! Acho que você me rasgou toda! O que é isso tudo molhado aqui, estou sangrando?

— Não, querida, é linhaça, achei sobre a escrivaninha, é bom lubrificante.

— Ah, meu querido, *baby*, enfia de novo gostoso assim na sua gata fogosa! Vamos lá, manda ver. Não me importa se atirarem em nós, só quero gozar feito louca esta noite. Venha, querido, com seus colhões grandes, me dê mais um pouco disso!

— Aaah, você não gosta disso, Nesa!

— Me dê, enfie de novo!

— Por quê? Você não gosta disso. Sou um negro sujo. Por que não me deixa chamar o Hickey para cá? Ele é branco.

— Você acha de repente que sou uma vagabunda porque estou finalmente implorando aquela coisa preta bonita? Vamos, deite naqueles travesseiros malucos. Vou ligar para o bar, ver quantas pessoas tem lá. Alô, quem fala? Lucius? Quantas pessoas tem aí? Eu imaginei. Vá em frente e toque sem o Mingus por algum tempo, ele está ocupado... Vejá só, deixou ele ficar mole. Aposto que eu posso fazer com que fique de pé mesmo sem tocar nele.

— Não duvido disso. Mostre. Abra bem as pernas e brinca com ela. Enfie as mãos inteiras lá dentro.

— Rapaz, você é mesmo desinibido.

— Se falar "rapaz" mais uma vez vai acabar tendo de me dar uns tiros.

— Cholly, relaxe, eu só quis dizer "caaara!" Sabia que eu fui miss Basin Street em Nova Orleans? Quando eu dançava todos os homens se poupavam até chegar a minha vez de subir no palco e trazer este meu belo corpo e gingar e me espremer assim, me contorcendo como se estivesse dando a última gota. Certas noites eu tirava tudo e ficava completamente nua e pegava cortinas e me escondia. Vou mostrar, me dê aquele lençol ali. Uau, *baby*! "I'm coming with you tonight"! Esta era a minha canção. O velho Bart sentou-se lá uma noite e me comprou, corpo e alma. Você não vê muitos corpos de vinte e oito anos com esta forma, tendo passado o que eu passei, não tem uma falha em lugar algum do meu corpo, e esta pele cor de creme não é nenhuma maquiagem. Onde mais você vai encontrar cinco covinhas numa só mulher? No final do meu show eu mostrava tudo de trás, assim. Em Nova

Orleans você pode fazer o que quiser, contanto que não leve seu homem com você para o palco. Eu me dobrava até o chão sacudindo os quadris, abrindo as pernas, com a bunda nua para o público, só com as meias arrastão compridas, e olhava para trás por entre minhas pernas. Todos os caras estavam com a mão no pinto. Você podia sentir a tensão em toda a sala.

— Pinto? Você chama um pau de pinto? O que é isso, papo de Nova Orleans? Ha, ha. *Baby, você* pode ter um pinto. Isto aqui é um caralho, uma piroca, meu pau, meu cacete, minha espada, jeba, vara, meu bate-estaca.

— Chame do que quiser, mas todos eles tiravam as coisas para fora. Eu via que estavam quase gozando, e todos nós começávamos a tremer juntos. As pessoas achavam que era a minha dança, mas eu gozava e esperava que todos perdessem o controle.

— Eu bem que gostaria de ver esse seu show. Por que não chama Lucius e Hickey e dança para nós?

— Deixe primeiro eu relaxar de verdade com você. Veja só isso. Ô, *daddy*! Vai, Cholly, sacuda esse negócio pra cima de mim! Ah, adoro sentir que você sente tesão por mim!

— Você também está louca por mim. Venha, sua puta! Mostra a sua xota! Vamos lá! Mexa essa coisa! Mexa! Mexa!

— Agora preciso dar um pulo lá na frente um minuto, Cholly, senão vão querer saber por que ficamos aqui tanto tempo. Ainda está duro como um touro! O que está fazendo? Passa a minha bolsa! Seu filho-da-puta! Leve então, pode levar!

— *Baby*, você disse que Bart tinha muito dinheiro, ele nem vai sentir falta dessas poucas notas. Se você quer um homem para usar e esconder é preciso haver uma compensação. Isso vai lembrar que tem de abrir mão de algo, sacou? Brincou, pagou. Eu não brinco, eu digo que estou me apaixonando por você. Nunca tive tanta mulher assim na minha vida.

— Ah, Cholly, desculpe. Não achei que estivesse falando sério.

— Nem eu. Mas você faz a coisa tão boa que tenho medo de trepar com você de verdade porque seria capaz de partir meu coração.

— Sinto muito, Cholly.

— Sei que está me usando, Nesa, e eu estou deixando você me usar porque gosto do seu jeito assim como do resto. Minha mulher já me deixou várias vezes e voltou para a casa da mãe, mas, mesmo quando está na nossa casa, não podemos fazer muito sexo porque ela diz que dói.

— Sinto muito, Cholly.

— Agora já se lamentou três vezes. Porra, você tem mesmo umas belas tetas. Firmes, cheias, tetas redondinhas. Porra, e justamente do tamanho que eu gosto!

— Ah, meu Deus, onde foi que aprendeu a chupar tetas assim? Aaah, mordiscando os mamilos e sugando as aréolas. Shhhiiiuuu! Shhhiiiuuu! Em quantos lugares um homem pode estar ao mesmo tempo!

— Ha! Sua puta sulista de bunda gostosa, estou enfiado até o talo nesta buceta apertadinha e molhada! Sua puta, vou te matar!

— Nesa! Nesa! Acorde! Não podemos ficar aqui assim, e se Bart aparecesse? Nesa, sou eu, Mingus, vamos, vista-se.

— Cholly Mingus, odeio você porque você me odeia, tentou me matar de tanto foder! Me leve, leve tudo o que eu tiver, só não me foda desse jeito! Eu queria amor e você nem chegou a gozar. Eu vi você pouco antes de desmaiar. Seu rosto parecia o de Satã. Sei que joguei um velho truque sulista pra cima de você, mas tentei mudar quando me dei conta de que nem sabia ao certo por que o xingara. Não se preocupe, você me curou pelo resto da vida. Todos os homens são iguais e Cholly provaria isso com todo o seu orgulho.

— Então você é humana? Eu não sabia. Não foi tão boazinha quando me forçou a vir aqui falando de negros. Como alguém pode mudar tão depressa?

— Talvez alguns minutos da minha vida anterior, lembro de ter perguntado o que "negro" significava, aquelas pessoas, trabalhadores, aquela escória branca pobre que costumava freqüentar nosso primeiro bar, eles diziam "esse preto velho", "aquele preto velho". Mas sempre aprendi rápido, e aprendi em questão de minutos que não é o branco que tem o complexo de superioridade, mas o negro. Cholly, se você pudesse me foder do jeito como me fodeu, mas com amor, eu iria atrás de você aonde quer que fosse. Bart sabe que uma mulher não pode viver sem isso. Eu disse a ele que tinha uma queda por você. Ele não reagiu bem, mas a cabeça dele está perturbada com todos esses pequenos bandidos tentando derrubar o grandalhão, que ele acaba não tendo tempo nem energia.

— Com toda a certeza eu não entendo *isso*.

— E nunca vai entender. Mas Bart fará qualquer coisa que nos mantenha juntos, é um homem solitário, precisa apenas de compreensão e companhia, e estou com ele desde que tinha dezoito anos... Ah, Cholly, eu senti naquelas vezes que conversamos na cozinha que você tinha atração por mim, mas era tão educado que eu não conseguia arrancar nada de você. Por isso, esta noite tomei umas doses de *bourbon* e decidi provocá-lo. Vi Lucius dizendo a você o que eu tinha mandado, mas você chegou tão à vontade que me deixou zangada... Venha, deixa eu ajeitar isso aqui. A gente sempre pode saber se um homem tem ou não uma mulher cuidando dele pelo jeito de usar a gravata. Ora, por que está se esfregando em mim tão gentilmente assim, de repente? Ah, Cholly, bem que eu gostaria de entender essa vidinha...

— O que lhe falei, Mingus? Sabia que você ia faturar aquela buceta caipira.

— Pare com isso, Lucius, de onde tirou essa idéia?

— Hah! Eu espiei vocês pela janela do escritório no intervalo e vi você deitado no sofá da cintura para baixo!

— Por favor, cara, não era eu, mas não conte a Harry ou a ninguém.

— Não vou contar a ninguém, e é melhor você não contar à sua mulher, como já fez antes.

— Se ela continuar voltando para a casa da mãe talvez eu não me importe mais. Acho que a gente nunca deveria ser honesto com uma mulher. Eu tive uma crise e contei a ela como limpei o batom depois e me lavei umas cem vezes. Eu *tinha* de contar a ela o que fiz, achei que a ajudaria a descobrir o que há de errado consigo mesma. Como pode uma mulher ser tão apertada se ela teve um bebê de mais de quatro quilos? Não faz sentido.

— Fique frio, Mingus. Aí vem a Nesa.

— Rapazes, vamos fechar por hoje, parece que todo mundo gastou o dinheiro no Natal. Cholly, quero que você e Lucius me ajudem a planejar alguma coisa para o réveillon do clube. Querem Hickey com vocês?

— Claro, beleza, Nesa. Ei, Hickey, venha cá, está a fim de tocar com a gente no Ano-Novo?

— Afinzão, Mingus.

— Gosto de vocês, rapazes, quero tê-los aqui, mas se aquele Harry Hopewell me der mais uma bolinada vocês todos vão ter de arranjar outro pianista. Digam isso a ele.

— Claro, Nesa... Bom, vou andando, estou pregado. Boa noite para todos.

— Até mais, Lucius.

— Estava pensando, Cholly, talvez você e Hickey pudessem vir comigo esta noite visitar alguns dos nossos clubes na Route 66, em direção do México, de repente podíamos até dar um pulo em Tijuana.

— Nesa, tenho de voltar para casa. Barbara não estava falando comigo quando eu saí, não posso saber se ela estava fazendo ou desfazendo as malas.

— A que horas você geralmente chega em casa?

— Três e meia, quatro horas.

— Esta noite vai chegar às onze e levar Hickey com você. Meu barman vai telefonar para você. Deixe que sua esposa atenda. Ele vai dar a ela um recado de que Bart espera que você o encontre num dos seus clubes à beira da estrada. Vou pegar minha amiga Georgia May e esperar por vocês na estrada. John vai dar o endereço à sua mulher.

— E quanto à minha mulher?

— John vai telefonar para ela também, Hickey. Vamos lá, rapazes, peguem suas coisas e vão para casa. Nos vemos mais tarde.

— Nesa planejou tudo direitinho, Mingus. Se ela ainda não te comeu, com toda a certeza está a fim de comer. É melhor ir pensando no que vai fazer com todo aquele dinheiro que ela tem. Provavelmente lhe daria um de seus clubes se você pedisse.

— Não estou interessado, Hickey. E se Barbara estiver em casa e falando comigo, é possível que eu não vá a lugar nenhum esta noite, você vai ter que cuidar de Nesa e de sua amiga sozinho.

— Vá com calma, Mingus. Esse velocímetro está marcando quase oitenta, cara!

— Ei, parece que alguém está se mudando, Mingus. Aqueles móveis não estão saindo da sua casa?

— É o pai de Barbara. Ele está levando o berço!... O que está acontecendo, papai?

— Ora, não sei, filho, essas mulheres não parecem chegar a um acordo. Primeiro ela vai ficar, depois vai embora. Exatamente como a mãe dela. Chegou a me deixar por um período de onze meses, certa vez. Vamos entrar, elas estão lá empacotando as coisas.

— Espere aqui fora, Hickey... Barbara, está indo embora de novo?

— Vamos, Charles, apenas algumas semanas de folga para vocês dois, depois Barbara vai voltar para você.

— Sabe, sra. Parks, vocês duas se consideram verdadeiros prêmios. Seu marido me disse que a senhora o deixou por quase um ano certa vez. E se ele não estivesse mais lá quando a senhora voltasse?

— Então eu voltaria para a casa da minha mãe de novo, assim como Barbara sempre pode fazer.

— Já que sua filha não está falando comigo, diga a ela por mim que se até mesmo Deus me rejeitasse por tanto tempo, eu iria à procura do Diabo ou de qualquer outra coisa para amar muito antes da data de retorno prevista.

— Charles, você é um homem perigoso! Você bateu em mim.

— Barbara, se eu tivesse realmente *batido*, você ainda estaria no chão. E quantas vezes você me feriu com sua língua implacável? Veja, eu ia mandar esta carta para você, se já tivesse ido embora.

— Ora, filho, isso...

— Fique fora disso, Lillian Parks. Deixe as crianças decidirem. Barbara, eu sou só o seu velho pai. Você realmente sabe o que quer fazer?

— Preciso me afastar por algum tempo, pai.

— Barbara, estou lhe dizendo na frente de todo mundo, eu amo você. Mas a carta não diz exatamente isso, só diz como você me faz sentir quando vai embora. Pegue aqui e leia. Vou esperar lá fora com Hickey.

— Filho, quer entrar por um minuto, sim?... Acabou de receber um telefonema do barman de Bart Morgan. O sr. Morgan quer que você o encontre no Pine Club na Route 66 o mais rápido possivel. Aqui está o endereço.

— Charles, li sua carta. É exatamente o que eu esperava, desculpas. Não quero mais ver você, vou entrar na justiça com um pedido de pensão e vou conseguir uma ordem do tribunal para manter você afastado da casa da mamãe, exceto um dia por semana, para ver os meninos.

— Obrigado por ler minha carta do modo errado. Esperava que sentisse alguma coisa. Acho que nunca vamos entender um ao outro... Bom, acho que é o fim. Adeus, minha gente, preciso me encontrar com o sr. Morgan. Vai deixar as chaves, Barbara?

— Vou ficar com as chaves.

— Então vou trocar a fechadura. Papai, cuide bem dos meus filhos. Vou mandar todo dinheiro que puder. E ensine eles a se defender. Charles Terceiro já tem um bom jab de esquerda e um belo cruzado de direita.

— Eugene vai ser um atleta também, filho. Devia vê-lo com uma bola de futebol hoje.

— Adeus, papai.

— Até logo, filho.

— Tem uma placa, Mingus, Lovie Pine Lodge. É isso mesmo?

— É, lá estão Nesa e sua amiga, na frente. Parece que vamos direto para o México.

— Oi, rapazes! Estacionem o carro, vamos usar o meu, que é maior. Esta é Georgie May, de quem falei. Gosta de garotas do Sul, Hickey?

— Claro que gosto, mas espero que não se importem se quisermos pegar umas chiquitas, hah, hah!

— Que acha disso, Georgie May?

— Deixe que eles se divirtam. Se não sobrar nada para mim, vou pegar um deles, como é que vocês chamam, daqueles homens chihuahua.

— Esse seu dialeto sulista é demais, Georgie May. Me deixa até nervoso, não deixa você, Mingus?

— Deixa. Pára com isso, Georgie.

— Vocês sabem muito bem onde podem me beijar se me deixarem zangada. Não vou mudar, eu gosto de mim mesma.

— Estou cansado, Hickey. Me deixa recostar no banco traseiro ao lado de Nesa algum tempo enquanto você dirige.

— Tudo bem, estou morrendo de curiosidade para ver o que essa garota vai fazer.

— Fique frio, não vá além dos sessenta. Depois que passar pela alfândega, siga direto pela estrada principal e encoste na Hacienda, é o melhor de todos. Cinco dólares a diária, e você não seria mais bem servido no Ritz Carlton, na cidade de Nova York.

— Ei, que tremenda suíte! E olhem ali fora, vejam só aquela incrível piscina azul!

— Ainda não viu nada. Espere só até a gente entrar, vinte putas mexicanas vão aparecer todas nuas e pular em cima de você, de mim, de Nesa e de Georgie May também. Com certeza!

— Está brincando?

— Não, e vou comer todas elas esta noite.

— É mesmo, Mingus? Aposto vinte que não dá no couro.

— Vamos apostar cinqüenta então, Hickey, e vou lhe mostrar como pode comer dez ou quinze você mesmo.

— Não, só consigo traçar cinco, seis, sete no máximo, depois de descansar um pouco.

— Nenhum descanso permitido. Mande pedir tequila, limão e sal.

— E que tal um pouco da boa erva mexicana?

— Isso é pra bonecas, fica fácil demais. Vinte e cinco ou trinta com maconha.

— Ei, cara, está pirado!

— Nesa, eu e Hickey vamos até a piscina. Por que vocês duas não botam algo revelador e vamos começar uma festa de verdade quando as garotas aparecerem. Estou indo, Hickey.

— Vá em frente, vou esperar e ver o que acontece. Não vejo ninguém por aqui.

CATAPLUF! PLOF!

— Mim, *señor*!

PLUFT!

— Não! Mim, senhor!

PLAF!

— Gosta de fudê?

— Dezessete, dezoito, dezenove, vinte!

TCHIBUM!

— Dois dólares, senhor!

— Ei, Hickey, é você? Que foi que falei?

— Não acredito nisso. De onde vieram todas elas?

— Entrem. Vamos precisar de mais algumas.

— OK, você manda. Mingus.

TCHIBUM! PLOFT! PLAF!

— Mim francesa, *señor*!

— São vinte e quatro... vinte e cinco...

— Gosta de mim? Dez dólares por minha irmãzinha, senhor, ela tem treze anos, sem filhos, grandes chi-chis. Quinze dólares por minha prima. Ela tem dezessete anos. Dez dólares pela irmã da minha mãe. Tem vinte anos. Minha mãe vai custar cinco dólares, tem vinte e cinco anos.

— Vocês todas coloquem algumas roupas e venham à suíte dezessete, *diecisiete*, sacaram? Festa. *Mucho pesos*.

— *Sí, señor*. Vamos fudê todo mundo. Festa. *Sí*. O senhor paga.

— *Sí*. Suíte dezessete. Vamos, Hickey, vamos voltar e guardar nossa grana antes que elas comecem a se amontoar aqui... Nesa, somos nós, abra!... Temos umas vinte chegando. Vamos guardar e trancar tudo que está espalhado no outro quarto.

— Já fizemos isso, *baby*.

BLAM! BLAM!

— Pronto, lá vamos nós!

— *Señor*, sou eu com minha irmã, minha prima, minha tia e minha mãe. Sabe, elas todas sabem fudê muito bem. São quarenta e cinco pesos.

— Está maluca, garota, quero um desconto se vou comer toda a sua família!

— Oh, *sí*. Dez dólares?

— Ei, chega pra lá, que é que está fazendo aqui? Não pedimos nenhum garoto?

— OK, oito dólares e um para mim. Eu sou o cafetão delas. Está vendo? Elas são envergonhadas.

— Está bem, tome aqui e se mande. Nada de garotos por aqui... Vamos lá, mama. Você e eu. Me dê um pouco daquela tequila.

— *Señorita*, quer fudê com ela?

— Como assim?

— Do jeito que quiser. Assim? Está vendo? Ou quer que eu chupe a senhorita?

— Vamos lá, Nesa, deixa ela chupar.

— Ainda não, Georgie, ainda não estou no clima.

BLAM! BLAM!

— Atenda a porta, Nesa. É isso aí, *mamacita,* mostre aí!

— Aqui tem camisinha. Sem camisinha, ninguém vai fudê. *Nene,* bebê, entende?

— Vamos trabalhar então, *mamacita.* De cabeça! Irmãzinha, venha cá até o velho Ming. Você... uuiii! Mama, assim, vamos nessa!

BLAM! BLAM!

— A porta de novo... Mais sete!

— Esse Ming não está brincando. Convidou o México inteiro para cá!

— Vaselina, senhor?

— Um pouco, assim as apertadinhas não vão sentir muita dor. Vamos lá, mama, trabalha com esses lábios. Isso, irmãzinha, vamos nessa, eu vou gozar!

— Aiiii! Está me rasgando! Vou fudê bem com você, mais dois dólares, por favor.

— Eu dou boa foda pra você de graça, por favor. Faça uma coisa gostosa, eu trabalho para o senhor.

— Hah, hah, *chica*! Mas isso não é sério, só quero dar umas bimbadas de vez em quando.

— De vez em quando, Mingus?

— Ei, velho Hickey! Nessa sociedade de brancos o que mais posso fazer, se Deus não gosta de mim. Eu, pra mim, comigo mesmo. E eu saí do meio de duas coxas e não de mentiras... Quantas já foram até agora?

— Dezessete. Você está muito pirado, cara!

— Não, cara. Me passe a tequila e o limão. Qual é o *seu* nome, *baby*?

— Chita. Já ouvi falar de você! *Mucho toro*. Não vai mais fudê depois de Chita. Eu vou acabar com você, está certo?

— Hah! Nesa, pague o dobro pra ela. *Yeah!* Adoro a sua confiança! Passa aí a garrafa. Uuuiiii!

— Qual é o problema, Hickey? Por que me olha assim?

— Cara, tem alguma coisa errada com você. O que fez em duas horas e meia não é possível.

— Hah, hah! Vou fazer isso quando tiver sessenta, noventa, cem anos, quando estiver morto! E, se Nesa e elas não se apressarem e voltarem logo, vou começar a tocar punheta só de lembrar de tudo aquilo. Nunca vi tantas bundas e tetas tão bonitas de formas diferentes... Ei, Nesa! Venha cá, *baby*. Sim, isso é o que eu estava esperando!

— Cholly, você está bem? Não está desmaiando?

— Eu não, *baby*, estava à sua espera. Ainda tem mais munição aqui.

— *Daddy*, você e Hickey façam com Georgie May aquela coisa de que me falou.

— Por que está interessada?

— Só quero ver. De repente posso querer tentar eu mesma.

— Georgie May, levante seu bumbum pra cá. Nesa quer ver. Vamos lá, Hickey.

— Cara, está maluco? Me deixe descansar.

— Então é com você, Nesa! Georgie, chupe ela, levante o seu vestido e chupe de joelhos. Vai fundo nela! Vamos lá, *baby*, não resista, você quer tanto ver isso. Vou segurar ela, Georgie. Pronto, peguei. Só beije suas coxas, ela vai se abrir.

— Oh! Cholly! Georgie! Não vão me matar agora!

— Agora vire para cá, Georgie, é o que Nesa queria ver. Xiiuu! Você pegou ela e eu te peguei!

20

— E telefonista, de pessoa para pessoa, Morgan, Nesa Morgan, N-E-S-A, na Baja Avenue, o quarteirão oitocentos, eu acho. Talvez esteja no nome do marido dela, Bart. Sim, encontrou? Obrigado... Nesa? É, sou eu, estou em Frisco. Eu sei, sinto muito, *baby*, devia ter avisado você, eu simplesmente precisava sair, eu simplesmente tinha de me mandar. Não estou deixando você na mão, *baby*, estou mandando Shifty Henry no meu lugar. Ele vai formar um bom grupo. Seus fregueses não ouvem, de qualquer maneira, só ficam olhando, somos palhaços para eles... Espere aí, telefonista, que três minutos mais rápidos! Sim, Nesa. Ouviu, telefonista? Este telefonema é a cobrar. Devolva as minhas moedas.

CLANK. CLANK. CLANK.

— Obrigado. O quê, Nesa? Claro que sinto falta de você, sabe que sinto falta de você. Não, não sei o que vou fazer. Simplesmente andar por aí, eu acho, e ver o que está acontecendo, tentar dar umas canjas e de repente conseguir talvez um convite pára um show. Não, tudo bem comigo, querida, tenho dois primos aqui, se as coisas ficarem difíceis, Darcy Jones e Billy Bones. O quê? Bom, Billy não é meu primo de *sangue*, mas somos muitos chegados, é uma velha ligação familiar. O que quer dizer com essa tal de loteria? Nunca ouvi falar. Não brinque, *milhões*? Ora, vamos, Nesa, você tem uma imaginação e tanto! Claro, vou ficar de olho, eu prometo. Nada de garotas, vou guardar para você. Sim, estou no Hotel Franklin, na Post Street. Eu te amo, Nesa, está me ouvindo? Mais tarde.

E então meu homem estava em São Francisco de novo, em busca sabia lá do quê. Ele também podia imaginar os comentários da sogra quando não conseguia mandar dinheiro para casa, embora estivesse vivendo de espinafre enlatado e maionese. Queria resolver sua vida sozinho, sem ajuda de mulheres ou de ninguém e não queria ter de voltar a trabalhar para Nesa. Ainda que Bart fechasse os olhos, trabalhar nos clubes dela e cuidar de suas tarefas domésticas simplesmente não o atraía.

Bom, Popeye comia espinafre e a maionese era feita principalmente de ovos. Com hábitos alimentares econômicos assim, ele poderia sobreviver, esticar qualquer dinheiro que ganhasse e pagar até por um quarto. Deixou o hotel e mudou-se para a pensão da sra. Raleigh, onde Oscar Pettiford estava de molho com um braço que havia quebrado jogando beisebol, a pior coisa que poderia acontecer a um tocador de contrabaixo.

Tentou conseguir emprego dirigindo um táxi, mas faltavam muitos meses para completar vinte e cinco anos, a idade mínima. Trabalhar como carteiro substituto ajudou por um tempo, e à noite ele percorria todos os clubes onde rolasse música e dava canja quando o convidavam.

Teve a sorte de conhecer um grande pianista chamado Harry Zone que lhe pediu para juntar-se à sua banda só de brancos e o inscreveu no sindicato. Ele não sabia que existiam duas seções sindicais diferentes, a Local Doze para brancos e o sindicato segregado para negros e chineses. Harry Zone foi com ele à sede da Local Doze e acharam que o meu garoto era mexicano, portanto "branco", e o aceitaram. Um membro da sua própria raça o entregou. Um delegado do sindicato negro foi fiscalizar a orquestra e disse que Charles não devia estar ali. Perdeu sua oportunidade, a primeira boa chance que tivera em Frisco. Mas a atitude de Harry Zone aumentou um pouco a fé que tinha na humanidade de alguns peles-brancas, do mesmo modo que o racismo às avessas do delegado negro o encheu de desprezo.

Zone era judeu e disse a Mingus que sabia que existia um sindicato negro, mas não falou nada porque queria romper a barreira da cor. Esperava que Ralph Burns, um funcionário do sindicato que se considerava liberal, ficasse do lado dos grupos mistos, porque era judeu também. Harry disse que Burns deveria conhecer a sensação de chegar numa cidade e fazer contato com um chefe de orquestra que queria você e lhe conseguia um bom lugar e depois ser derrubado pelas próprias pessoas que também foram derrubadas porque não acham que Cristo tenha conseguido ser convincente no papel de Deus!

Como estava com tudo pago no sindicato, meu garoto teve permissão de trabalhar no Silver Rail com Harry até que suas retiradas salariais foram devolvidas, e então teve de botar o baixo no estojo e retirar sua bunda negra do sacrossanto tablado branco. Cancelaram sua inscrição na Local Doze e lhe deram uma carteira de ex-escravo que só valia para os poucos clubes nas zonas negras da cidade e para as bandas só de negros que às vezes eram formadas para tocar em bailes, embora os funcionários do sindicato gostassem de reservar esses trabalhos para si mesmos. Claro, meu garoto podia dar canja onde quisesse. Não havia lei alguma contra tocar de graça, o problema é que os trabalhos em clubes de primeira classe, o único tipo de trabalho que dava bom dinheiro, eram reservados para uma raça especial de pessoas que se chamavam brancos.

Em pouco tempo, até a pensão da sra. Raleigh ficou além dos seus recursos. Seu amigo artista, Farwell Taylor, ofereceu seu estúdio e, quando meu garoto hesitou em aceitar essa caridade, ele abriu o piano e disse:

— Charles, mude-se para cá, sente-se, componha e um dia me pague.

Então meu garoto trabalhou, estudou e meditou, e embora este parecesse ser o ponto mais baixo da sua vida, foi um tempo de evolução. Farwell e ele trabalharam os carmas um do outro e estabeleceram um entendimento místico entre os dois que duraria ao longo dos anos.

Finalmente, sentiu que precisava voltar a Los Angeles para ver seus filhos e tentar a vida lá de novo. E assim voltou ao apartamento de Vermont Street onde ele e Barbara tinham morado.

Não via Britt Woodman há muito tempo. Britt estava na estrada com Lionel Hampton. Uma tarde ele telefonou e disse que Hampton estava fazendo um filme e perguntou se Charles não queria participar da grande parada publicitária ao longo do Hollywood Boulevard com as bandas de Goodman e Hampton. Era o último dia de filmagem, e, no estúdio em Culver City, enquanto o resto da banda guardava os instrumentos, Joe Comfort perguntou a Mingus se não queria tocar com Cholly Harris, o outro contrabaixista. Hamp gostou do som, puxou o seu vibrafone e começou a tocar com Harris e o meu garoto. Charles percebeu que Joe o havia colocado numa espécie de teste, já que ele estava indo embora e deixando uma vaga. Assim que terminaram, Hamp disse:

— Escute aqui, cara, quer tocar na minha banda?

Joe Comfort o havia colocado bem dentro da jogada certa.

Mingus foi para casa e escreveu a partitura de "Mingus fingers" para grande orquestra e doze outros temas. Hamp passou a usar "Fingers" em cada apresentação, e, para surpresa do meu garoto, em sua primeira sessão de gravação com a banda para a Decca, Hamp programou o tema. Foi sua primeira composição original e seu arranjo gravados por uma orquestra importante.

21

Havia um homem chamado Fats Navarro, nascido em Key West, na Flórida, em 1923. Era trompetista de jazz, um dos melhores do mundo. Ele e meu garoto se encontraram pela primeira vez numa noite fria de inverno, em 1947, na Grand Central Station em Nova York. A banda de Lionel Hampton acabara de descer do trem vindo de Chicago, e Benny Bailey deu um alegre adeus e se mandou: estava partindo para Paris, França. Os caras todos ficaram parados, de sobretudo, ao redor do relógio, esperando o novo sujeito que ia entrar na banda. Um cara grande e gordo aproximou-se carregando um estojo de trompete e perguntou com a voz mais estranha, aguda e esganiçada:

— Este é o pessoal do Hampton?

E Britt Woodman apresentou Fats Navarro.

Charles sentiu-se constrangido quando a banda saiu caminhando. Havia estranhos, mulheres e crianças, nas proximidades, e os caras estavam rindo alto demais e fazendo piadas, palavrões como chupador e filho-da-mãe ecoavam pela estação. Pegaram o ramal para Times Square e outro vagão do metrô para Pennsylvania Station, e embarcaram no trem para Washington, D.C. Era a primeira viagem do meu garoto à "Maçã", mas tudo o que ele viu dela foi debaixo da terra.

No dia seguinte ensaiaram no Palace Theatre, em Washington. Hampton tinha uma banda com nove metais. Os trompetes eram Wendell Cully, Duke Garrett, Walter Williams e o especialista em agudos que chamavam de "O Assobiador". Navarro ficou sentado ali placidamente com o trompete no colo esperando por seus solos enquanto o resto da banda tocava os arranjos. Quando Hamp apontou para ele, Fats ficou de pé e tocou! Tocou! Tocou! Um dos outros trompetistas ficou ressentido com a nova estrela na banda e começou a resmungar:

— Porra, esse cara não sabe nem ler!

Fats riu, pegou a partitura do músico, deu uma olhada nela e falou:

— Porra, não tem nada para ler aqui!

E leu à primeira vista a partitura impecavelmente durante toda a última parte do show.

Fats tocou com destaque toda aquela semana em Washington e depois eles pegaram a estrada. O trompetista, cuja parte Fats lera com facilidade tão desdenhosa, não podia engolir o que tinha acontecido. Era um homem que carregava uma arma e estava convencido de que fora insultado. Não parava de falar que ia matar Fats um dia daqueles.

Viajavam de ônibus. Os instrumentos pequenos iam nos porta-bagagens acima dos bancos, os contrabaixos acolchoados nos bancos traseiros. Os assentos eram distribuídos por ordem de antigüidade do músico na banda, e aquele ao lado do meu garoto estava vazio e foi dado a Fats Navarro. Mingus e ele não haviam conversado muito até agora. Na primeira noite, toda a banda estava cansada e preferiu descansar enquanto o ônibus se dirigia para o Oeste. Mais tarde, Mingus acordou sentindo-se inquieto. Passava da meia-noite e tudo estava quieto, os homens dormiam, mas o assento ao lado de Mingus estava vazio. Ele ouviu uma voz no escuro, alguém implorando:

— Não... nããāoooo... nããāoooo...

E então uma voz familiar e aguda guinchou:

— Nunca *mais* diga que vai cortar ou atirar em alguém a não ser que vá fazer isso, está me ouvindo? Agora, se não ficar quieto, vou te cortar bem fundo, por isso é bom ficar quietinho enquanto eu faço você sangrar um pouco, porque quando Theodore Navarro diz que vai cortar você é exatamente o que ele vai fazer.

Meu garoto sentiu os outros despertarem e ouvirem, mas ninguém fez som algum.

Então, Fats voltou silenciosamente para seu banco. Depois de um pequeno silêncio, ele disse:

— Não era uma maneira de tratar um novo integrante da orquestra, isso não passou de ciúme antiquado e invejoso. Eu, Miles, Dizzy e o pequeno Benny Harris tocamos juntos e nunca tivemos nada dessa ciumeira da antiga. Por que um integrante antigo da orquestra deveria ser descortês a ponto de tratar tão pouco civilizadamente um novo membro?

Nada foi dito depois sobre o cara que foi cortado, e nenhuma ameaça mais se ouviu de que ele daria um tiro em Fats.

A orquestra tocou trinta ou quarenta noites seguidas, cada noite num lugar diferente, geralmente chegando numa cidade somente a tempo de ocupar seus quartos de hotel nojentos e se lavar. Fats e meu garoto gostavam de conversar um com o outro e começaram a dividir o quarto de hotel. Assim saía mais barato.

E o ônibus foi rodando pelo país, às vezes de dia, às vezes de noite. E nos decrépitos quartos de hotel com camas de latão antiquadas, que afundavam ao peso enorme de Fats como se fossem redes, eles começaram um diálogo que continuou entre intervalos até a hora em que teve de terminar.

— Você gosta de todo tipo de música, Mingus? Eu nasci em Key West, Flórida. Minha família é cubana. Toca música cubana?

— Não estou por dentro. Conheço algumas canções mexicanas.

— Fique na minha e vou levar você a alguns desses lugares. Pode dar uma canja, tocar um pouco. Toca outra coisa além do baixo?

— Tento ao máximo não tocar, mas eu brinco no piano às vezes, quando estou compondo muito, gosto de ouvir o som do piano.

— Com quem trabalhou antes, Mingus?

— Illinois Jacquet... Alvino Rey...

— É mesmo? Toquei com Jacquet também. Tocou com Diz ou Bird quando estiveram na Califórnia? Sabe, eu já conhecia você antes de você me conhecer. Pergunte ao Jacquet ou a qualquer outro. Você não é tão desconhecido assim. Miles tocou uma vez com você. Me falava muito da banda que vocês tinham.

— Falava? Ele mal disse uma palavra a não ser com o trompete. Até que ponto você pode ficar na sua com um cara que não dá nem um bom-dia? É o sistema, Fats, é o sistema que mantém os negros desunidos.

— Sei o que você quer dizer. Estamos tão ocupados em ganhar uns trocados com o nosso instrumento que não temos tempo para solidificar uma raça. Temos de ir à cidade atrás do cara, não temos tempo nem de apertar a mão. Então tocamos jazz como uma saída.

— E onde está a saída, Fats?

— Bem na cara deles. Sabem que nós sabemos das coisas. Ora, somos propriedade deles, Mingus. Se não conseguem nos comprar, eles nos expulsam da cena. O jazz é um negócio importante para o branco, e você não pode se mexer sem ele. Somos apenas formiguinhas operárias. Ele é dono das revistas, das agências, das companhias de discos e de todas as casas que vendem jazz ao público. Se você não se vender e tentar resistir eles não o contratam e criam uma imagem negativa de você com toda aquela propaganda falsa.

— Vender, Fats? Para quem? Veja Ellington, Armstrong, Basie, veja só o Hamp. Todos os grandes líderes de orquestra. Não vai querer me dizer que agentes e empresários são donos de caras como eles!

— Mingus, você é um bom sujeito da Califórnia, não quero desiludi-lo. Mas já passei por toda essa merda e tive de aprender a fazer algumas outras coisas para sobreviver. Aprendi a não tentar vencer apenas com a minha música nessas ruas sujas cheias de gangues e bandidos porque ainda gosto mais de tocar música que de dinheiro. O jazz não foi feito para dar milhões a ninguém, mas é aí que mora o problema. Aqueles que escolheram praticá-lo da maneira mais pura estão na rua da amargura comigo e com Bird, e estamos na chuva para nos encharcar. Eu me dava muito melhor quando ninguém conhecia o meu nome, só os músicos. Pode apostar que deixa de ser jazz quando o submundo entra na jogada e o administra exclusivamente para fazer grana e até tira da jogada os agentes de cor. Calam a tua boca, enganam você na contabilidade das vendas de discos e, se você não chiar, dizem ao mundo que é um verdadeiro gênio. Mas se não se dobrar a eles, vão espalhar que você é um encrenqueiro, como fizeram comigo. E então, se um dono de clube honesto quiser contratá-lo para fazer umas apresentações, vão dizer que você não está disponível, ou que não atrai platéia, ou que vai arrasar com o clube como se fosse um gorila. E você não vai ficar sabendo de nada disso, a não ser por acaso. Mas se você se comportar, rapaz, vai ser contratado, só que por bem menos que os caras brancos, que copiam o seu jeito de tocar e, muito provavelmente, o agente ou o dono do clube vão embolsar a diferença.

— Mas Fats, conheço um monte de caras com empresários que recebem um comissão aceitável, quinze, vinte, talvez trinta por cento.

— Quem lhe contou isso? Mingus, o *Rei Crioulo* não possui nem mesmo cinqüenta por cento de si mesmo! Seu agente leva cinqüenta e um, quarenta e nove vão para uma empresa criada em seu nome, mas que ele não controla, e ele só tira quinhentos por semana e não fala *nada*. Mas ele é famoso, Mingus, ouviu, ele é famoso!

— Ninguém apontou nenhuma arma sobre o Rei Crioulo para ele assinar um contrato desses.

— Tem certeza disso? Certa vez ele começou a falar grosso e foi chutado para fora dos clubes do sindicato. Teve de desfazer a sua orquestra lá na Califórnia. Tentou financiar a banda sem a ajuda de ninguém, a não ser a patroa, para vencer o sistema. Mingus, é a maior arma do mundo a se apontar nas costelas de um homem: *a fome.* Então ele se vendeu de novo. Agora tem um clube com o seu nome, mas não é dele. Sim, é um truque difícil de bater, Mingus. Ha, ha! Estou pensando quando Peggy Lee aparecer em qualquer clube do East Side. Seu maior aplauso acontecerá quando ela disser: "Agora vou cantar a grande Billie Holiday". E Billie está no olho da rua com todos dizendo que ela é uma drogada. Criaram tanto problema para Billie, nunca a pagavam direito, apenas molhavam sua mão com um dinheirinho toda noite depois do trabalho, o suficiente para ela voltar na noite seguinte. Isso é o que fazem com a gente, Mingus. Derrubam você e não permitem que se levante.

— Se você está certo, por que alguns dos grandes homens de negócios negros não entram na jogada?

— Porque não acham que seja uma mina de diamantes e estão muito ocupados com a sua própria plantação, e talvez apavorados. Não é seguro você invadir o cofre do Branco quando começar a gritar aos negros que acordem e ocupem o espaço que lhes pertence, Mingus. Quando chegar o dia em que o negro disser eu quero a minha parte, então esconda a sua família e arranje algumas armas. Porque não há melhor negócio para o branco que explorar o racismo.

— Acho que você está certo nisso, Fats. Eu vejo que você e eu estamos nos hospedando em hotéis como este pelo dobro do que o branco paga.

— Pois bem, se as coisas não mudarem, Cholly, faça o que eu lhe disse, arranje algumas armas, uns canhões e esteja disposto a morrer como *eles* estiveram. Foi tudo o que ouvi quando criança, como eles eram maus e não tinham medo de morrer: às armas, às armas, e toda aquela merda, quero a liberdade ou a morte! Mostre-me onde está o botão do poder atômico e vou dar a esses chupadores a liberdade que eles merecem!

— Você disse que dinheiro não interessava aos músicos, Fats. E se todos nós desistíssemos de fama e fortuna e tocássemos porque amamos tocar, como os músicos de jazz que vieram antes de nós, em sessões privadas para pessoas que ouvem e respeitam os músicos? Então as pessoas saberiam que os músicos de jazz tocam por amor.

— Pensei que você tivesse filhos, Mingus. Eles não precisam de cuidados lá na Califórnia?

— Vou escrever um livro e quando eu o vender não vou tocar mais por dinheiro. Vou compor de vez em quando e alugar um salão de baile, dar uma festa, pagar a alguns músicos para tocarem umas coisinhas e improvisar a noite inteira. Isso era o jazz na sua origem, longe da rotina de contratos, compromissos e negócios.

— Mas, Mingus, e quando aqueles papas-migalhas seus sentirem o estômago roncando e não houver nada em suas mandíbulas a não ser as gengivas, os dentes e a língua, o que você vai fazer? Tocar por dinheiro ou ser um cafetão?

— Tentei ser cafetão, Fats. Não gostei.

— Então você vai tocar por dinheiro.

A turnê continuou, e Fats começou a se queixar de que não se sentia bem, tinha dores por todo o corpo e queria cair fora. Meu garoto achou que era apenas desculpa, porque estavam todos cansados da tensão de tocar uma noite em cada cidade diferente. Um dia, no ônibus, Fats começou a cuspir sangue. Quando chegaram a Chicago ele deixou a banda e partiu para Nova York. Mas meu garoto e ele ainda se encontrariam e conversariam de novo muitas vezes até o dia de julho de 1950 em que Fats Navarro morreu na cidade de Nova York de tuberculose e dependência de narcóticos. Tinha vinte e seis anos.

23

Nunca me dei conta de que havia tantos lugares para ir e, no entanto, tão poucos onde parar e descansar. Sabem o que quero dizer. Aqui estão um homem e uma mulher com algo que os une, talvez não amor, mas uma coisa profunda que faz cada um tentar se agarrar à sua compreensão do outro, de modo a construir uma amizade perfeita.

Uma viagem. Uma parada para o café. E um casal de branca e negro se defronta com uma barreira de ódio que os maiores amantes do mundo não poderiam superar. Não eram só os olhares fixos numa parada de sinal no trânsito, ou a careta de um chofer de caminhão, ou Mingus e Donna sentados e ignorados num *drive-in* de La Cienega até que uma garçonete de botas brancas e uniforme vermelho jogasse uma bandeja sobre o carro e se recusasse a servir um negro com uma vagabunda branca. Não era só o sorriso de surpresa e o alívio da racista de botas quando Donna mente, explicando que não é branca e então recebe a resposta insultuosa: "Lamento, senhor, e então, não vão fazer os seus pedidos?" Ou o fato de Mingus dizer: "Sim, querida, beije minha bela bunda negra!", quando poderia ter-se controlado, ou que ele não derrubou o sujeito que veio correndo proteger a esnobe que Donna agora surrava com o salto do seu sapato. Nem com o fato de que partiram no carro, *fugiram*, na verdade, com Donna em lágrimas e Mingus irado esperando que os *comunistas* viessem para endireitar todo esse tipo de merda! Ou quando Donna dissera: "Não devia ter falado palavrões para ela", ao que Mingus respondeu "Vá pro inferno, você também, sua puta branca estúpida!", e aquela foi a primeira briga.

Foi cada uma dessas coisas e ainda outras mil.

Surdo de raiva, ele não conseguia ouvi-la gritando:

— Não, Charles, não com nós dois! Não deixe que nos joguem um contra o outro, eu não agüentaria isso!

Não conseguia ouvir uma palavra, até que ela disse:

— Querido, vou tirar a gente desta cidade, deste país, e não vou esperar por divórcio algum! Precisamos de dinheiro agora, uma porção de dinheiro, para vivermos num outro lugar onde você possa se impor como o homem que é. A Europa não é assim, não pode ser, vamos para lá.

Ele começou a entender o que ela tentava dizer, mas não a ajudou, embora ela estivesse implorando:

— Não posso ganhar dinheiro suficiente como modelo, nem posso vender este carro, ainda pertence a Brent. Precisamos de dinheiro para advogados que me dêem a guarda de Malcolm e um acordo de bens, e assim poderemos ir embora e viver em paz do jeito que queremos, não consegue *ver* isso?

Mesmo assim ele não respondeu, e ela continuou:

— *Baby*, eu faria qualquer coisa para conseguirmos dinheiro suficiente para ficarmos juntos. Sabe do que estou falando. Vou vender o meu corpo. Sandy e Bobo ou alguém como eles pode nos ajudar a fazer contato.

Finalmente ele disse:

— Donna, não. Você seria apanhada. E perderia seu amor-próprio. E o seu filho? É, e quanto a Malcolm?

— Seremos cuidadosos. Não podemos ser gananciosos. Não ficaremos nisso para sempre, só o tempo para levantar um dinheiro rápido e partir então para o lugar que você desejar.

A princípio ele ficou atônito. Nada disso havia passado pela cabeça do meu garoto. Mas estava sem emprego desde que o Black Rooster fechara, e era um atraso de vida ter uma garota como Donna e nenhuma grana. Disse a si mesmo: "Não é possível que nos amemos de verdade. Se nos amássemos, casaríamos e daríamos um jeito de sobreviver, nada importaria. Claro, ela é bonita, bonita demais para as espeluncas de Bobo. Não gostaria de magoá-la. Adoro tudo nela e sinto muita falta dela quando não estamos juntos. Mas..."

Billie Holiday. Charles lembrou, quando compôs uma canção para ela. "Eclipse", e como foi que aconteceu? Sim, ela lhe deu o número de telefone de uma madame. Mama qualquer-coisa? Uma cafetina de Laurel Canyon. Billie dissera a ele: "Quando você conseguir uma garota daquelas, realmente de classe, Mama vai ajeitar as coisas para você. Mas fique de olho nela, gosta daquelas garotas tanto ou até mais que você."

"Sim!", pensou, subitamente excitado, "Donna é coisa de primeiro time, seria uma garota de programa de um milhão de dólares!"

Agora lembrou o nome completo de Mama Clara, parou o carro e foi telefonar para a famosa cafetina, que disse imediatamente:

— Traga ela aqui e me deixa dar uma olhada. Se é o que você diz, ela vai voltar pra casa com mil dólares antes de terminar a noite.

Foi um mergulho súbito na cafetinagem para o meu homem. As coisas estavam acontecendo rápido demais, e isso não era nenhuma brincadeira, era para valer. Houve uma sensação triste, um aperto lamentoso dentro dele, bem fundo, mas não tinha lágrimas a derramar. Sentia que era agora um demônio maduro à espera de ser arremessado nas chamas do inferno.

Voltou a Donna e lhe contou, mas mentiu para ela, disse que Mama só queria dar uma olhada, mas talvez não tivesse clientes disponíveis. Talvez ela pudesse trabalhar como recepcionista, servindo drinques como uma criada francesa, e tudo o mais, e levantar só alguns trocados.

Então sentaram-se na casa de Mama Clara. Donna disse duas palavras e Mama sentiu que ela era tímida e não estava muito segura do que queria. Então Mama foi direto ao assunto, dizendo-lhe que era a garota mais bonita que já tinha visto e que havia um grande astro do cinema, branco e famoso, ao qual ela descrevera uma garota de sonho, só para embromar o sujeito, mas Donna se encaixava admiravelmente na sua descrição. Donna corou quando Mama disse:

— Qualquer homem daria mil dólares por algumas horas com uma garota nova e bonita. Vou ligar para ele agora e dizer que você está de passagem pela cidade e disponível para fazer com que ele se sinta bem.

As coisas foram todas arranjadas por Mama. Mingus e Donna foram levados de carro para uma mansão nas colinas. Deixando Donna a dois quarteirões da casa, o chofer de Mama disse:

— Ele geralmente leva umas duas horas. Vou saber a que horas devo apanhá-la pelas luzes no andar de cima. Aja como se nunca o tivesse visto antes, ele se sente seguro quando não é tratado como uma estrela. Você vai levar pelo menos mil. Metade vai para Mama.

Meu garoto se sentiu no fundo do poço, como nunca se sentira na vida, sentado à espera na limusine escura. Donna voltou com lágrimas súbitas e foi consolada da melhor maneira que ele pôde, pois seus próprios olhos também não estavam secos.

Ela decidiu ir até o seu apartamento pegar algumas roupas para levar à casa da Mama. Não havia nenhuma idéia de voltar atrás e nada a ser dito no caminho de casa, pois era tarde demais para falar a Donna que a amava e só soubera de verdade agora. Ela beijou os olhos e a boca de Charles e gritou:

— Eu amo você, Charles! Você! Você! Você! Venha comigo, quero estar com você a cada minuto, tanto quanto possível. Suba e me ajude a escolher algumas roupas.

E continuava repetindo "Mingus, não fique triste", e pedia beijos e falava do amor fortalecido de um pelo outro, jurando que nada fizera que não quisesse fazer. De qualquer modo, aquilo acabaria logo.

— Depois do Natal, estaremos num navio para Paris – ela disse. — Ah, Charles, eu amo você até mais.

Ele se recusou a receber os quinhentos dólares, mandando que ela botasse no banco. Era para o advogado e para o filho. Ela chorou de novo e insistiu que ele não a queria, agora que era uma prostituta, e que por isso não queria ficar com o dinheiro.

Eu sou o único, além do meu homem, a saber como ele se sentia: vulgar, sórdido, ainda apaixonado por uma mulher e, no entanto, odiando-a por ter cedido à sua cuidadosa persuasão. Tão envergonhado que não podia sequer encará-la enquanto dobrava o dinheiro no bolso da camisa do jeito que Timmy lhe ensinara. Era assim que um cafetão se sentia, botando sua primeira garota para trabalhar e descobrindo que a amava? Não podia ser. Cafetões são em geral pessoas muito calmas, relaxadas, mas animadas, cheias de sorrisos e piadas, alguns eram até intelectuais. Seguramente, jamais poderiam se sentir assim. Para ser cafetão, você teria de abrir mão de todos os sentimentos, de toda sensibilidade, de todo amor. Teria de morrer! Matar a si mesmo! Matar todo sentimento pelos outros a fim de viver consigo mesmo. Não pensar. Seguir em frente porque você já pegou o caminho. *Mingus* não podia ser isso... um cafetão.

O Bobo's Black Rooster reabriu e Mingus voltou ao trabalho. Pouco depois, falou a Donna sobre uma garota chamada Pam que vendia cigarros num clube de Hollywood onde a banda de C.P. Johnson estava tocando. Era mais bonita que Hedy Lammar, mas burra como o diabo. Um dos músicos, Rivelle, a apresentara ao meu garoto, e ela começou a vir ao Black Rooster de madrugada. Depois de uma semana, estava apaixonada por Mingus e convencida de que ele a amava.

Ele estava seguro de que podia botá-la na vida, e então Donna podia parar de se prostituir. Apostou com Donna que em três noites botaria a garota na vida, e Donna, brincando e mostrando-se muito lisonjeada e orgulhosa, disse que topava a aposta e ficaria longe do clube e do apartamento dele até que sua missão fosse cumprida.

Na primeira noite da aposta ele começou dizendo a Pam como gostaria de poder comprar todas as coisas maravilhosas que as outras mulheres têm.

— Você é a mulher mais bonita das redondezas, Pam – ele a elogiou —, e anda quase aos trapos.

Ela baixou a cabeça e sorriu. Não era tão burra quanto ele pensava, já ouvira essa conversa antes. Ele disse para si mesmo: "Tudo bem, puta, já ouviu essa conversa, mas a partir de agora é entre nós dois."

Abandonou o aspecto econômico e adotou a abordagem romântica. Passeou de carro com ela antes que ela fosse ao trabalho e ficou sentado no carro em frente do clube como se não pudesse suportar deixá-la. Abraçou-a, acariciou seus cabelos e provocou :

— Nós nos amamos e você sai para trabalhar e me deixa, e tenho de esperar a noite toda pela minha vez! – e beijou-a entre os dedos com a ponta da língua. Quase desmaiando, Pam disse:

— Ó, são quase *oito horas*! Me beije, Mingus, não *quero* ir! Mingus, você não me ama de verdade como eu amo você!

E ela se foi, olhando para trás, fazendo beicinho e sorrindo, e entrou no clube onde, por muito tempo, havia circulado a noite inteira vendendo cigarros, exibindo sua beleza, ignorando cantadas e esperando por um cara como Mingus.

Mais tarde, esperou numa mesa em um canto escuro no Bobo's Black Rooster até que Mingus veio sentar-se com ela no intervalo, sua mão gentilmente acariciando a base do pescoço dela. Ele mencionou casualmente a necessidade de dinheiro e ela falou, ansiosa:

— Não tenho muito dinheiro, mas você sabe que é seu. Tome, sei que não é o bastante.

E deixando cair com cuidado as poucas notas como se não existissem, falou como Bobo faria:

— Obrigado, madame, obrigado, madame.

Na segunda noite, Mingus fez o seu lance.

— Ah, eu queria lhe perguntar uma coisa, Pam. Quantos homens você teve, além de Rivelle? Porque sei que andou com ele. Não precisa me dizer. Ele é crioulo, por isso, para chegar a ele, sei que foram precisos mais quatro. Vamos ver. O primeiro você amou de verdade, ao estilo virgem. Não estava preparada para isso, mas ficou quando ele investiu firme. Então ele se mandou. E você tentou de novo, por amor, dessa vez era pra valer, você achava. Mas descobriu que ainda não sabia a diferença entre um homem e um par de calças. O terceiro é um cara mau e bem rodado, que conhece a vida e vai lhe mostrar o que os outros não mostraram porque, depois de terem conseguido o corpo, eles não sabiam o que fazer. Você começa a pensar que é má também, por isso quer um cara igual a você, nada de flores ou bombons, simplesmente "Venha cá, Pam, sua belezinha sexy, vamos trepar." Mas esse cara que sabe das coisas tem amigos de todo tipo e eles se drogam, o que significa que você acaba encontrando um cara numa das festas. Engraçado, você nunca tinha olhado duas vezes para um cara negro antes. Este é bonito e até mais sofisticado que o seu esperto Casanova. Você fica intrigada. Ele é gentil, humano, *cool* e lhe passa o número de telefone. Você não pode esperar para chegar em casa e ligar para ele. Ah! É este, sim! Já ouviu tantas histórias sobre negros... uma vez que agarrou um, nunca mais vai querer outra coisa. Já viu seus músculos quando estão esburacando as ruas. Foram feitos para uma mulher má como você. Ele atende o telefone e diz: "*Baby*, eu sabia que era você! Venha correndo pra cá!" Você não perde um segundo e vai à casa dele. A campainha da porta da frente ainda está vibrando quando você se abraça a ele, que a agarra como um animal. Você se sente feliz por ser tão má. Não há tempo para palavras enquanto ombros nus sentem o toque de lábios úmidos e febris. Se não encontrar o amor dessa vez, não haverá outra chance. Superstição, medo e carência botam você de joelhos para despejar veneração sobre um homem negro que a encontrou bem a tempo de salvá-la de uma crise por um motivo tão evidente como o nariz no seu rosto. Existem mulheres brancas em demasia para que o homem branco programe o seu tempo e as ame todas cuidadosamente. Sua história é a mesma de toda garota branca que conheci até hoje. Mas em pouco tempo o seu Casanova negro vem com histórias esquisitas se desculpando de levar uma vida ligada no vício, vendendo maconha. Ele é negro, tem o direito de vender drogas porque o homem branco tornou impossível ao negro ganhar a vida honestamente. Apesar disso, você se assusta quando topa acidentalmente com uma seringa, e ele explica que de vez em quando vende também um pouco de H e de C. Mas agora você nota um negro ainda mais bonito exatamente onde você trabalha, um dos músicos, Larry Rivelle. É excitante quando você olha para ele e ele responde ao seu olhar. Ele se aproxima, tão educadamente. "Um maço de Luckies, por favor." E com o troco e os fósforos você dá um pequeno aperto na mão dele. Ele pegou. Pegou o número do telefone e tudo mais. Liga para você, manda encontrá-lo no Rooster. Este é diferente, pede dinheiro a você e coisas de que ouviu falar, mas para ele você faz. E, no entanto, quando ele pediu que você vendesse o seu corpo para ele, você disse que estava acabado. E cá estamos. Sabe o que tudo isso significa para mim, Pam? Significa que você é uma vadia que teve pelo menos cinco homens além de mim, o que representa quinhentos dólares por homem que você deixou montarem em suas costas e *desperdiçou*. Pare com essa choradeira! Amor! Você quer dizer que isso *não* é amor. Não a vejo vindo para mim com sinos de casamento. Você gosta de ficar nas ruas pulando de um homem para outro. Que prova tenho de que não vai para a cama com o primeiro que aparecer assim que estiver longe de mim? Vá em frente, sua piranha, que eu não me importo mais. Continue na vagabundagem!

Bem, ele havia dito três noites, mas só foram necessárias duas. Pam baixou a cabeça e disse:

— Mingus, se é isso o que quer que eu faça para provar que amo você, vou fazer. Você é o meu cafetão.

Mas quem podia agüentar aquilo? A garota morreu bem na frente dele. Morreu? Ela foi assassinada.

Ele falou:

— Pam, eu só estava brincando. Nunca na vida faça isso para nenhum homem. Não deixe que derrubem você. Existem mais coisas na vida do que você imagina. Pelo menos esta noite elas existem.

Era como dar uma mamadeira a um bebê que chora, a liberdade a um escravo ou perdão a um condenado. Pam ergueu os olhos com seu sorriso bonito e estúpido e acreditou nele.

— Ah, Mingus, você não sabe o que acabou de me mostrar. Mostrou-me que Deus existe, você pode saber ou não saber disso. Vou me lembrar para sempre desta noite e de você. Acho que o amor é conhecer o desejo do outro antes que ele fale, e você conhecia. Quero amar e ser amada e com certeza espero que isso aconteça com você. Você fez tudo parecer tão fácil agora.

Então Mingus lhe disse que ela era a mulher mais bonita que já conhecera, mas que ficar com ele equivaleria a dizer "continue se prostituindo comigo até que o amor verdadeiro apareça."

— Não que eu *não* deseje você – ele disse. — Mas não sei o que quero, só sei que não quero magoar você e nem ninguém nunca mais, e esta noite não é cedo demais para começar. Saia. Afaste-se de mim o mais rápido que puder, antes que eu mude de idéia. Pare de me olhar e saia da minha vista antes que eu a agarre e beije até as profundezas do inferno, que é onde uma parte de mim está e a outra parte me conduz. Suma, Pam.

Pam cheia de lágrimas se aproxima de Mingus e o envolve com seus braços. Ele grita:

— Se manda! Sua burra! Fuja para o mais longe de mim que puder!

Ele a leva para a rua, chama um táxi, abre a porta e a enfia no carro.

— Não quero ver você perto da avenida Central nunca mais! Da próxima vez que a encontrar, esteja atrás de um carrinho de bebê, senão eu vou matar você, sua puta! Suma, vamos, suma daqui!

E bate a porta do táxi.

Mingus é confrontado pelos cafetões e pelas putas locais.

— O que aconteceu, Mingus? – pergunta Sweets Mallory. — Uma das garotas causou algum problema, ou coisa parecida?

— Não foi nada, cara – diz Mingus, e vai embora.

24

Meu homem tinha evitado trabalhar em qualquer clube dos Morgan há algum tempo, sabendo que a parada seria entre Nesa e ele, se fizesse isso. Não era possível achar que havia algo errado com esse arranjo, mas era uma coisa confusa e constrangedora. Nesa, porém, continuou sua amiga. Tentou fazer coisas para ele e às vezes lhe oferecia dinheiro ou presentes, mas ele não queria realmente aceitar nada, embora gostasse dela. Então, um dia, OK, OK, ela lhe deu um carro.

— Cholly, aceite. Eu não daria isso a você se não quisesse. Aceite, *daddy*, é apenas um pequeno Ford usado, metade está pago. Pode pagar as prestações quc faltam. Se não der, eu pago.

— Nesa, *baby*, por que todas as pessoas legais como você pertencem a alguém ou a algum esquema que não podem largar?

— Sabe como é. Mas veja como você me mudou, Cholly. Eu nem pareço mais a sulista que eu era, porque não quero ofendê-lo. Vamos lá, pegue o seu carro novo e vá ao seu ensaio, eu vou atrás.

— Não quero que a vejam comigo na avenida Central, Nesa. Os tiras brancos vão pensar que é uma puta, vão verificar seus documentos e criar problemas com Bart.

— Que se fodam, Cholly, ninguém vai *me* chatear. Conheço alguém que sabe calar a boca deles, não importa o que eu faça, a não ser que eu cometa um assassinato com um monte de testemunhas.

— Tudo bem, vamos lá, *baby*, vou me exibir com você diante dos cafetões todos.

*

— Lá está o clube, ali adiante, *baby*.

— Achei que você falou que tinha um grupo cooperativo. O cartaz diz LUCKY THOMPSON'S STARS OF SWING.

— O quê? Uau! Lucky tem um ego e tanto! Lá está Buddy na frente, com Bobo... Ei, Bo! Esta é minha antiga empregadora, a sra. Bart Morgan.

— Nesa!

— Lewis K. Bewley! Cholly, esse é o "Bo" de quem você vinha falando? Bart e ele são velhos amigos.

— Nesa, o que está aprontando com essa criança, tentando fazer com que ele leve uns tiros?

— Decidi ser sua empresária. Não venha querer me embromar agora.

— Bom, já que decidiu ser sua empresária, acho que pode pagar pelo novo cartaz. Buddy diz que este não serve. Contratei Britt, John Anderson, Buddy, Givons, Oscar e Mingus e eles me disseram que vão acrescentar um sujeito de que nunca ouvi falar. Ele vai aos meus cartazistas e diz que é o líder e veja o cartaz que temos aqui! Nunca ouvi falar de nenhum Lucky Thompson e não pretendo pagar vinte e cinco dólares por um cartaz novo.

— Aqui está, Charles, pague ao homem.

— Ah hah! Ah hah! Garoto, é melhor se esconder quando sair com esta mulher, o velho dela é capaz de mandar apagar você. Sua *mama* não vai nem saber que você esteve aqui.

— Pô, cara, ouviu Nesa dizer que é minha empresária.

— Tudo bem, mas como é que esse novo cartaz vai ser?

— STARS OF SWING, bem grande, e os nomes todos em ordem alfabética. Hein, Buddy?

— Talvez a gente devesse colocar o nome de Lucky na frente.

— Ele não tem nenhuma música no repertório. Cara, ele é um sujeito atrevido mesmo!

— Ele vai mudar, como você fez, Mingus. Assim que souber que o buraco é mais embaixo.

— Ele acha que somos caipiras!

— Ha, ha! Acho que ele não saca que você é da Cidade Grande. Como se chama? Watts. Buddy, leve Nesa ao bar, tem uns garanhões chegando por aqui de olho nela. Cholly, venha comigo, vamos telefonar para os caras do cartaz... Rapaz, você sabe que ela é dona de Venice? Sacou isso? Uuuuuiiiii! Ela é uma baranga de muito bom gosto, uma embalagem compacta, mas tem tudo ali. Sei que você não está nessa. Eles são realmente do Sul *profundo*.

Possuem trinta, quarenta clubes e hotéis, toda uma estrutura. Você arranjou uma empresária e tanto! E um belo Ford novo, amarelinho...

— E o que tem de errado? Venho trabalhando direto.

— Sim, crioulo, e você aparece por aqui com a esposa do chefão Morgan. Bom, pelo menos está conseguindo pão para encher a boca dos seus filhos... Alô, Honkey? Me faça um outro cartaz. Vem pra cá o mais rápido que puder. Fale com o Cholly, ele vai dizer como quer o cartaz, está me ouvindo?...

— Ora, Lucky, nós lhe dissemos que era um grupo em forma de cooperativa. Cara, não chore, está partindo o meu coração! Que merda! Seu nome vem primeiro no cartaz novo!

— Não, cara! Contei pra minha mulher. Não sabem como batalhei em Nova York. Tenho um nome, vocês são apenas locais.

— As pessoas aqui conhecem mais a gente que você, Lucky. Vamos lá, vou provar pra você. É só perguntar às pessoas no clube os nossos nomes, vamos lá... Desculpem, nós somos da banda, vocês nos conhecem?

— Ora, Mingus, deixe de bobagem! Você e Buddy estão aqui há um montão de tempo!

— Conhecem este senhor?

— Eu o vi em algum lugar. É músico?

— Ele toca tenor.

— Ó! Você é Bump Meyers! Não? Então me desculpe, acho que não conheço ele.

— Ah! Vamos tentar outra mesa, Lucky?

— Deixe pra lá, cara, que se fodam esses fazendeiros.

— Aquele não era nenhum fazendeiro, era o Próprio Deus, Rex Ingram. E essas senhoras brancas?

— Legal, vão me conhecer da banda de Basie. Com licença, minha senhora...

— Ora, Lucky Thompson!

— Ha, ha! Gostaria de apresentar meus amigos.

— Ah, nós conhecemos Mingus e Buddy. Vimos você tocar com Bird e com eles numa segunda-feira. Sou Nancy e esta é Sally. Ouvimos falar muito do seu novo grupo, Mingus.

— Não é meu. Somos uma cooperativa, ou estamos tentando ser.

— Lucky está com vocês?

— Está.

— Não, não acho que vou emplacar. Esses caras são bons demais para mim. Ficaria constrangido de tocar com um grupo tão famoso.

— Eu devia chutar a sua bunda, Lucky, se vai nos deixar na mão no último minuto. Alguém precisa encolher sua cabeça antes que ela estoure. A minha já explodiu, por isso aceitei o trabalho.

— Você é que é metido a esperto.

— OK, vamos nos dar melhor sem você, Lucky. Nunca tentou tocar com a gente ou sequer consigo mesmo, por isso, tire o seu saxofone do tablado, se mande e deixa a gente se organizar para tocar nosso grupo em frente.

— Ah! Nunca fui tão humilhado na minha vida!

— Foda-se, Lucky! Tem de chorar? Fale com ele, Buddy, estou cansado. Num minuto quero dar porrada nele, no seguinte sinto pena do cara. Vejo você no palco... Oi, Britt. Lucky se mandou. Acho que você vai ter de voltar a tocar as partes do tenor.

— Tudo bem, gente fina. Gosto da área tonal do tenor. Posso tocar as partes do alto quando Buddy estiver na clarineta. Gosto e acho que vai soar melhor.

— Para falar a verdade, também acho isso. Ficamos mais coesos... Ei, John, está ligado, cara? Enxugue os olhos. Ei, Oscar, está pronto? Olá, Bo, já está na hora?

— Não quero apressar vocês. Mas vamos lá, se levantem e toquem.

25

A reputação do meu homem como cafetão está crescendo. Os outros na área o cumprimentam em alto estilo, como camaradinha, mas seu ego não melhorou, especialmente depois que um dia Bobo chega e diz:

— Mingus, onde está sua mulher Donna? Alguns rapazes me disseram que viram ela com aquele cafetão de merda, John Clark. Ouça bem o que o velho Bo lhe diz. Você pegou ela, você segura! Embora exista um velho ditado que fala que o primeiro homem a botar uma puta na vida nunca fica com ela.

Mingus tentou parecer despreocupado.

— Obrigado, Bo. Se Donna partiu, ela partiu, existem dez para ocupar o lugar. Vou checar, de qualquer maneira.

— Pode checar agora mesmo. Eu estou vendo ela lá fora, e não é ele lá com ela?... Volte aqui, Mingus! Dan! Charlie Davis! Segurem o meu homem! Ó, meu Deus, aquele negro sacou uma faca para Ming! Aiiii! Aquele garoto sabe bater, lá vai outro dormir na calçada do Bo. Dan, vá lá e traga Ming. Olhem só ele sacudindo aquele crioulo, ajudando a apanhar o dinheiro dele, tentando reanimá-lo! Traga ele e essa puta até aqui antes que os tiras cheguem!

Donna agarra-se ao braço de Mingus enquanto eles entram no clube.

— Querido, por que você veio e bateu no cara antes de dizer qualquer coisa para mim?

— Fique frio, rapaz – diz Bo. — Vai fazer com que fechem esta casa. Primeiro brigando com uns marinheiros, depois se metendo numa briga de fregueses, e agora isso. Sei que sua intenção é a melhor possível, tentando me proteger, mas eu teria de isolar você antes de me ver sem meu ganha-pão...

— Está ótimo pra mim – diz o meu garoto. — Já estou isolado.

— Merda, crioulo. Não foi o que eu quis dizer!... Tudo bem, você pediu isso. Aqui está seu dinheiro por meia semana de trabalho. Me arranje outro contrabaixista e eu pago o seu aviso prévio de duas semanas. Não sei o que deu em você, garoto, indo contra o velho Bo. Não quero mais vê-lo, resolva a parada com sua garota e saia daqui.

Bo olha para Donna:

— O que foi que fez com esse cara? Porra! Você tem uma buceta de ouro recheada de diamantes ou coisa parecida? Jogada por aí, brincando com esses cafetões de terceira classe!

Vira-se para Charles.

— Mingus, cuide-se, não quero que me agrida porque vou ter de matá-lo ou mandar alguém matá-lo, e ninguém vai saber a diferença. Mas é melhor pedir a Mama Clara que cuide bem dessa sua mina antes que ela perca o controle.

— Vou lhe conseguir um contrabaixista agora, Bo – diz Mingus. — Preciso descansar. Tem muita coisa acontecendo.

— OK, Mingus. O velho Bo confia em você quando fala assim, por isso aqui estão as duas semanas para pagar suas férias. Fique frio agora, não deixe que essas donas o perturbem. Ainda tem o emprego, depois que tiver descansado.

— Obrigado, Bo. Vamos lá, Donna, para o meu apartamento. Temos muita coisa para conversar.

*

— Alô, Mama Clara? É o Mingus.

— Rapaz, que tipo de mulher você me trouxe? Minhas garotas tiram cerca de quinhentos a mil dólares por noite, dependendo da vontade que têm de trabalhar. Mas quando uma garota chega aqui e faz um ou dois michês e vai para casa, isso não é bom para o meu negócio, especialmente quando a recomendei aos meus melhores clientes, eles a procuram e ela não está aqui. Veja se dá um jeito nela. Não pode gastar suas horas com uns michês de cinqüenta dólares! Ela está se divertindo, ou o quê? Tem de trabalhar direito! Ensine a ela o que está acontecendo.

— Tudo bem, Mama.

— Você falou de Nova York. Sabe que eu tenho aquele bom contato para você, o melhor, no East Side. Não posso me expor a ter uma garota sujando o meu nome quando chegar lá. Venham até aqui, não quero ficar falando isso pelo telefone.

— Certo, Mama, vou levar ela aí daqui a pouco.

Mingus desliga o telefone e vira-se para Donna.

— Decidi que eu poderia levá-la comigo para Nova York. Mas, antes de tudo, que história é essa entre você e um cafetão chamado John Clark?

— Não é nada, *baby*.

— Donna, se não podemos ser honestos um com o outro, não vamos ter nem dois minutos de paz juntos. Se acha que ainda há chance para nós, embora a gente tenha vacilado, se me ama, então vamos abrir o jogo.

— Você sabe que eu amo você, Charles. Todo mundo tentou me fazer pensar que você é um cara estourado. Tinha medo de lhe dizer, achava que ia me surrar. Mas você é um cara tão *doce*. Desculpe, sinto muito.

— Da próxima vez não esconda nada, *baby*. O que aconteceu?

— Não sei quem planejou isso. Mama me disse que esse sujeito, John Clark, é um contato importante. É uma bicha, ou pelo menos gilete, e tem essa mulher rica que quer uma jovem para morar com ela, seria uma espécie de acompanhante, quando ela estiver na Califórnia. Eu deveria fingir que era lésbica e me insinuar junto a ela casualmente, sem parecer que era uma armação. Disseram que me pagariam cinco mil por mês para me encontrar com ela alguns dias por semana. Estavam tentando influenciá-la para uma outra coisa, comprar por atacado deles para a cadeia de lojas de que é proprietária, ou algo assim.

— Não me conte o resto.

— Um dia vou contar. E acho que você está certo, é hora de sair daqui. Mas, Mingus, meu filho Malcolm...

— É, seu filho. Quando viu ele pela última vez?

— Ah, Mingus, sou uma farsante. Sabe, eu não sei se eu quero Malcolm de verdade. Ele é de Brent, agora. *Baby*, Charles, eu amo você. Quero ir embora com você sozinha, a gente pode?

— Alô, Grace? É Charles. Como está mamãe? Diga a ela que estou partindo para São Francisco por uns tempos.

— Mingus, você disse que era Nova York!

— Isso vem depois, Donna... Alô, mamãe? Sim, senhora. Vou me cuidar.

— Devo vestir isso, *daddy*?

— Você escolhe, é sexy... Verdade, mãe? *Lee-Marie*? Como ela estava? Ah, vai estar bem até quando tiver noventa anos... Fique fria, Donna, não temos tempo para isso agora.

— Não? Mas está reagindo ao meu toque!

— É isso, São Francisco, mãe. Não, não vou visitá-la, mãe, nem sabia que ela estava lá. Sim, soube que Spendell se aposentou, mas não sabia que ele tinha uma birosca em Sausalito... OK, mãe, também te amo. Deixe eu falar com Grace de novo... Pô, Donna, pára com isso! Vamos ver se você gosta, sua puta!... Grace, podia dar uma olhada pra mim no meu apartamento e no meu carro?

— Você rasgou a calcinha, *daddy*. Vou tirar para você. Charles, ela pode ficar com o meu carro também. Deixe eu falar com ela.

— Venha cá, vire aqui. Você começou, agora vou te mostrar direitinho.

— Alô, Grace, é a Donna... Ó, *daddy*! ... Sim, estamos de partida. Escute, a gente talvez peça para mandar os carros depois. Ó, *daddy*, Grace sacou, ela está rindo. Grace, vamos deixar as chaves com Jake e Bess. Sim, a gente estava, Grace, desculpe, é que a coisa foi ficando tão boa, você sabe como a gente é.

— Donna, volto em um segundo. Vou dar uma palavra com Jake.

— Volte já pra cá, *imediatamente*, e acabe o que você começou antes de partirmos, está me ouvindo, Charles?

*

— Ei, Jake, acorde! O que é que há, a campainha não está funcionando!

— Não sei, parou de funcionar. Não me incomoda muito, cobradores de aluguel e tudo mais. O que é que rola, gente boa?

— Jake, já cansamos daqui, estamos indo para Nova York.

— Ah, Mingus! Você, Barbara e as crianças?

— Não, Bess, a mãe de minha esposa já resolveu isso. Estão em algum lugar de Pasadena e recebi ordens da polícia para ficar longe. Por isso, a melhor coisa para meus filhos é eu ir para algum lugar onde possa melhorar de vida e pagar a educação deles e tudo mais. Primeiro São Francisco, depois, lá vamos nós, Nova York!

— Gente boa, sabe quem vimos em Southgate não faz muito tempo? Lee-Marie! Cara, ela é com certeza a mulher mais bonita do mundo.

— Porra, Jake! Que merda! As coisas estão indo bem de novo, vou recomeçar minha vida e, veja só, de que adianta. Minha irmã, minha mãe e agora você! Lee-Marie, Lee-Marie, Lee-Marie!

— Não quis magoar você, gente boa.

— Ah, cala a boca, Jake!

— Por quê? Pensei que você quisesse...

— Cale-se, meu querido marido brilhante! Vamos, vamos, Charles, nada de lágrimas, elas nos machucam e não ajudam em nada. Charles, encare a coisa, toda vez que a vemos pensamos em você, nós o vemos bem no fundo dos seus tristes olhos escuros. Por que não tenta conversar com ela?

— Não acredito nem que a reconheceria, passou tanto tempo.

— Eu podia ajudá-lo, gente boa. Se você encontrar Gene Tierney na sua melhor forma e com um bronzeado incrível, é Lee-Marie Spendell. Ela é da cor que os branquelos passam o verão todo tentando pegar. Por que não liga para ela, cara?

— Não posso começar isso de novo, Jake, depois de todos esses anos. Ela foi minha mulher e mataram nosso filho, o pai dela bateu em meu filho e o matou antes de nascer! Eu podia ver no rosto dela, a agonia... Estava deixando nosso filho morrer na sua mente, Bess, quer ver a cicatriz de uma bala que foi endereçada ao meu coração? Você já viu, Jake. Meu corpo foi salvo, mas nada pôde salvar meu filho ou o nosso amor. Como podia um homem seqüestrar legalmente minha esposa e apagar nosso casamento com uma anulação, como se jamais tivesse acontecido?

— Charles, telefone para ela, vá vê-la. O pai dela deve estar arrependido, foi há tanto tempo. Continua solteira e quase não sai de casa.

— Minha mãe acabou de me contar que Spendell se aposentou e comprou um quiosque de peixe e batatas fritas em Sausalito, e Lee-Marie trabalha com ele. Acho que não considera tão ruim para ela ser garçonete quanto ser casada comigo.

— Ela foi trabalhar com o pai? Soubemos que ela e a irmã iam ajudá-lo a organizar a birosca.

— Bess, você sabia tudo sobre Lee-Marie e sobre mim todos esses anos em que fui casado com Barbara? Contou a minha mulher?

— Nada havia a contar. Por que deveria contar a Barbara que os pais da coitada lhe arrancaram os ovários?

— O quê?! O que você está falando?

— Não sabia disso? Você estava no hospital. A mãe dela viu a aliança e a certidão de casamento mexicana e ficou maluca. Não sei como eles resolveram a questão do ponto de vista legal, mas anularam a certidão ou coisa parecida. Então mandaram ela para a casa de parentes, segundo disseram, mas era na verdade uma instituição. Ao voltar, ela caminhava como uma morta. Lembro que você se formou no ensino médio na Jordan no outono daquele ano e nunca deixou de sair com outras garotas. Mas ela não queria ver ninguém, ou não tinha permissão. Dois sujeitos a esperavam na saída da escola. Eu a vi, entregava os livros para eles e simplesmente voltava a pé para casa com os dois atrás.

— O que eu podia fazer, o que eu podia fazer? Mesmo depois de formado, eu ia lá e a esperava do lado de fora da escola, mas nunca estava sozinha. Acabei voltando para Watts e levando Manuela para casa.

— Aqueles bolinhos de *chili* eram apimentados, Mingus?

— Pare, Jake! Charles está falando!

— Eles a criaram para o quê? Por que nos separaram? Eu sabia que ela ia às aulas de violoncelo na quinta-feira, por isso eu me mandava até Southgate e esperava numa lanchonete do outro lado da rua, mas o pai sempre vinha apanhá-la de carro. Quando tentava falar algumas palavras, ela apenas olhava para a frente como se estivesse com medo da morte, corria para o carro do pai e ia embora.

— Por que está demorando tanto, *daddy*? Oi, Bess, Jake!

— Olá, Donna.

— Donna, volte para casa e bote algumas roupas pra mim na sacola de viagem, pegue aquela mala com as músicas se conseguir erguê-la e reserve passagens para São Francisco num vôo desta noite.

— Tudo bem. Mas se apresse.

— Nós levamos você e Donna ao aeroporto, gente boa.

— Ótimo! Enfim, Bess, sempre que tinha uma oportunidade eu dizia a ela quanto a amava. E ela dizia coisas como "Não posso ter o seu filho agora", repetidamente. Achei apenas que ela dizia que não podia se casar comigo de novo e sentia que desejava que eu me afastasse dela.

— Não, Charles, perguntei a ela o que havia de errado e ela me contou.

— Ah, meu Deus, Bess, tem certeza? Sabia que tinha perdido nosso filho quando o pai a surrou, mas não sabia o resto. Moramos dois meses no México e compus para uns grupos a fim de levantar dinheiro para voltar, mas não havia muito trabalho, e nosso aluguel estava atrasado. Se não fosse Lupe Madrid me mandar dinheiro, nunca teríamos voltado para casa, o que no fundo teria sido melhor. Nos separaram à força, não podíamos nos ver ou falar pelo telefone. Eu nem me importava mais com coisa alguma, quando melhorei e voltei à escola. Você e Jake sabiam de tudo isso, Bess?

— Gente boa, Watts é uma cidade pequena. Todo mundo sabe de tudo, como quando você saiu do hospital e Spendell mandou uns tiras amigos darem uma batida no apartamento que dividia com o Buddy. Todos nós sabíamos que era uma armação.

— É, Dot Dawson nos contou que prenderam ele no centro da cidade e disseram que o soltariam se desse a eles alguma maconha, por isso deu chá Lipton e erva-de-gato misturados num pacote, e foi o que eles plantaram pra cima de Bud e de mim! Eram tão burros que não sabiam de nada até que nos entregaram para a brigada de narcóticos. Lá estavam aqueles estúpidos tiras crioulos de alma branca apontando armas para nós, e seus superiores brancos deram uma olhada na muamba e a jogaram no chão com nojo. "Onde foi que vocês compraram esta merda?", eles disseram.

— E vocês deram queixa?

— O pai de Buddy tentou. Mas de que adianta dar queixa contra policiais? Escute, Jake, quero comprar aquela sua Luger alemã. Quero ir ver o pai dela em Sausalito e depois ele vai perceber que enquanto eu falava com ele tinha uma arma apontada pra sua barriga gorda, esperando que ele sacasse de novo a sua arma.

— Nada feito, gente boa.

— Trinta paus.

— Nada feito.

— Cinqüenta.

— Nada feito.

— Cem dólares.

— Deixa pra lá, gente boa. Cinqüenta dólares. Trinta pela arma e vinte para cuidar do seu apartamento e dos carros.

— Ótimo, não vou precisar depender de Grace. Pô! Está ficando tarde. Deixa eu usar seu telefone... Alô, Mama Clara? Não vou até aí. Donna e eu vamos voar para São Francisco esta noite e ver Billy Bones. É, claro, vou conversar com ele um pouco e depois seguir caminho. É, pode ser que toque algumas noites em algum lugar. Está bem, vou procurar Saunders King na Jack's Tavern. Obrigado. Qualquer coisa vale para levantar grana a fim de ir a Nova York. É, ela decidiu trabalhar como modelo, mas só coisa de primeira classe. Ótimo, Mama, entendi, Madame Goose, está, Quinta Avenida, apartamento 4G. Mando milzinho para a senhora se Donna usar a sua apresentação. O quê? Está bem, tudo bem, achei que a senhora só estava testando ela com este cara para ver se ela me amava. Não estava brincando? Então estou me mandando na hora certa. É, vou contar para Billie na primeira chance.

Ela me contou. Quer saber as palavras exatas de Billie? No telefone? OK, policial, se estiver escutando. Billie Holiday disse: "Fique de olho nela, Mingus, fique de olho na velha Mama Clara. Ela adora xoxota branca mais do que você." Ha! Verdade? É adoração demais, uau, uuu, uuiii, *baby*! Numa boa, nós dois, a noite toda. É isso aí, *baby*, sabe o que eu falo, sai pelo ralo. Deus a abençoe também. Guarde o seu dinheiro para o dia do Juízo Final. Vou mandar notícias. Tchau. ... Uau, Jake, aquela escola antiga é um negócio! Uau! ... Entre, Donna.

— *Daddy*, está tudo em cima, passagens, reservas.

— Está uma beleza, *baby*. Há muito tempo não via você usando um vestido. Porra, vem cá!

— Está vendo, Jake, você nunca me diz coisas assim.

— Sua garota, Donna, é realmente bonita, gente boa.

— Sim! Venha cá sua maravilhosa bruxa feia!

— Que está fazendo, Jake?

— Tirando as roupas. Vocês me dão vontade de fazer amor com a minha velha.

— Agradeço aos céus por seus favores! Mas tem de tirar suas calças na frente dos outros?

— É, Jake, nós todos vimos Gargantua e de onde foi que você desenterrou essas ceroulas? Meu pai usava esse tipo de cuecas e as chamava de BVDs.

— Quer dizer que isso não é moderno?

— Engraçado. Cada geração descobre algo esquecido na prateleira de cima do guarda-roupa e acha que descobriu alguma coisa nova!

— Veja, Charles, olhe só o Jake lá! Só sei que ele está mandando Bess parar de gritar adeus para nós, que não conseguimos ouvi-la. Adeus, Jake! Adeus, Bess! Veja, ela está chorando. Ah, eu gosto deles. Só queria que pudessem se ver como um casal. Eu adoro os dois.

— Sei o que você quer dizer. Acho que se apaixonariam de novo se pudessem esquecer o passado.

— Apertou o cinto de segurança, madame? E o senhor? Ótimo.

— Veja todas essas pessoas, Charles. Todo mundo parece adotar o seu melhor comportamento, voando. O que é que existe num aeroplano que torna as pessoas melhores?

— É uma boa idéia ser gentil com o piloto também, como se sua mulher tivesse aprontado e esquecido que ele devia voltar na noite passada e nós o temos aqui nesta manhã, mas ele recebe todas essas vibrações de amor e decide não se matar. Teria de estar completamente maluco para nos derrubar junto com todos os seus problemas. No entanto, todo mundo voa o tempo todo e ninguém parece preocupado. As pessoas se sentam e acham tudo perfeito. Nunca acham que o piloto pode ter os seus problemas também. Se pudessem parar no ar e ver a Terra em movimento em relação a este avião as pessoas iriam rezar. Porque, *baby*, estamos correndo tão rapidamente que a água congelou de medo e não pode cair.

— Você é doido, meu doce Charles.

— Eu fazia isso com um balde quando era garoto. Amarre uma corda num balde cheio de girinos e faça o balde rodar pelo ar. A gravidade se forma com o movimento. Quando terminei de rodar aqueles girinos se comportavam da mesma maneira que antes do balde sair do chão. Veja os girinos como se fossem pequenos anjos... Bom, eu acho que estamos aqui em cima agora. Vamos, *baby*, curta o seu menu.

26

O homem se chamava William Boness, e eles o chamavam Billy Bones. Era magro e tinha mais de um metro e oitenta. Agia com plenitude, orgulho e elegância. Dizia que era das Antilhas, falava com algum sotaque e parecia um ator latino de pele morena fazendo Gary Cooper no papel de um toureiro vibrante. Era muito cuidadoso consigo mesmo e sempre se vestia corretamente para o que quer que fosse fazer: tênis, golfe, bilhares, *squash*. Tirava a roupa, tomava um banho de chuveiro e vestia-se de novo ao terminar. Na rua usava roupas caras e finas, adequadas ao clima de São Francisco, e caminhava sobre sapatos Stetson de cem dólares. Levava uma vida de rei, como um homem em férias permanentes, com interrupções para ir aos floristas, conversar com o seu chefe ou instruir os seus corretores de ações. Sentia-se perfeitamente à vontade com pessoas de qualquer posição financeira ou social ou de qualquer cor, e sua atitude era: "Estamos todos no Topo da Escala juntos. Posso me dar ao luxo e presumo que você também." Podia se dar ao luxo de qualquer coisa porque era o Príncipe Negro dos Cafetões. Chamava meu garoto de primo e o esperava no aeroporto de São Francisco.

— Billy! Estamos aqui!

— Ei, Mingus, meu garoto! Esta é Donna? Puxa, como é *bonita*! Esta é a minha garota Número Um, Honey.

— Olá, Donna. Charles não se cansa de falar de você para nós!

— Vamos, peguem sua bagagem. Vão ficar no nosso apartamento, crianças, temos muito espaço. Carregador! Leve esse contrabaixo para o carro, meu chofer vai ajudá-lo.

— Aquele Rolls é seu, Billy?

— É, não curto Cadillacs, todo mundo tem um.

— Billy, quero alugar um piano enquanto estiver aqui.

— Para quê? Tenho um Steinway de concerto em minha casa. Eu esqueci, você nunca viu meu apartamento na Colina. Comprei uns dois apartamentos, me custaram mais de cem mil dólares. Sou o único crioulo que tem propriedade lá no alto.

— A bagagem e o instrumento estão em seu automóvel, senhor. Posso servir-lhe em algo mais, senhor? Muito obrigado, senhor.

— Ora, crioulo, pare de puxar o saco de sua própria gente. Estamos aqui na luta igualzinho a você.

— É exatamente por isso que estou demonstrando meu respeito pelo senhor. Orgulho-me de prestar serviço aos meus irmãos negros.

— Cara, deixa pra lá esse sotaque britânico.

— Desculpe-me, sou um estudante da Nigéria. Meu sotaque se deve aos meus estudos em Oxford. É meu prazer servir ao sr. Mingus. Tenho um de seus discos, *This Subdues my Passions.* Vi sua foto na revista de jazz quando estudava na França.

— Desculpe, fui estúpido. Meu nome é Billy Bones. Sou primo de Mingus. Quer dizer que ele é famoso?

— Sim, senhor, por toda parte, tenho certeza.

— Ouviram isso, Donna, Honey? Você é mundialmente famoso, coitado filho-da-mãe.

— Vamos, Honey, deixe eu puxar o seu casaco para dentro para que Sam possa fechar a porta. Mingus, já viu alguma dessas belas fotos do presidente Coolidge?

— Uma nota de dez mil dólares! Donna, veja só esse maluco!

— Cara, sou um respeitável proprietário de bens imobiliários. Estou passando por espanhol aqui, e Honey também. É só você dizer "espanhola" para ver os caras pularem. Se você disser "porto-riquenha", *nada*, não é idiota? É tudo a mesma buceta, e você sabe o que eu disse que ela é capaz de fazer com a dela.

— Quem poderia esquecer?

— Donna, já ouviu falar do Kama Sutra?

— Já li a respeito, sim.

— Levante o vidro, não quero que Sam ouça isso... Donna, estude com Honey, trabalhe seus músculos e coisas, como ela diz. Leia seus livros. Logo vai ter esses nova-iorquinos de sangue azul implorando pelo seu show assim que a virem na cama. Honey é capaz de apanhar um cigarro do chão, tragá-lo e soprar para fora a fumaça.

— Como é que faz isso, Honey?

— Na verdade é um estudo de higiene para as garotas dos haréns. Retesar e relaxar os músculos do estômago e controlar a respiração era uma prática usada enquanto se sentava num banho de leite de cabra. Depois, esse truque de sugar se tornou popular nos haréns. Veja, vou lhe mostrar. Estou mesmo sem calcinhas. O motorista não pode ver, com Charles e Billy à nossa frente. Me dê o seu cigarro, Billy. Levante meu vestido, Donna. Agora vejam...

SMOPOCK!!

— Ha, ha! É a coisa mais louca que já vi ou ouvi na vida!

— É, Billy! Mas se eu olhar de novo, Donna poderia ter a impressão errada.

— Estritamente profissional. Você paga, você pega. Vou deixar Honey dormir com vocês dois para lhes ensinar o que acontece realmente.

— Não duvido que Honey possa nos mostrar algo sobre músculos e tudo mais, mas Donna e eu fazendo amor podemos gozar de sessenta maneiras diferentes, sacaram? Mas se quiser que Honey transe com a gente, é legal, ela vai gozar também... Sabe, em Los Angeles eu estava tentando conseguir que uma garota transasse comigo e com Donna. Mas a garota era uma menina, chamava-se Pam, era muito romântica. Não tive coragem de convencê-la, nem por todo dinheiro do mundo. Consegue entender isso, Billy?

— Estou te ouvindo, primo Charles.

— Esta é a cidade mais incrível do mundo para mim. O jeito como o seu chofer ultrapassou aquele bonde pela esquerda. Se fosse em Los Angeles, vinte tiras cairiam sobre nós, aos tiros.

— É São Francisco, Charles, a cidade mais pra frente. Nova York era para ser assim, mas de certo modo perdeu a vez depois dos anos 1930. Nova York é fria como um animal agonizante que não tem para onde ir a não ser o Central Park, onde a natureza ajuda a lembrar que Nova York não é a única cidade no mundo. O animal bebe aquele verde na sua alma e então volta para as ruas e para as lápides com os epitáfios em néon exibindo sua vida diante dele, fria como a pedra que o cerca. Ele tem a consciência de que não está mais morrendo, sabe que já morreu faz tempo. Nova York é o seu cemitério. É mais uma sombra ambulante que um homem, solitária e alta como aquelas lápides envidraçadas que o atormentam e o fazem deixar sua cama no gueto do Harlem. Há o fascínio que o atrai para a zona rica da cidade para ver se ela também caiu com os seus sonhos, o impulso impossível de resistir, de olhar para o alto e ver se ainda está tudo lá, mais alto que qualquer montanha, com seu súbito e ousado salto para o céu. De que outro modo se construiria uma cidade segundo os padrões do inferno? Com grama e árvores, no chão, onde o céu pode ser visto por uma criança que está aprendendo a caminhar, ou por um homem de dois metros de altura? Não, Nova York é um ideal construído bem alto no céu por aqueles que a possuem e a dirigem, a fim de que possam olhar para baixo e não ver a sua sujeira, olhar para fora das vidraças e ver apenas o espaço entre os arranha-céus com o olho no mesmo nível do céu. Se um homem for capaz de aceitar aquela cidade pelo inferno que ela é, e ainda assim conseguir ir tocando os seus afazeres, então realmente foi Deus que ele encontrou.

— Reverendo Billy! Amém!

— O que você procura, meu primo, é a paz que os homens vão buscar nas montanhas. É mais fácil aqui. Mas senti essa mesma paz em você quando o conheci ainda jovem aos dezessete anos. Você podia ter-me convertido então. Deixou todos os meus amigos temendo por suas almas, quando falou de Deus aquela vez em Sacramento. E quando terminou você disse que todos eles estavam salvos, de qualquer maneira.

— E foram. Alguns ainda estão salvos, outros não.

— Lembra-se de Marty, o dono de clube? Não parou de beber desde que você falou com ele. Pediu que você lhe explicasse por que ainda estava nas ruas.

— Era uma pessoa maravilhosa.

— É, cara, mas qual é a sua resposta agora que os sapatos de meus amigos em quem você passou um sermão estão cabendo confortavelmente nos seus pés? Que tipo de pregador você seria com os maiores cafetões e as maiores putas vindo a você em busca de salvação? Eu financio uma igreja agora mesmo para você se ainda for capaz de vender daquele jeito.

— Não sou um bom vendedor, Billy. Além do mais, Deus é de graça, sem sacolas de coleta. É assim que a coisa funciona. É melhor as pessoas doarem seu dinheiro nas ruas.

— É, Jesus... Bom, chegamos em casa. Sam, leve as malas para cima e peça a sua mulher para desfazê-las. Vão ter a melhor suíte de hóspedes, crianças. Fiquem conosco o tempo que quiserem, dias, meses. Qual a diferença quando se é louco e bonito?

— Chazz, ainda come como antigamente? Tenho dois cozinheiros. Lembra-se do Jimmy, do Xangai, de Chinatown? Jimmy Ho. Toda a sua família trabalha para mim, a mulher e a filha são empregadas, e o seu filho Win é o meu garoto de recados. Espere até provar a comida chinesa caseira de Jimmy. Nos fins de semana eu uso fornecedores de todas as nações para receber uns poucos amigos. Na semana passada tive o melhor cozinheiro paquistanês deste lado da Índia. Sábado, você e Donna vão provar a cozinha Siwash, de índios americanos, peixe, pato, codorna Chippewa, aves selvagens, ervas e legumes dos Utes. Tanto os Utes como os Chippewas queimam carne de urso, veado, peru selvagem, codorna, galinhas d'angola, cascavéis, gambá. Domingo vai ser incrível. Frutos do mar no vapor com ervas índias, medusas, enguias, lulas cruas e peixes misturados com polvo e camarões numa *paella*. Parece gostoso? Venha comigo, Chazz, tive uma idéia. Aposto que vamos pegar Honey e Donna brincando. Honey ensina todas as minhas garotas, e, pela cara que Donna fez no carro, parecia ansiosa para começar a aprender um pouco daquele controle muscular... Hah! O que foi que eu lhe disse, Cholly?

— Billy! Não é legal bisbilhotar assim!

— Safada! Não podia esperar, não é? Donna está cansada, mas você conseguiu enfiar os dedos nela... Venha, Cholly, um pouco de coca e vão descansar. Depois do jantar, vamos chamar mais umas garotas se Donna e Honey estiverem a fim de se divertir sozinhas. Ainda acho que elas vão precisar de nós. Não existe uma puta com aquele troço comprido que o homem tem. Dolly Marklee, conhece ela? É uma coisa do outro mundo, um autêntico fenômeno. Fora isso, uma excelente moça, e quando faço amor com ela a sua coisa encolhe e volta para o devido lugar. Que é que está fazendo, cheirando nos dedos? Usem esse tubo de vidro ou aqueles canudinhos plásticos. Vai devagar na carreirinha naquela bandeja de vidro, cada narina ligada até atingirem o ponto que desejam... Honey, vá com calma! Venha cá!

— Ah, Billy, você parece estar com ciúmes. Estou só tentando mostrar a ela como se faz.

— Então por que está toda molhadinha?

— Com certeza não estou molhada. Pode conferir, *daddy*. Sinta o desenvolvimento do meu músculo.

— Vou fazer isso depois. Honey, está a fim de dar um show esta noite? Traga algumas daquelas lésbicas cheias de truques para cá. Conheço uns caras de passagem pela cidade que pagariam... Que tal um pó de primeira, Chazz, puro açúcar de cana?... Entrem cá no *closet*, crianças, olhem só quando eu abro essas cortinas.

— Ei, aquela é a sua sala de estar no andar de baixo!

— E é meu estúdio fotográfico pessoal. Usando estes controles aqui de cima, posso fotografar você de cada ângulo na sala. Honey organizou festas de dez a cinqüenta mil dólares por noite lá embaixo. Com sujeitos importantes. Um comissário de polícia rico e aposentado, famosas estrelas de cinema. Ora, tenho fotos de algumas das figuras mais proeminentes do governo, senadores aqui e em Washington, fazendo as coisas mais bizarras um com o outro e com minhas garotas. E estou sentado aqui, na minha, sem ser visto, apenas observando e fotografando esses prostitutos *da nação*. Incluindo Chicago e São Francisco, sou o único cafetão negro que chega a ganhar mais de cinco milhões de dólares por ano só na putaria. Meus outros negócios nem contam, são para administrar as declarações do imposto de renda. Um dos figurões tentou me ferrar há mais ou menos um ano. Não faço chantagem, nada disso, Cholly. Ele apenas recebeu por encomenda registrada um rolo de filme em que aparece com um de seus amigos. Nem me dou ao trabalho de mandar uma cópia, mando o original com o endereço do meu advogado. Isso significa exatamente o que quer dizer: se algo acontecer comigo, cinco advogados brancos honestos que só conhecem meus negócios legítimos terão acesso a minha propriedade, filmes, trilhas sonoras e tudo mais. Não sou invencível, mas enquanto continuarem comprando buceta de meus amigos por todos os EUA e por todo o mundo eu tiro fotos como essas. Então o que esse ex-comissário de polícia poderia fazer comigo? Recebo um rolo de filme de uma cafetina de Nova York com a cabeça dele enfiada no meio de todo tipo de pernas, de louras a negras. Antes que ele pudesse me pegar eu imprimiria panfletos sobre ele com fotos para as quais posou e algumas que ele sequer sabia que existiam. Eu as imprimiria e lançaria de avião sobre cada cidade importante dos Estados Unidos. Claro que eu seria um homem morto, mas ele também. Aquele filho-da-mãe veio para cá devidamente recomendado, e de repente já está tentando enfiar os cafetões italianos na minha área. Conhece o primo Darcy, Cholly. Para começo de conversa, ele anotou as placas dos seus carros e verificou a marca e o modelo dos seus carros, depois roubou carros como os deles e os vendeu, ou desovou, depois de colocar neles as placas copiadas dos bandidos. Imediatamente a polícia saiu correndo em busca de carros suspeitos. Então eu e o primo Darcy seqüestramos as minas dos bandidos e repartimos as putas com a rapaziada da pesada. As putas precisavam de uma mudança. A maioria daqueles filhos-da-mãe mantinha as garotas dopadas com droga nas veias e, acredite, elas ficaram satisfeitas por serem raptadas por irmãos de cor.

— Billy, o que faz aquela pia tão rebaixada ali no chão do seu banheiro?

— Ha, ha! É um bidê. São usados para lavar o rabo. É uma idéia antiga da França. Este eu mandei fazer especialmente. Saque só o efeito do mármore.

— Classudo.

— Já viu a toalete?

— Já, parece diferente. Mais funda.

— Os brancos *nunca* pensam em nós quando constroem suas coisas. Eu me cansei de ficar pendurado em cima do vaso. Por isso mandei meu vaso ser construído no chão como vi em Paris. Acho que os franceses e nós somos os únicos com caralhos dignos de serem levados em conta quando começarmos a construir vasos sanitários neste mundo de brancos.

— Billy estava certo, Donna. Mingus tem uma boa mulher. Podemos colocar estas roupas agora, não?

— Quer dizer que estava me testando, Honey?

— *Sí*, você é um investimento. Ouviu falar na Bethlehem Steel? Qual dos negócios você acha maior, buceta ou aço? É, tenho de testar as garotas de Billy às vezes. Ele raramente dorme com elas.

— Você quer dizer que ele tem garotas trabalhando para ele com as quais nunca transou?

— Claro. Ele tem dezoito, dezenove garotas sempre. Eu trepo mais com elas do que ele. Mas ele faz romance, faz a corte, gasta mais de trezentos dólares por dia em flores e bombons. Ensina a cada garota a linguagem das flores. Quando elas acabaram de aprender, são colocadas num dos seus apartamentos, e na vida. Ele está sempre deliberadamente atrasado com suas contas, não quer que seus negócios se tornem legítimos. O restaurante, por exemplo, tem que dar lucro. Às vezes ele enfia trinta ou quarenta mil dólares dos seus ganhos com a cafetinagem nas caixas registradoras só para mostrar algo ao governo em matéria de impostos. Acha que seu contrabaixista é um gênio? O meu Billy é o gênio. Uma vez ficou alto e leu três livros inteiros sobre direito em duas semanas. Só dormia poucas horas por dia. Quando terminou, me disse: "Ler é como conversar. Uma vez que percebe isso, você é capaz de se lembrar de tudo." Mesmo hoje em dia, é só alguém ler uma frase de um daqueles livros e ele é capaz de terminar todo o capítulo de cor. É, tenho muito a lhe contar sobre Billy, Donna. Por exemplo, como ele botou na vida uma rica herdeira que estava aqui só de passagem, passando férias. Qual é o problema?

— Tem certeza de que era uma *herdeira*? Se é apenas uma garota com um pai rico, você pode apostar que a prostituição é preferível. Eu sei bem disso...

— O que quer dizer?

— Meu pai e meu ex-marido eram dois dos homens mais ricos do Sul, eu acho. No ano passado meu marido herdou o seu trigésimo milhão. Você nunca desconfiaria, do jeito que ele é mão-fechada.

— Meu Deus! Mingus sabe disso?

— Contei a ele, mas Mingus só ouve o que quer. Antes de Mingus, eu era seguida por detetives particulares, todo esse tipo de coisa. Também enfrentamos problemas, ameaças telefônicas, notas em minha caixa de correio, rasgaram toda a capota do seu carro em frente ao meu apartamento...

— Você deveria mudar de nome quando for para Nova York, para proteção dele.

— Já fiz isso. Não uso mais o nome do meu marido, nem o do meu pai.

— Ha, ha! *Ai frijoles!* Acha que não sei?

— Honey, você é uma puta com esse sotaque fajuto!

— Tá, tá! Também gosto do seu.

27

— É muito *berro*, Chazz, volumoso demais, você vai se entregar com ele. Deixe essa Luger estúpida e dê uma olhada nisso aqui.

— O que são, canetas-tinteiro?

— Cápsulas de nitroglicerina.

— Cara! Está tentando me matar, Billy?

— Não, tem a trava de segurança. Se quiser pegar alguém, eu faço isso para você com isso enquanto ele estiver dormindo.

— O que é isso?

— Algo da sua terra, garoto. Da África, seu filho-da-mãe! Ei, não toque! Essas coisas eram usadas em rituais tribais primitivos mil anos atrás. Caninos de cobra em aço montados em ébano.

— Parece o ponto de dedilhação do meu contrabaixo.

— Gostaria que eu pegasse o Spendell para você, primo Charles?

— Não, obrigado, vou deixar isso com Deus, embora aquele guarda de banco debilóide tenha me dado um tiro por causa da sua filha.

— E por que não matou o filho-da-puta na hora? Melhor não contar isso ao primo Darcy. Ele não se incomoda de dar uma de Deus. O que fez com a filha dele, botou a garota na vida?

— Nada disso, casei com ela. Ele conseguiu anular o casamento.

— Vamos lá, o que quer que eu faça? Darcy saiu da cadeia, devo chamá-lo? Para o caso de o velho sacar uma arma contra você de novo. Onde vai se encontrar com ela?

— Vou à birosca dele primeiro, dar-lhe a honra de me dizer que tenho a sua permissão para ver sua filha. Aqui está o endereço.

— Alô, Minnie, Darcy está? ... Ei, Dar, pode ir até um lugar chamado Spendell's em Sausalito? É uma birosca de peixes à beira-mar. Estou com Mingus, ele tem uns negócios com Spendell. Fique de olho no velho e nem olhe para nós quando chegarmos. Simplesmente fique de olho no velho, não deixe ele pegar nenhuma arma. Ele atirou no seu primo Charles a sangue-frio. Vejo você lá. Tchau... Darcy está louco para te ver, Chazz, disse que a tia Lois tinha acabado de chegar. Tudo bem, vamos pegar um táxi? É melhor não levar o chofer para esse pequeno evento.

*

— Ora, olá, Charlie!

— Olá, sr. Spendell.

— É engraçado, um minuto atrás quase achei que aquele cara sentado ali era você!

— É o meu primo Darcy, e este é meu primo Billy Bones.

— Ah, sim! Ah! Sim!

— Queremos conversar com o senhor.

— Ora, claro, claro, Charlie...

— Olá, Darcy.

— Ei, Billy. Ei, Cholly, como vai você? Eu disse a Billy que parecemos gêmeos, como esperava que ele não reparasse nisso?

— Queremos uma cerveja, Spendell. Aqui no balcão. Lager.

— Claro, Charlie. Patty! Venha cá. Patty, sirva os cavalheiros.

— Ah!

— Patty! Volte aqui! Você me odeia tanto assim que precisa se esconder? Já passou pela sua cabeça que eu amava Lee-Marie? O que foi que eu fiz pra vocês? Me responda!

— Filho! Filho! Não fique excitado.

— É tarde demais para "filho". Você matou *meu* filho, o seu neto, e esterilizou minha mulher! Não se deu ao trabalho de perguntar à sua filha o que o marido dela pensaria de vê-la com as trompas ligadas? Patty, o que foi que contou a seus pais sobre nós? Muito tempo antes de Lee-Marie e eu fugirmos? Você é a Virgem Maria ou coisa parecida?

— Contei o que eu vi! Sabe que eu vi, você estava despindo Lee-Marie debaixo do casaco dela!

— Você podia enxergar debaixo do casaco dela?

— Não, sei que você estava de safadeza com ela!

— Querem saber de *uma coisa*? Me dê sua arma, Darcy! Eu devia matar estes dois...

— Mingus, Mingus! Descubra o que quer saber! Ninguém machuca você, ninguém sai machucado. Entendeu? Descubra agora para poder superar isso.

— Tudo bem, Billy. Quero saber, sr. Spendell, o que Patty lhe contou que viu quando Lee-Marie tinha apenas doze anos? Conte para nós o que a sua cabeça suja imaginou, Patty!

— Eu vi o que vocês fizeram!

— Vamos, Patty, o que foi que fizemos?

— Você a levou para fora do cinema e fez aquilo com ela!

— O que foi que fiz com ela?

— Você transou!

— *Transei?* Ah, meu Deus. E onde foi que fiz isso?

— Não sei. No saguão. Em algum lugar. Na viela?

— Quantos anos *você* tinha, Patty?

— Nove.

— Sua putinha suja!

— Cuidado, Mingus!

— Céus, você é rápido, Darcy!

— Socorro! Polícia!!

— Faz essa puta calar a boca! Arrastem o velho cá para trás...

— Você acertou em cheio aquele filho-da-puta, Darcy!

— Charles!

— Lee-Marie... Você por aqui? Mande Patty parar com essa gritaria!

— O que aconteceu? Qual é o problema?

— Seu pai quis pegar a arma e meu primo fez ele dormir com um soco.

— Não deixe esses homens machucarem Patty, Charles!

— Veja todo o sofrimento, esses anos todos, por causa da mente suja da sua irmãzinha e da cabeça esquentada do seu pai! Sua vida e o bebê que teríamos, uma bala no meu ombro, até minha mulher Barbara e meus filhos sofreram por causa de uma mentira de uma garotinha pervertida de nove anos que fez duas pessoas viverem na infelicidade até hoje!

— Onde está o meu pai?

— Darcy o arrastou para a cozinha. Patty, fique quieta aí, não abra mais a boca, não se mexa, nem sequer pense! Eu mesmo vou matar você se aprontar mais alguma! Essa arma do seu pai vai atirar nele, em você, em todos nós, entendeu?

— Pai! Pai! Molhe esse pano para mim, por favor, Charles.

— Ele está bem, Lee-Marie, não se preocupe.

— É pesado demais para cair assim na idade dele. *Você* está bem, Charles?

— Acho que sim. Não vai precisar do que está procurando, sr. Spendell. A arma está comigo.

— Me dê a arma do meu pai, Charles. Pode me dar. Obrigada.

— Filha, esse homem não presta. Xingou a tua irmã, ele a chamou de puta!

— Não, eu é que sou a puta, papai, está lembrado? Vadia, rameira, o nome que você quiser. Fui chamada de tudo isso pelo grande, virtuoso, hipócrita John B. Spendell!

— Minha filhinha, ah, meu Deus, que foi que fiz?

— Eu daria uma puta tão boa quanto a sua amiga Donna, Charles? Daria?

— Responda, primo. Por que não conta a ela a verdade?

— Billy, por favor...

— Meu garoto gordinho, me escute. Fica parado por aí, deixa as pessoas fazerem você de trouxa. Essa garota está do seu lado. Eu lhe digo, menina linda, Darcy e eu ganhamos milhões. Com aquele seu contrabaixista você não vai a lugar algum. Seu pai e meu primo Charles são o mesmo tipo de farsantes. Conte a ela que está indo para Nova York com Donna, Charles, por que não conta? Tiro o chapéu pra você, Lee-Marie! Vai ficar com esse seu sonhador ou vem para mim?

— Billy, deixei minha Luger na sua casa, mas se continuar com esse papo pode se considerar morto!

— Ha ha! Seu fedelho bundão.

— Está certo. Lee-Marie, você tem a arma do seu pai. Vou contar até três. Spendell vai primeiro, depois Darcy, em seguida Billy. Vou contar: um, dois, três. Mate eles, Lee-Marie, mate todos eles!

CLICK. CLICK. CLICK. CLICK CLICK CLICK.

— Ah, Charles! Charles!

— Tudo bem, *baby*, venha cá.

— Uuuuhhuuiii! Esse filho-da-mãe pirou, Billy!

— Não pirou. Quem pirou foi a sua puta.

— Me dê essa arma!

— Não toque em minha mulher, Darcy! Tirei o pente de balas quando peguei a arma do Spendell. Somos primos de novo?

— *Ela* não sabia que aquela arma estava descarregada!

— Sr. Spendell, diga ao sujeito para quem está guardando a sua filha que ela não vai nessa, não. Ela vem comigo. Ajude-o a se levantar, Darcy.

— Lee-Marie, você não é minha filha, não faz parte de nossa família mais. Você morreu.

— Está finalmente oficializando a minha morte, pai?

— Onde estão suas coisas, Lee-Marie?

— Do outro lado da rua.

— Vai ajudá-la a pegar suas coisas, Darcy. Vamos esperar no táxi. Adeus, sr. Spendell. Vamos, Chazz... Chazz, você está fazendo a coisa certa. Donna vai ficar contente de ter Lee-Marie por perto, você vai ver. Confidencialmente, tive uma patroa como ela certa vez. Seu nome era Willie, igual ao meu. Ganhei cem mil dólares numa aposta uma noite. Alguns dos melhores cafetões locais e eu estávamos apostando para saber qual patroa obedeceria o seu homem, não importa o que ele a mandasse fazer. Fizeram tudo o que era imaginável e possível fazer a um ser humano. As garotas todas se saíram bem e decidiu-se optar por um empate. Eu disse que não e mandei que me seguissem até um fazendeiro que conheço. Alugamos o celeiro. A patroa de Slim se escarranchou sobre a barriga de um cavalo, nós amarramos suas pernas e enfiamos a vara do bicho nela. A patroa de Mack começou a chupar o caralho de outro cavalo. A patroa de Slim se agachou e chupou os colhões do cavalo. A patroa de Mack chupou o cu do cavalo. Eu disse: "Passem a grana *pra cá*, seus filhos-da-mãe!", e apontei para o chão. Willie estava abaixada comendo a bosta do cavalo. Foi melhor para mim que qualquer outro tipo de mulher que já tive.

— Billy, Lee-Marie não faria isso.

— Ela mataria por você, não? Até mesmo seu próprio pai. Ela faria qualquer coisa que você mandasse. Vou pegar este táxi que está vindo aí, Cholly. Espere por ela e a leve para casa.

28

Meu homem Mingus estava sentado no táxi esperando e muito nervoso. Não acreditava muito na opinião de Billy de que Donna ficaria contente. Lee-Marie saiu da casa do outro lado da rua, caminhou rapidamente até o táxi e sentou-se ao seu lado. Não olhou para a janela do restaurante, onde Patty e seu pai estavam parados, observando. Darcy colocou suas malas ao lado do motorista e enfiou a cabeça pela janela.

— Até mais, primo Charles, tenho de deixar vocês agora.

— Obrigado, Darcy, por toda a sua ajuda.

— A *qualquer* hora, Chazz, qualquer *coisa* que precisar.

Rodaram em silêncio até São Francisco e finalmente Charles disse:

— Lee-Marie, acho que você sabe que Donna e eu estamos juntos desde que Barbara partiu com as crianças, mas de certo modo nunca deixei de amar você.

Ela pegou na mão dele.

— Charles, sei muito da sua vida desde o último dia em que estivemos juntos. Meu tio é da polícia, sabe tudo o que acontece. Soube daquele seu último semestre tumultuado na Jordan e depois das coisas com aquela mulher Cindy. Mas sempre guardei o conhecimento de um Charles que nunca poderia mudar, embora tudo o que eu pudesse fazer fosse amá-lo a distância. Disseram que se eu voltasse a falar com você seria mandada para um sanatório para sempre e que algo ruim poderia lhe acontecer. Eu temia por você. Quando finalmente voltei à escola, não podia estudar como antes. Tentei, mas não conseguia me concentrar. Olhava pelas janelas o tempo todo, simplesmente à espera de um milagre, de que você passasse. Era uma prisioneira, vivia sonhando que você romperia as defesas do nosso inimigo e viria me resgatar. Chegou a imaginar que eu não o amava mais! Ah, meus pais falavam sem parar que sua filha tinha ousado ser mulher aos dezoito anos! Ficaram em cima de mim, xingaram e gritaram: "Ela não podia ter feito isso! Ah, meu Senhor Jesus! Diga que minha filha ainda é virgem!" Então mandaram ligar minhas trompas. Coitados, pura ignorância, achando que meu desejo por você ou por qualquer homem seria extinto, me poupando para agradar algum futuro marido que eles aprovassem. Não sei que tipo de monstruosidade eles tinham em vista, que não iriam me desejar se eu já tivesse amado outro homem! Naquele primeiro verão, implorei para que me deixassem ir até você e me surraram até que eu reagi. Mandaram-me para Norwalk, onde fiquei em observação, alegando que eu era doente e depravada, ameaçaram me confinar pelo resto da vida. O tempo simplesmente parou para mim, Charles... Dois anos depois, na Universidade Compton, vi você com Barbara Jane Parks. Eu sabia que você ignorava que eu tinha descido ao inferno. Eu o vi deixar o refeitório e o segui. Atravessei um grupo de garotas e lá estava Barbara exibindo o que deveria ser a *minha aliança*! Eu tentava juntar coragem suficiente para lhe propor que fugíssemos. Segui você até a parada do trem. O trem chegou, estava lotado. Embarquei mesmo assim, e no início não vi você, mas ouvi sua voz. Falava sobre o seu noivado e subitamente disse: "Ei, Lee-Marie, é você? Não nos vemos há tanto tempo." De Compton City até a parada de Southgate viajei de pé naquele trem lotado com você colado contra mim. Não parecia sentir minha presença e achei que estava rindo das minhas lágrimas e da minha raiva. Mas assim que o trem parou percebi que você estava magoado, perplexo, amedrontado. "Lee-Marie", você disse, "ainda me ama?" Eu queria matá-lo! Bati com os punhos no seu corpo. O que você *achava*? Achava que eu tinha esperado me tornar mulher só para ver você casar com outra? Quando desci, você nem chegou a saltar do trem. Charles, eu era quase maior de idade, nós poderíamos ter saído dali caminhando juntos, como havíamos esperado todos aqueles anos para fazer. Nem meus pais podiam nos deter. Mas não, você me telefonou, disse que ainda me amava, mas me pediu para esperar que você atravessasse um casamento com o qual já estava comprometido! Não é estranho? Eu esperei, isso é ainda mais estranho. Esperei até agora. Sei que sou atraente, Charles. Podia ter-me casado várias vezes, mas todo mundo sabe que sou a garota do Mingus, menos ele. Portanto, agora vou ser a puta do Mingus, vou ser a sua mulher de um milhão de dólares, melhor que as outras. E você vai compor uma sinfonia imortal para mim. Não me importo, contanto que a gente esteja fisicamente junto. Chega de sonhos. Vivi uma mentira, você viveu uma mentira. Mas agora vou ter você de certa forma até o dia em que morrer.

— Lee-Marie...

— Não diga uma palavra.

— Não vou deixar que faça isso.

— Ah, vai. Não vou ficar sem você de novo. Além do mais, ouvi dizer que em Paris, e na África, é muito chique um homem ter mais de uma mulher.

— *Baby*, eu sinto tanto. Não sabia se ia voltar a ver você de novo, e Barbara e eu passamos a significar muito um para o outro. Eu não sabia como simplesmente largar alguém porque você subitamente voltou dos mortos. E amar você causou tanto sofrimento, achei que com certeza ia morrer se passasse por tudo aquilo de novo. Barbara estava apaixonada por mim, nós dois achávamos que nosso passado já fora superado, e eu a amava tanto quanto sabia.

— Eu sei. Tudo isso passou. Por favor, Mingus, sua boca, abra sua boca para a minha.

— *Baby*... Ó, Lee-Marie! Que merda! Que merda! Que merda!

— Charles...

— Billy, onde está Donna?

— Lá em cima. Tentei contar para ela. Não dá para dizer como ela recebeu a notícia.

— Não era problema seu, Billy. Eu é que devia contar.

— Ela não falou nada. Acho que está fria.

— Depende de como contou para ela e da sua intenção.

— Escute, primo, eu tenho *vinte* garotas. A essa altura nem mesmo Honey curte isso. Você tem de enfrentar coisas assim de uma vez só. Conheço esse tipo de problema.

— Desculpe, primo. Oi, Honey, esta é a minha mulher, Lee-Marie. Ainda estamos casados aos olhos de Deus, não importa o que a lei do homem diga. *Baby*, vamos subir...

— Ei, benzinho! *Baby!* Donna! Está dormindo?

— Não... Esta é a Lee-Marie? Olá. Você é bonita.

— *Você* é bonita, Donna. Gostei de você na hora. Sinto que somos velhas amigas. Uma sensação boa, muito boa. Sinto-me um pouco estranha, como se alguém estivesse partilhando meus sonhos privados. Mas acho que isso faz parte da libertação das convenções. Vai passar.

— Entendo o que você diz. Vou apenas ficar sentada, quieta, assimilando a idéia. Quero o que você quer e só existe um, por isso eu entendo você *e* entendo a mim mesma.

— Vocês duas são muito bonitas, e na mente, também.

— Ora, cale a boca, Mingus, você não entenderia, você é um homem. Olhe só o grande beiço do bebezão, Lee-Marie. Ha! O bebê quer as tetas da mamãe, todas as quatro tetas.

— Não sei o que eu quero. Existe um milhão de coisas para as quais eu apelava para fugir da verdade. Sei que amo vocês duas com todo o meu ser, seja lá o que for. Vamos fechar e trancar todas as portas. Donna, tranque a porta daquele *closet* também. Venham cá, minhas crianças, hum, hum, que delícias vocês são. Querem... Não, conversem um pouco, estou a fim de um chuveiro. Comecem a se conhecer.

— Lee-Marie, não precisamos de um chuveiro, também?

— Sim, sim. Claro, podemos todos lavar um ao outro! Vou entrar antes de vocês dois!

— Mingus! Venha cá! Veja só o que está perdendo. Curta esse anjo! Ha ha! Tii hii! Esquente mais a água, cubra aquele espelho de vapor, Billy provavelmente está ali atrás em algum lugar com uma câmera. Sinto que ele está espiando através da parede.

— Deixe que espie! Não sinto vergonha de mais nada. Vamos ficar mais juntas, Donna, e deixar o nosso homem com ciúmes!

— Crianças, vocês estão melhorando a cada minuto, juntinhas assim. Hummm. Se toquem e se esfreguem e esfreguem seus corpos com o meu.

— Mingus, por que não finge que é um garotão bonito com dois caralhos e deixa que a gente faça um sanduíche com você?

— Vamos lá, crianças, tragam todas as toalhas. Vamos para o quarto. Espalhem as toalhas sobre a cama e deitem-se juntinhas. Hum hum. Para que servem camas gigantes senão para um rei e suas esposas?

— Lee-Marie, vamos precisar de um homem novo. Olhe só para ele deitado ali. Gozamos duas vezes, ele não conseguiu nem uma.

— Não posso gozar, crianças. Estou meio chocado, ou coisa parecida. É como esperar toda a minha vida pelo que quero e, quando o consigo, estou assustado demais para desfrutar.

— Vamos estuprar esse desgraçado. Vamos lá, Lee-Marie, Grrrrr... vamos comer você vivo. Sim, beije e chupe os colhões. Eu adoro essa cabeça em forma de coração.

— Ah! Suas putas! Beijinhos, beijinhos. Humm! Ó! Ouh! Auuuiii...! Chega! Vamos com calma, crianças, calma. Esperem um segundo. Uiiiuaaa!

— Cholly! Cholly! Ei, você aí! Primo Cholly!

— Não pare, não pare. Esqueçam *ele*. *Daddy* está aqui com vocês.

— Sou eu, Billy, no *closet*! Me deixem entrar, vocês trancaram a porta.

— Porra. Abra a porta pro cara, Donna.

— Eu não curto ele, Charles.

— Nem eu.

— Quer dizer que concordamos em tudo, Lee-Marie? Não admira que gozemos tão rápido. Uau! Jogue a minha calcinha pra cá.

— Onde está a minha? Estava por aqui, em algum lugar.

— Use o meu robe, ali adiante.

— Nossa, é uma beleza!

— Espere até ver o que tem naquela caixa, ali em cima. É para nós duas.

— Ah, um casaco. De algum tipo de pele.

— É, algum tipo de pele, uma porra de dez mil dólares. É um empréstimo de Honey.

— Donna, abra a porta para o Deus Todo-Poderoso, gângster e cafetão, Billy Bones! Não, deixe eu lhe fazer as honras... Entre, seu grande *babaca*!

— Que merda, primo Charles, achei que tinha aprendido a colocar os negócios acima do prazer.

— Lee-Marie, dê uma boa olhada no meu primo Billy, nem chega a trepar com as garotas que ganham toda aquela grana para ele, deixa que a mulher dele faça isso.

— Você trepa com a Honey, Billy?

— Mingus, fale com sua mulher para tomar cuidado com essa boca.

— Ora, Billy, vamos lá, seja um pouquinho humano.

— Está bem, ensine o seu primo Charles a faturar cinco milhões por ano como você. Sente-se feliz com isso, Billy?

— Acha que tudo é engraçado, não é, Donna? Tudo certo. Vou lhe contar. Não estou feliz com isso. Por que vocês, crianças, não largam essa vida e vão para um outro lugar se divertir? O dinheiro só atrapalha o amor. Não acreditam em mim? Bem, se precisa descobrir, vá se vestir, Donna. Pierre quer se encontrar com você hoje à noite.

— Pierre?

— É. Um sujeito solitário. Honey convenceu ele de que é sua amante, é assim que a conhece. Se ele soubesse... O poderoso homem branco está comprando de volta uma mulher branca de um negro! Isso me faz rir. Ha! Ha! Olá, Honey, o que é que rola, ele ainda está lá embaixo?

— Está. Quer ver Donna agora. Está ansioso.

— Agora não. Dificulte a coisa para ele. Sei o que estou fazendo. Donna, vá se aprontar. Nós reservamos um apartamento para você no St. Francis. Quando ele telefonar para lá, diga que está repousando. Ganhe tempo, faça ele implorar e não o deixe subir. Encontre-se com ele no saguão. Prenda sua mente primeiro. Caso contrário, não ganhará nada além de uns centavos e uma ducha fria de bidê. Você sabe que Honey contou a esse cara que ela ama você e a vem mantendo, pagando roupas, carro, tudo. Comporte-se de um modo careta. Tem as jóias, Honey? Muito bem, aqui, experimente esta, vamos ver se cabe.

— É grande demais.

— E essa aqui?

— Está boa. Tem sua própria fábrica de diamantes?

— Agora coloque esse relógio. Uns dois mil só aí. Esse bracelete combina. Tem orelhas furadas?

— Está me deixando pesada com toda essa porcaria. Odeio diamantes, são pretensiosos, como vison.

— Não use, então, apenas deixe expostos em algum lugar onde ele possa ver. Ouça, Donna, se ele a quiser muito essa noite, use o seu próprio bom senso, mas prenda a mente dele primeiro, *baby*, está me ouvindo? É a mente dele quem paga, não o caralho. Convença esse cara de que ele é o seu primeiro homem e o maior de todos em noventa anos. Use esse alume aqui. Vai deixar você apertadinha onde Mingus e Lee-Marie arrombaram. Dê uma chuveiradinha no bidê depois, senão os lábios dele vão amargar se decidir atacar aí embaixo. Honey diz que você sabe o que o dinheiro representa, considerando a sua família e tudo mais. Pois bem, coloque em ação seus gostos mais caros essa noite porque você estará tentando um vôo para Nova York. Vai se dar bem em Park Avenue e em Sutton Place. Aqueles cinco milhões dos quais vocês zombavam há pouco não são piada. Vinte garotas, trabalhando dez dias, folgando três, duzentos e cinqüenta e dois dias por ano. No mínimo, mil dólares por dia ou trabalham extra para completar. Um quarto de milhão por ano, por garota. A maioria delas está bem de vida hoje. Algumas se casaram com sujeitos como esse que você vai conhecer hoje à noite.

— Certo, certo, devagar, sr. Billy Bones! Charles, me ajude a entrar na minha roupa, vou só me enfiar no casaco, nosso casaco, seu casaco, e levar o resto na minha valise. *Daddy*, Lee-Marie, se apressem, se apressem, me dêem um beijo de despedida.

— Deixe eu ver. Linda! Linda, Donna. Tenho a sensação de que fisgamos esse cara. Não tem erro. Esse mulherão todo, essas pernas, a maneira de empinar esse rostinho belo. Ela é esperta, Cholly, temperamental, mas esperta.

— Tudo isso é dela e meu também, Billy.

— E de Lee-Marie, pelo que eu pude ouvir. Você é com certeza meu *verdadeiro* parente de sangue. Às vezes eu acho que você herdou o estilo Boness. Venham cá, vamos ver o que está acontecendo lá embaixo do meu local de observação favorito. Talvez a gente possa gravar algumas tomadas que valham a pena... Lá está Lola, a ruiva bunduda. E Dora, dizem que é sapatão. Aquela puta da Lola está ficando muito espertinha, falando de ir para Nova York. Lá está Lili, ela e Lola trabalham juntas. Boas de putaria, topam qualquer parada. Mataram um jegue aqui certa noite dando um show para alguns clientes importantes. Lola ficou debaixo dele, pendurou as pernas sobre suas costas. Lili tocou punheta no bicho e enfiou o seu caralho na puta. Tenho rolos de filmes mostrando tudo isso. O desgraçado do jegue ficou de joelhos depois de gozar. Lily não lhe deu descanso, começou a chupar sua vara imediatamente. Ele deu um zunido, caiu de costas e morreu.

— Conheço essas duas caras. Se são um exemplo das suas mulheres, então não sei como é que você ganha milhões. Estavam queimando notas de cem dólares uma noite na Jack's Tavern.

— Você é o negro que disseram que estava dando os fósforos? Olhe só lá embaixo, Charles, não é uma coisa incrível? Todas aquelas bundas dando sopa e ele está tocando punheta. Olhe só aquela Dora, vou cortar ela das festas, ela não pensa em nada. Bonita, é totalmente sem cérebro. Estou com vergonha de mim mesmo. Mas é boa quando fazem fila para comer cu nos fins de semana.

— Qual é o otário da Donna, Pierre? Está lá?

— É o cara que está tocando punheta.

— O que aquele sujeito está fazendo com a Lola?

— Justamente o que você vê. Ela não tem nenhum espelho no traseiro, ele certamente não está olhando para os seus dentes... Bom, agora chega, já fiz muitos rolos dessa bosta. O material não vai prestar nem para aqueles jovens padres. Sabe que são alguns dos melhores clientes para os meus filmes, porque são humanos e não podem se casar, por isso compram sexo escondido.

— Não consigo entender isso, Billy. Desisti do sexo quando fazia ioga. Durante oito meses eu esqueci completamente disso.

— Mas a maioria deles não esquece completamente. A tia de Honey em San Juan teve um filho de um deles. Cuidou da criança, pagou pela educação e, quando cresceu, mandou ele para a escola, e o garoto se tornou padre.

— Que acham de ter sujeitos assim tomando conta de nossas almas?

— Não da minha, a minha está mais bem cuidada, e não por eles... Lembra quando o conheci, Cholly? Você estava sentado nos bastidores com duas das mais belas garotas que já vi na vida no colo e só tinha dezessete anos. Quando penso nisso, me parece que você gosta de ficar quase sempre com duas garotas ao mesmo tempo.

— Tem uma boa memória. Acho que há menos confusão com duas ou mais garotas, todas se comportam bem. São como um buquê de flores para mim. Curto quase todas, exceto garotas de outros homens.

— Você é volúvel, primo. Tenho um montão de garotas, mas não digo a mim mesmo que curto todas. Mas suas duas minas são verdadeiras campeãs, assim como Honey. Ouça só aquela Lee-Marie ali, está ouvindo? Toda vez que se vira, suspira, tosse, está chamando o seu homem. Jamais vai incomodá-lo se você a quiser. Pode sofrer dores agudas, mas você nunca saberia. Seja bom para essas damas. É raro, primo, que tanta honestidade se concentre na casa de um homem. Se dissesse a Lee-Marie que precisa fazer mais sexo, ela lhe conseguiria uma dona ou lhe daria ela mesma, com tal intensidade que você acabaria se esquecendo que tem um caralho. O que vocês curtem é a cabeça um do outro, o resto são pequenos detalhes superficiais. Ouça ela, está dormindo ali, mas escutou aquele pequeno suspiro? Ouça. Aí. Viu? Ela diz: "Se me ama, encoste seu belo traseiro negro no meu corpo." Ha ha!

— Tudo isso num simples suspiro, Billy?

— Vai nessa. Não se preocupe com minhas câmeras, não tem nenhuma naquele quarto. Vou dormir um pouco. Te vejo amanhã, Chazz.

29

— Ah, ele está convencido agora, *daddy*! Todos aqueles encontros que tivemos e durante três semanas, eu o mantive a distância, ele quase perdeu a cabeça. Como Billy me recomendou, conquistei a mente dele primeiro. Superei Sarah Bernhardt. Disse ao velho Pierre que havia desistido dos homens há tanto tempo que não me lembrava mais. Perguntou se eu trabalhava para você, Honey. Nunca me senti tão insultada! Arrependeu-se e pediu desculpas, queria me compensar de certa forma por ter pensado tal coisa! Vejam, Charles, Lee-Marie, agora temos dois apartamentos em Nova York, um na Park Avenue, outro na rua 75 Leste, a poucos passos da Quinta Avenida. Pierre disse que pertenceu a um marajá, era sua residência privada em Nova York. Mostrou-me as fotos que o agente imobiliário mandou. Teremos o porão com um bar, uma sala de jogos e um jardim, e todo o primeiro e segundo andares, um elevador privado e duas bibliotecas com tetos entalhados a mais de seis metros de altura!

— Parece magnífico. Diga-me, srta. Parker, vai deixar a criada e o chofer visitarem seu *boudoir*?

— *Oui, certainement*, em especial minha criada! Pierre está tão convencido de que as mulheres e eu somos inseparáveis que eu lhe disse que precisaria ter outra garota se Honey não pudesse ir para Nova York. Isso resolve a situação de Lee-Marie. Ha, ha. Então Mingus e Lee-Marie vão morar e fazer xixi e cocô na rua 75 Leste, e eu deixarei *monsieur* Pierre me visitar no meu apartamento de Park Avenue, só com hora marcada. Que acha disso, *daddy*? Vai ter o seu estúdio em nosso porão, com o seu bar particular e um jardim para trepadas ao ar livre. Se ficar cansado de Lee-Marie ou de mim, nós podemos passar umas noites no palácio de Park Avenue e deixar você até terminar um trabalho que o esteja preocupando, ou para foder uma daquelas garotinhas ricas que vai encontrar a granel em Nova York. E se não puder dar conta do recado mande a garota para nós, que daremos um jeito nela. Ouviu isso, *daddy?* Ha! Você! Você! *Ma te du da de, ra ta ta!* Nova York, lá vamos nós, já estamos iiiiinnnndooooo! O sr. Charles Mingus e a sua companhia, iaiaiaia iaiaiiaaaaaa!

— Ha Ha! Grandes planos! Agora deixem o professor Billy Bones contar para vocês, crianças, a verdade dessa história. Pierre sabe que você está mentindo, Donna.

— Sabe?!!

— Ele não é burro. Quando mandei você convencer ele eu quis dizer convencê-lo de que o ama, fazê-lo acreditar sinceramente que é o primeiro homem a levá-la ao prazer sexual.

— Billy, eu vi a vida daquele homem mudar bem diante dos meus olhos enquanto ia aperfeiçoando a minha interpretação. Não passava de um homem velho, fraco e desencorajado, pensando que tudo o que sabia fazer era dinheiro, um homem cansado tentando e esperando manter uma ereção, até que comecei o meu discurso: "Ah! Ah, não! Pierre! Pierre! Pela primeira vez na minha vida..." E o seu rosto foi lentamente ficando ousado, forte, seguro, suas bolas desceram e ficaram pendendo, e o pênis saiu do esconderijo onde sua mulher deve tê-lo colocado na juventude, quando ela fez sua ereção regredir quase até sua mente e as suas bolas murcharem. Não, Billy, esse homem não mentiu.

— Ele tocou punheta, Donna?

— Claro que não.

— Ele mentiu. Preferiria ver você e Honey lambendo suas bucetas enquanto se masturbava, é assim que sente prazer há quarenta anos. Em dez desses anos, eu o vi com suas garotas, que contrata como "assessoras comerciais" por salários incríveis e, por baixo do pano, comissões e mordomias pesadas também, até que elas deixam o país finalmente com o seu homem de verdade ou sua companheira lésbica ou seja lá o que for. Donna, estou tentando lhe mostrar algo. Se deixar o seu ego fora disso, vai aprender. Donna, Pierre é louco, todo mundo que vive uma mentira é louco, e você foi louca a noite passada com Pierre quando mentiu sobre si mesma. Até agora tudo o que disse e fez foi honesto. Realmente não foi nem ruim nem boa antes da noite passada. Se fosse minha mulher eu lhe dava um chute no traseiro. Entende aonde estou querendo chegar? Mingus não é um cafetão. Ainda não. Também não é um músico. Mas uma coisa ele é: verdadeiro consigo mesmo. Sabe, Pierre não é apenas um otário ou um mero cliente. Pierre é um sistema, e todo homem que escolhe o sistema de Pierre sabe de saída que ele inclui o seu tipo de esposa para desfilar em público e o seu tipo de mulher para ordenhar seu leite e seus bolsos. Por isso, até a noite passada você vinha *jogando*. Mas, na noite passada, enquanto jogava o que lhe parecia uma mão vencedora, você se tornou uma farsa como Pierre naqueles poucos momentos em que resolveu amar as mesmas coisas que Pierre ama.

— Dinheiro, Billy?

— Não, minha querida. Na noite passada o diabo dentro de você vendeu sua alma para outro diabo que existe em Pierre por amor ao tipo de poder que o dinheiro não pode comprar. Na noite passada você *gozou* diferente de todas as vezes que gozou na vida. Diga-me se não gozou.

— Como soube, Billy?

— Porque eu fodi certa vez com outro diabo, como você fez. Não pensou em Mingus nem usou seus dedos, como Honey lhe disse para usar, eu soube no momento em que você falou. Você sonhou e existiu na terra de ninguém na noite passada, com todo o dinheiro, toda a riqueza do mundo empilhada num quarto, num cantinho do inferno na sua mente. Você e Pierre se casaram com o mesmo espírito da maldade na noite passada. Mingus, você está sacando isso? O que faria? Prove! Olhe só aqui, tenho aqui vinte notas de mil dólares. Agora toque uma punheta. Não pense em mulher alguma, nem mesmo no calor da sua mão. Goze olhando para este papel. Nem mesmo pense naquilo que esse papel compraria para você, o que incluiria, inconscientemente, uma mulher.

— Fique com a sua grana, Billy. Está muito claro para mim.

— Percebeu, Donna, você está fodendo com a sua alma. Pierre quer que você pense que o convenceu. Acha que por um momento Pierre acreditou que você não estava perfeitamente informada sobre *tudo* a respeito dele? Queria ter certeza de que a sua farsa era a proteção dele, que você nunca o exporia, que você deseja tanto algo que ele tem que viveria uma mentira e convenceria a si própria de que a mentira é verdade. Essas pessoas são donas da espinha dorsal e de um pouco de tudo mais neste país, até mesmo da profissão desse sujeito, Mingus, profissão que, poderíamos dizer, transforma músicos em prostitutas... Mingus, eis como se livrar e não ter de depender do que os fedelhos ricos acham e os críticos dizem do jazz, do verdadeiro jazz, o seu trabalho. No meu julgamento, um bom músico de jazz tem de recorrer à cafetinagem a fim de se liberar e manter sua alma íntegra. Jelly Roll Morton tinha sete garotas, pelo que eu soube, e foi assim que comprou o tempo para compor, estudar e, no embalo, incrustar seus dentes com diamantes, e provavelmente o rabo também. Ele dizia: "Homem branco, você odeia, luta e mata pela riqueza, eu a conquisto fodendo. Quem é o melhor?" Era o que Jelly falava quando saíamos juntos, e quero que você faça o mesmo... Quanto a você, Donna, você é um produto do sistema, também. Pode fingir ou acreditar que é uma de *nós*, que veio das ruas, de pais miseráveis, mas sua família tem dinheiro, sua afinidade estaria do lado deles. Como olhar para um iate de sua propriedade significaria uma coisa para você e outra para mim. Talvez você se excitasse só de vê-lo e saber o que simbolizava, enquanto eu teria de viajar naquele iate e conhecer as criações da Terra a fim de apreciá-lo. É melhor decidir logo, antes de ir para Nova York com Mingus e Lee-Marie se *eles são* ainda seus inimigos tradicionais ou se são seus verdadeiros antagonistas. Refiro-me a pessoas como Pierre e sua esposa, que mandam neste país. Preciso lhe dizer que está contra Pierre se estiver do lado de Mingus, uma vítima do sistema que Pierre sustenta? E que agora, mesmo como sua cortesã ou quase inestimável concubina, você vai ser uma das escravas de Pierre também? Assim como uma prostituta das ruas está para o mais barato do trabalho escravo... Estou muito familiarizado com o local para onde estão indo, meus amigos. Seu orgulhoso primo Billy Bones recebeu uma ordem policial para sair daquela selva que vocês pensam em conquistar, Charles. Eu dominava a maioria dos distritos da zona norte na loteria popular,* oito clubes legalizados e quatro hotéis. Mas não era nada fácil para quem ousasse ir contra Dutch Schultz ou a Máfia durante os dias da guerra de gangues. Assassinatos eram contratados por dez centavos a dúzia no Harlem. Alguns crioulos da pesada foram abatidos, Chazz. Seu primo Darcy, eu e dois irmãos bem mais velhos de Chicago inventamos a loteria dos números. A idéia nasceu do cérebro negro muito antes de nós. São Francisco não valia a pena para um malandro negro na época, por isso fiz minha estréia na Grande Maçã. Deviam ter visto a brigada que Dutch mandou para tirar de nós a loteria, uns gorilões fodidos e medonhos, com os maxilares caídos e o corpo coberto de pêlos. Falaram em alemão, eu traduzi para Darcy e ele riu. Então um dos gorilas me chamou de "crioulo metido a esperto" em italiano e Darcy começou a traduzir para mim do espanhol, e *eu* ri. A coisa acabou ficando muito engraçada. Imaginem a raiva, a revolta, e sintam a tremenda tensão e o medo

* "The numbers racket", no original. Espécie de versão norte-americana do nosso jogo do bicho, dominada por redes de contraventores. (N.T.)

no ar. Começamos a rir tanto e tão forte que eles ficaram apavorados. O ódio puro é incapaz de entender a risada. Estendi a mão para apanhar meus arquivos, os papéis, um deles quis sacar a arma e quase não podia se mexer. Estavam todos paralisados. Podíamos tê-los matado ali na hora, dois crioulos franzinos neutralizando bandidos com risada! Darcy e eu falamos: "Digam a Dutch que vocês pegaram tudo." Abrimos mão definitivamente. Se eles queriam tanto a loteria a ponto de matar por ela, podiam ficar com o negócio. A Máfia já planejava tomá-lo de Dutch, e o estúpido era incapaz de ver isso! Eu sabia que podia vencer em outro campo, não ia trabalhar como empregado deles na nossa invenção. Decidi terminar a faculdade de direito e dar atenção aos meus negócios legais. Aprendemos com nossos irmãos brancos a investir o dinheiro ganho com a loteria em clubes para a elite nos bairros pobres. Clubes que ficavam abertos toda a madrugada atraíam celebridades brancas e gente da sociedade, e os invasores não eram maltratados, os ex-escravos abriam espaço para eles, reverentes, observando os visitantes ricos como se fossem deuses chegando para uma inspeção. Os crimes tinham a proporção de dez para um no Brooklyn e no Bronx em comparação com o Harlem. Cara, nós mesmos policiávamos a região contra os assaltantes, porque sabíamos que eles matariam os negócios. Mas a imprensa branca varreu a vida noturna do Harlem com um tipo de propaganda que dura até hoje, de que em cada sombra há um negão bem escuro com uma faca ou um revólver pronto para estuprar ou assaltar a gente branca. As únicas putas que eu conhecia então eram aquelas sobre as quais lia nos jornais, mas quando fui expulso dos meus negócios normais recorri a um pouco de cafetinagem até recuperar o fôlego. Fui apanhado antes que pudesse começar para valer, e chutado para fora de Nova York por uma ordem policial, o que arruinou definitivamente minhas possibilidades de me tornar advogado. Por isso, agora sou um cafetão de verdade, como aquele famoso playboy de Santo Domingo. A única diferença é que ele pode jantar na Casa Branca. É um bom rapaz, mas um peso-leve. Nos encontramos na Espanha e em diferentes partes do mundo de vez em quando. Conhecemos garotas que vêm para este país e exploram os bordéis como minas de ouro até que seus vistos expirem... O sistema me expulsou de muitas áreas e tenta até me expulsar da vida. Não consegue. Tenho um cérebro que me ensina a ser o melhor em qualquer coisa que eu faça. Você também tem, por isso use esse conhecimento ou caia fora agora. E digo isso à sua mulher, Donna, como digo a um de nós. Se ela não gostar ou não entender tudo o que você vai fazer, explique de novo, e de novo, e não sigam adiante com suas idéias até vocês dois saberem aonde estão indo, seja para a lua ou para um cortiço. Não se alie a uma mulher que esteja apenas adivinhando. Se ela entende e, ainda assim, não quiser acompanhá-lo, então deixe-a livre e siga o seu caminho, porque acredito que homens como você são necessários para a batalha, senão o mundo vai ser dominado por um bando de robôs que só sabem bater o ponto e chupar pau... Existem duas coisas que pode fazer por mim, primo. Se um dia ficar mais ou menos famoso no mundo dos espetáculos, diga aos companheiros negros que um irmão de cor chamado Billy Bones começou a loteria das ruas e foi expulso, e que nenhum negro devia jogar nessa loteria agora porque o branco se apossou do que não era seu e é dono dos crioulos de alma branca que cuidam do jogo para eles. Diga a eles para se livrarem dos crioulos lacaios e dos chefões brancos ou começarem alguma coisa própria. Por exemplo, estou trabalhando num novo projeto... Todo mundo gosta de jogos de azar e a loteria dos números não é a única idéia no mundo. É o chamado Clube da Pirâmide. Vou começar um daqui a pouco e, quando a coisa pegar, eu vou faturar alguns milhões e depositar em bancos suíços. Quando eu começar o meu jogo eles não vão conseguir que os negros joguem na loteria. A segunda coisa que você pode fazer por mim é contar o que aqueles colunistas fizeram para desviar o movimento dos brancos para a zona sul da cidade e tirar o controle dos negócios do Harlem da mão dos negros. Leve esses recortes de minhas anotações e essas fotos das filhas da elite se divertindo com os cafetões do Harlem para ter toda a prova de que precisa quando eles tentarem pegar você. Vai precisar dessa proteção da primeira vez que abrir a boca. Coloque-a num cofre ou dê ao seu advogado e deixe que eles saibam que você a tem em seu poder. Eu sou das ruas. Sei o que é começar do nada e subir até os milhões. As pessoas realmente perigosas são aquelas que nunca subiram das ruas porque são basicamente covardes, pagam por tudo, de uma boa trepada limpa a um assassinato sujo. Estou seguro de que matar a *si mesmos* seria preferível para eles a ter de enfrentar a manhã daquele dia do despertar, quando terão de ir trabalhar e fazer suas próprias guerras, cozinhar sua própria comida e foder suas próprias mulheres horríveis. Até esse momento, eles compram tudo isso de você e de mim.

— Billy, você me disse que estudou advocacia num curso por correspondência. Que educação formal você teve?

— Oficialmente, tenho nível universitário, mas eu forjei isso. Quando chegamos aos Estados Unidos, vindos de Santo Domingo, e eu ainda morava na Flórida com minha mãe, minha irmã foi freqüentar uma pequena universidade do Novo México que tinha uma faculdade em língua espanhola. Depois, eu me dei conta de que aquela seria uma boa universidade para se obter um diploma, longe de Nova York e não muito conhecida. Escrevi a ela para que me mandasse todos os documentos que tinha, e quando notei no diploma dela o nome Marian W. Boness (o W era de Wanda e ela sempre fora chamada por aquele nome), achei que podia tramar alguma coisa. Escrevi de Nova York para os arquivos deles usando outro nome, dizendo que pensava em empregar um jovem que freqüentou a universidade de lá, Marion W. Boness, o Marion escrito com um "o". Responderam dizendo que ninguém com esse nome havia cursado a escola. Escrevi de volta dizendo que devia haver algum erro e disse-lhes que o W era de William, e dei a data de nascimento de minha irmã em Santo Domingo. A carta seguinte dos arquivos trazia uma cópia dos boletins colegiais e universitários desse sujeito, Marion William Boness, Marion grafado com "o", e pedia desculpas pelo erro de transcrição. Era agora um universitário cujas notas mostravam que eu era um trunfo para os escritórios nova-iorquinos da Armação Ilimitada. Então escolhi alguns colegas da minha irmã no anuário da turma de formatura e comecei a localizá-los e a telefonar para eles. Convenci o primeiro cara de que não só se lembrava de mim, como de que havia visitado minha família e saído com minha irmã. Quando tinha tudo preparado, viajei até Novo México, procurei uns caras e umas donas, naquela de lembrar os velhos tempos, e disse que devíamos formar um clube de ex-alunos e manter o contato uns com os outros. Contei-lhes como fiquei chateado de não ter entrado no anuário por ter-me formado *in absentia*. Uma das garotas que conheci era uma porto-riquenha chamada Joan. Estudava para ser professora. Ha! Tive um encontro com ela e a levava de volta para casa no conversível aberto que havia alugado quando ela disse, só de brincadeira, que queria me mostrar o Beco dos Namorados. Estacionamos e quando fui abrir o porta-luvas para pegar meu fumo ela se deitou com as costas apoiadas na porta, dobrou os joelhos e abriu as pernas tão rapidamente que eu caí na gargalhada.

— *Chingale tu madre*, Billy!

— Cale a boca, Honey. E esta Joan fica tremendo, mordendo os lábios e dizendo: "Ó, Billy, não, você vai me dar um bebê! Vou me casar e não poderia fazer isso ao meu futuro marido..." Então eu tiro minha luva de camurça cinzenta e passo sobre as coxas dela lentamente na direção do rabo. Antes que possa chegar lá, ela vai tirando as calcinhas. Esta cadela no cio é uma ninfomaníaca. "*Besame cula*", ela diz e se mija ou goza toda. Suas calças molhadas roçam nas costas da minha mão. Estou sacando qual é a dela, por isso dou-lhe uns tapinhas no púbis e com a outra mão abro minha sacola de viagem no banco traseiro e a deixo escancarada depois de puxar o meu consolo, e eu bato na cara dela com esse grande caralho artificial francês, preto, tamanho jumbo, uma pica de boi, bato com ele no rosto dela, nos cabelos e debaixo do queixo. Jogo a coisa no meio de suas pernas e digo: "Foda-se com isso, sua puta cheia de fogo no rabo, eu quero olhar." Minhas calças e cuecas são tiradas num segundo. De pé, eu mijo em cima dela, nos cabelos, no rosto, nos olhos. Ela fica mais frenética e rasga sua blusa. Então eu puxo para baixo a frente do seu sutiã e de lá saltam suas grandes tetas firmes. Seus mamilos tremem, duros como um caralho. Então eu ouço este som de algo chapinhando e espadanando. Essa puta está metendo furiosamente na buceta este consolo de doze centímetros de diâmetro por trinta e cinco de comprimento, é maior e mais largo que qualquer salame italiano que vocês já viram. A puta está de joelhos, agarrando meu pau, com mijo e tudo, e enfiando na sua garganta. Nem chego a sentir os dentes, só lábios macios e a língua. Ela começa a chorar: "Que foi que você fez comigo? Nunca fiz essas coisas na vida! Juro que nunca fiz essas coisas com ninguém antes!" Ela gozava, jorrando porra como um homem, sujando todo o carro do sujeito que me alugou. Eu levanto a saia dela e puxo da sacola meu rebenque brasileiro e começo a chicotear com toda a força, cortando a carne da sua bela bunda nua, gorda e trêmula. Ela se projeta para a frente com o choque. Eu continuo chicoteando tão forte quanto posso a bunda dela. Alguns segundos se passam. Baixo o rebenque uma terceira vez e agora ela vem acolher meus açoites com as nádegas, e eu sei que ela é minha e com o meu caralho, bem enfiado, o dedo na buceta, o chicote na bunda, a vara demolidora de maxilares pulsando bem no fundo da sua garganta, eu gozo com o rebenque fustigando duro vinte ou trinta vezes suas nádegas frenéticas, frementes e rebolantes... Acham que eu deixaria escapar aquela doida tesuda? Nem a pau!

— Seu filho-da-puta! Corto os seus bagos se você me deixar! Quem me ensinou, Billy? Você é que é o doido!

— Honey, eu disse que amava você.

— É! Mas não consegui que me levasse para Nova York! Há dez anos, Mingus, sou a mulher dele. Ele me surrar, hoje, parece horrível. Se soubesse que ia fazer isso esta noite, acham que eu iria para a cama com ele? Não. Suas chicotadas dependem de como estou me sentindo. *Tengo que estar de ganas.*

São parte da minha vida. Quando ele faz isso, duas, três vezes por ano, *madre mia!* Ai *yo yo*!

— Enfim, isso foi outra história, vamos voltar ao que falávamos. Eu não tentei impressionar você com o meu conhecimento dos negócios ilícitos, Mingus. Mas quero que saiba no que está se metendo, porque se pegarem você vão bater mais forte que em Al Capone, porque é negro como eu e tem garotas brancas. Morando no East Side de Manhattan, vão achar que tem dinheiro, mesmo que não tenha. Não ande com cafetões negros ou brancos. Vai ficar marcado. Cafetões brancos são ciumentos. Vão entregar você aos tiras ou a algum bandido que o julgaria tolo o bastante para valer alguma coisa. Eu vou ensinar uma boa maneira de lidar com esse tipo de coisa. Um sujeito grandalhão, mais ou menos da minha altura, mas o dobro do meu peso, estava me seguindo, tentando botar a mão em mim, e me atacou bem no centro da cidade, no meio de um montão de gente. Botei os óculos e comecei a gritar por socorro e a lhe dar golpes com o meu jornal, enrolado como este aqui, está vendo? Toda vez que avançava contra mim, eu batia. As mulheres lhe imploravam: "Por favor, deixe esse homem em paz! Ele não lhe fez nenhum mal." Ele acabou caindo entre dois carros estacionados. Eu me afastei e joguei fora o jornal e comprei um outro, que enrolei da mesma maneira. Então eu me aproximo. As pessoas falam coisas à polícia como "Ele bateu com a cabeça no pára-choque" e "Ele estava pedindo isso, esse brutamontes atacou aquele homem!" A ambulância chegou. Nomes foram anotados e tudo mais. Eu tinha o meu pequeno jornal inocente dobrado debaixo do braço. Reuni dez testemunhas favoráveis a mim e dobrei a esquina passando pelo meu velho jornal ensangüentado na lata de lixo. Tome, leia ele.

— Ai! Que diabo! Meu pé! Tem um cano de chumbo aqui!

— Ha ha! Essa é a vantagem, Cholly, de se manter informado sobre os acontecimentos atuais... Tudo bem, então você vai chegar a Nova York dentro de poucos dias. Suponha que Pierre descubra que no lugar de Honey, como companhia de Donna, veio um contrabaixista crioulo mestiço. Não vai querer que aquela grana toda vá parar nos *seus* bolsos. Pode mandar vigiá-la durante algumas semanas, por isso, não deixe que vejam você com ela por alguns tempos. Não telefone de um apartamento para o outro, use telefones públicos. Todo cuidado é pouco. Posso ajudá-lo com alguns bons contatos, mas, enquanto Donna estiver com Pierre, é tudo o que você precisa. Seria bom, Chazz, que você ficasse num hotel por algumas semanas, ou, melhor ainda, deixasse que fossem para Nova York antes de você. Deixe Pierre ver

Lee-Marie e Donna. Diga que ela vai ficar com você enquanto espera que o seu primo Charles chegue. Aposto que ele vai tentar pedir a você que faça uma proposta para ela. Se isso acontecer, está feito. Você o terá sob o seu comando então, Cholly. O maior barato do otário branco é ver uma mulher branca-branca e uma mulher bege-negra se beijando e esfregando as bucetas. E então querem ver um negro fazendo amor com a sua mulher branca, ofegantes diante da concretização do seu maior sonho, enquanto se masturbam.

— É isso que eu gosto no seu Billy Bones, Mingus. Ele fala com tanta *finesse* sobre a arte do sexo.

— Bom, ele acaba de cancelar nossa viagem.

— Por quê, Cholly?

— Não estou a fim, Billy, não sou de dar espetáculos para o acampamento do meu inimigo.

— Então encontre outro. Fale a Mama Goose para mandar uma garota branca e me chame. Ele morreria se me visse transando com uma de suas mulheres. Eles adoram ver garotos rurais antiquados ao estilo sulista, espiando à sua volta apavorados com medo de que o homem branco chegue a qualquer segundo para enforcá-los. Há muitos anos que fazem isso no Sul para se divertir. O branco pergunta: "Tá de pau duro, crioulo?" Sam tem de dizer: "Não, sinhô." "Por que não tá de pau duro, nêgo? Nossas mulheres brancas não são mais bonitas do que as crioulas sujas de vocês?" "Sim, sinhô! Mas não tô duro porque não tô olhando". "Então como é que sabe que elas são bonitas, crioulo?" "Porque minha mãe viu certa vez e me contou. Posso ir agora, por favor?" "Deixem aquele negro ir embora, é um bom negro. Só não vá meter seu peru em nenhuma de nossas bucetinhas brancas, tá?" "Sim, sinhô, chefe!" ... Está bem, Cholly?

— O que você fizer é com você, Billy, mas estou fora de qualquer dessas jogadas.

— Muito bem, garotas, vamos fazer as malas. Cholly vai ficar aqui com Honey e comigo até que vocês estejam bem enturmadas com Pierre.

— Donna, quando for mobiliar aquele apartamento inclua um piano de concerto Steinway e um bom piano de armário no outro endereço.

— Sim, sinhô Charles.

30

— Ei, querido! Aqui, Mingus! Charles!

— Carregador, não chame nenhum táxi, minhas esposas vieram me buscar.

— O que foi, senhor?

— Ali adiante, o carro.

— Ei! Abrace-nos, *daddy!*

— Sentimos tanto sua falta. Nós te amamos tanto, como te amamos!

— Senti falta de vocês duas. Vocês são como um sonho fantástico das maiores belezas, belezas supremas reunidas por todo o universo para um concurso...

— Somos, não é verdade? Esse é o nosso chofer, Percy. Esse é o sr. Mingus.

— Olá, Percy. E os juízes são invisíveis. Através de uma voz nas nuvens uma mensagem chega a mim: "Poderia o sr. Mingus aproximar-se para receber o seu prêmio! Chazz Mingus criou um amor ideal único a partir de dois opostos perfeitos, Lee-Marie e Donna. Nós lhe outorgamos o primeiro prêmio por criar *Donnalee*, pois este será o nome delas!"

— Ha ha! Doido como sempre o nosso Charles, hein, Donna?

— É, muito doido, nosso querido marido. Já está tudo no carro? Vamos, Percy.

— Mas por que o nome de Donna vem primeiro, por que não Leedonna?

— Ora, pare com isso, eu é que deveria ter ciúmes. Charles e eu íamos nos casar até que você apareceu! Mas agora eu curto isso ainda mais. Posso até ter um filho para todos nós. Charles, temos de lhe contar uma coisa. Na noite passada tentamos transar. Lee-Marie fez amor comigo, eu fiz amor com ela, tentamos de tudo. Acabamos ficando altas, eu com vodca, ela com uísque. Ainda assim, nada. Continuávamos ouvindo ruídos no apartamento que nunca existiam antes. As luzes estavam baixas. Começamos a sentir que você estava de verdade com a gente, dizendo: "Esperem, *babies*, esperem o velho

Ming...". E subitamente uma estranha centelha percorreu o chão. Era como uma bolha de sabão azulada cintilando, e nós duas vimos um único rostinho na bolha. Parecia-se com você, com cruzes, ou sinais de mais, no lugar dos olhos! Lee-Marie se assustou e eu também, mas achamos que podia ser um reflexo da luz da vela. Chegamos mais perto para olhar e havia agora dois rostos na bolha, o meu e o dela. Juntaram-se lentamente e dissolveram-se em outra pessoa. Não era ninguém que conhecêssemos, parecia a fusão de um homem e de uma mulher num só rosto, não podíamos saber de qual dos dois. Então o seu rosto apareceu de novo, e dessa vez seus olhos estavam fechados. Não sei quanto a Lee-Marie, mas eu comecei a rezar para Deus ou alguém pedindo que me perdoasse. Corremos até os interruptores e nossos dedos apertaram um dos botões, clic, exatamente no mesmo instante, mas as luzes não afastaram a bolha. Ela se tornou amarelada, esverdeada, roxa e brilhante no centro como uma bola de cristal, e então gradualmente esmaeceu como um balãozinho colorido e se desfez pelo assoalho. Não podíamos nos mexer. Prendi o fôlego e rezei para que as chamas das velas continuassem a arder por mim, pelo amor de Deus... Mingus, não banque mais o bruxo, por favor!

— Por que não saíram e compraram uma ratoeira?

— Ah, Mingus, um rato com duas faces?

— E depois fez puff e estourou sem nenhum som!

— Não, com um tipo de som como pou.

— Eu não ouvi isso, Lee-Marie.

— Eu ouvi.

— Muito bem, eu não sei o que isso significa, Donnalee. Mas na noite passada não consegui dormir, fiquei caindo naqueles cochilos esquisitos e rápidos que me acontecem. Fiquei então simplesmente deitado pensando em como amava vocês duas. Foi quando decidi pensar em vocês como uma só coisa, eu podia vê-las no olho da minha mente.

— Donna! Eu disse a você que era o olho dele! Do tamanho e da forma de uma uva grande e escura, só que com aparência cristalina, transparente, e juro que fazia ruído. Como verter soda fresca num grande copo, estalando e borbulhando como bolhas de água de Seltz ao redor de cubos de gelo, mas dez vezes mais ruidoso.

— *Daddy*, não nos assuste assim. Mande *toda* a sua imagem da próxima vez, ou não apareça. Mas eu gostaria que isso acontecesse quando estivéssemos todos juntos. Um dia vamos fazer uma sessão, ou tentar com um tabuleiro mediúnico.

Donna e Lee-Marie levaram o meu garoto para a casa na rua 75 e lhe mostraram seus aposentos particulares, que eram exatamente como Donna tinha descrito: um estúdio no térreo com um bar, uma sala de jogos, um jardim e um piano de concerto. Elas o deixaram a sós, mandando-o descansar, e subiram para os quartos, prometendo-lhe num tom provocante uma "grande surpresa" para depois. Ele desfez as malas, tomou um banho de chuveiro e trocou de roupa, experimentou o piano, tocando ao acaso por algum tempo, sentindo-se feliz. Colocou o sobretudo Burberry preto que havia comprado porque era exatamente igual ao de Billy e saiu à procura do Central Park, que ficava apenas a poucos metros de distância. Fez sua primeira caminhada no lugar que se tornaria um refúgio e uma válvula de escape durante todos os seus anos de Nova York.

A história que Donnalee contara estava na sua cabeça. Acreditava que fora uma experiência real, que ele estivera lá de alguma maneira inexplicável e pensou a respeito daquilo.

Sempre fui capaz de hipnotizar as pessoas. Mesmo quando perdi Deus de vista, podia hipnotizar com a música. Eles vinham correndo e gritando pelos corredores e saltavam das arquibancadas. Como quando eu tocava com Hamp. Ele tem um gosto pelo poder, também. É fácil com a música, mas acredito que ele poderia controlar as mesmas massas humanas sem ela. Claro que não somos páreo para Jesus Cristo, ou Buda ou Amenhotep. Swami Vivikananda está mais próximo do meu time e eu nem faço parte da equipe nesta temporada. Mas sei que nasci com alguma coisa mística. Eu poderia reexaminar os perigos envolvidos nisso. Será que essas minhas mãos são as mãos apropriadas para deterem esse dom? Vi coisas o suficiente para me assustar. Como na ocasião em que alguém na banda precisava de um empréstimo e Hamp recusou. No palco, sem mesmo olhar para ele de um modo diferente do habitual, concentrei-me nele, e não o larguei mais. Você vai me dizer que ele não conseguia botar a banda para suingar porque eu toquei mal, um contrabaixo? Nada disso. Na verdade, eu toquei melhor. Mesmo com os amplificadores elétricos, o piano de Buckner, a bateria ruidosa e os naipes de metal sem surdina, meu som atingiu diretamente Hamp. Ele se aproximou de mim e disse algo como: "Ouça aqui, camarada, vá com calma. Você e eu estamos juntos." Sorria, batucando com suas baquetas, pois era um artista. Eu não disse nada, apenas *pensei*. Então Hamp disse: "Você é o cara mais estranho que conheço, de pé aí com o seu baixo, com um ar inocente, e, no entanto, colocando os seus pensamentos sobre a banda dentro da minha cabeça. Certo, certo, já entendi. Morris Lane vai receber os seus cem dólares." Então eu vim a entender que possuía esse poder para ser usado sempre que necessário e comecei a aperfeiçoá-lo. Sempre o tive, mas agora está voltando mais forte, agora que sei de que lado estou. Eu me pergunto se seria capaz de hipnotizar todas as prostitutas do mundo para que saíssem correndo nuas pelas ruas para estuprar todo homem à sua frente! A putaria entraria nos lares dos nossos líderes, os malucos que planejam conquistar o mundo ou destruí-lo e cujas esposas também são mulheres que foram esquecidas. Eu as espalharia de país em país, mulheres da Rússia, da França, da Alemanha, do Japão, não haveria tiras suficientes para prendê-las, e até as mulheres policiais iriam aderir ao movimento. Então, quando minhas mulheres em transe caírem sobre os líderes do governo, o mundo saberá a verdade das coisas: que Hitler só podia ter uma ereção quando multidões extasiadas e sua garota Eva gritassem *Heil, Hitler!* E que Napoleão era viado, e Mussolini um grande morfinômano. Que Goering era um drogado da pesada que consumia heroína vinte e quatro horas por dia. E que os reis e a realeza praticavam perversões e cheiravam cocaína, mas prendiam os pobres pelo que eles próprios faziam em grau dez vezes maior. É hora de saber quem são esses nossos líderes que nos levam para a morte como um modo de escaparem da vida. Prostitutas, arranquem as roupas de nossos líderes! Hoje! Pelo mundo afora! Se eles correrem, cortem o local onde seus colhões deveriam estar. Salvem este mundo doente, ó, vocês, putas inestimáveis!

31

— Onde esteve, Charles, querido? Você desapareceu!

— Caminhava pelo parque, *baby*.

— Surpresa! Surpresa!

— O que está acontecendo? Ei, Lee-Marie, por que não me falou? Quem são todas essas pessoas?

— É uma festa para você, *daddy*, convidamos todo mundo que você queria conhecer, a cidade toda está vindo. Aqui está Teddy Cohen. Este é Charles Mingus.

— Oi! Ouvi falar de você, Mingus, com toda a certeza!

— Ei, Teddy, é muito bom te conhecer!

— Cara, você é demais, e que lugar maravilhoso este aqui! E a festa vai a todo vapor. Olhem só esta sua Lee-Marie, que beleza! Uau! Uau! Quem é aquela?

— É Donna.

— Me enturma com ela, Charles?

— Nada disso, Teddy.

— Ah! *Entendi*. Uau! Uau! Mingus, saca só o traseiro daquela ao lado dela! Veja só aquelas tetas! Aquela alta, elegante, quem é ela, Lee-Marie?

— É Jane Anderson, e a outra divide o apartamento com ela. São universitárias. Moram aqui perto no Park. Onde está Allen Eager? Ele quer conhecer Charles.

— Eager? Ouvi falar dele em Watts. Gosto do jeito dele de tocar tenor.

— Onde diabo fica Watts?

— Nunca ouviu falar de Watts, Califórnia?

— Desculpe, Mingus, sou um homem da Maçã, a maior cidade do mundo. Já notou o ar empestado? Os rios Hudson, East, Harlem todos cheios da sujeira dos esgotos, belos lagos de merda. Pense em toda a merda ali! Quinze milhões de pessoas indo ao banheiro. Camisinhas, diafragmas velhos, fetos, tudo jogado pela descarga. Vejo tudo do meu barco. Às vezes o leme fica emperrado, aí eu mergulho para consertar. Pronto! Todo entupido. Clisteres velhos. Absorventes. Camisinhas. Gatos mortos. Cachorros. Lixo. Tudo o que eles não querem, é só puxar a descarga, vai tudo para o rio! E o ar! Ai ai! Uiuuu! Ahh! Sim, a maior cidade do mundo... Então você é de Watts, Charles Mingus. Lee-Marie é de lá também?

— É, de perto de Watts, Teddy Cohen.

— A propósito, mudei meu nome. Cohen já era. Não posso brigar com esses clubes com o nome de Cohen. Me chame de Teddy Charles.

— Ah, vai subir rápido.

— Não, é só para deixar de passar fome. Quero economizar dinheiro suficiente para poder ser enterrado onde eu escolher, aqui mesmo onde eles matam você. Ei, aí vem aquela criança Jane. Como é mesmo o nome dela?

— Quem é o vaselina ao lado dela?

— É um ex-orador, um ator desempregado, dirige um clube de strip-tease no Village. Espere só até ouvir o papo desse cara. Essas garotas devem ter grana. Posso ver pelo olhar faminto na cara dele.

— Olá, Teddy, já vi esse cara antes, mas não consigo...

— Este é Charles Mingus, o apartamento é dele. Mingus, este é Johnny Crane.

— Ah, sim. Essas duas jovens são suas fãs. Jane, você tem razão, é *mesmo* o Charles Mingus. Jane Anderson.

— Adoro sua música, sr. Mingus. Essa é minha companheira, Diana Taylor.

— Olá, Charles, eu o reconheci também.

— Não sou realmente Mingus. Sou Pettiford se fazendo passar por Safransky. Onde me ouviu tocar, Jane?

— Em Paris, no ano passado.

— Não, não ouviu. Não estive lá.

— Ouvi seus discos nas discotecas. E vi sua foto nas revistas de jazz.

— Mas isso não vai me acontecer por aqui, a não ser que pague ou que consiga ter um crítico como meu empresário. Na verdade, um contrabaixista pode copiar o meu estilo e tocá-lo bem na minha cara. Se for branco, vai ficar rico com as minhas idéias. Pode até ser um sujeito legal, mas não posso gostar dele porque sei que está me tirando o pão da boca.

— Não seja amargo, Charles.

— Amargo? Como é que uma criança como você poderia conhecer uma coisa dessas, Jane?

— Seja como for, conheço o seu trabalho e adoro suas composições — minha favorita é "Revelations". E certa vez ouvi uma fita de poema tonal em que você recitava "The chill of death". David Brookman tocou para mim.

— *Baby*, até eu gostaria de ter essa fita.

— Desculpem-me, senhoras, tenho de levar Mingus por um momento, nós voltamos daqui a pouquinho... Mingus, que tal aquela garota Jane, você notou?

— Notei o quê, Teddy?

— Dê uma olhada.

— Estou olhando.

— Você curte ela, não?

— Ora, Teddy, o que é?

— Bom, na minha cabeça Jane é... uma Lee-Marie branca! Não vê isso? Claro que vê!

— Espere aí, cara, Lee-Marie é a minha mulher.

— Não fique puto, cara.

— Você está olhando para a minha razão de viver.

— Tudo bem, mas você tem duas garotas, não é? Vi quando Donna olhou para você. Ela é a sua suplente, garota, mulher, certo?

— Donna, venha cá! Este é Teddy Charles. Ele diz que você é minha mulher porque viu você olhar para mim.

— Não posso olhar para o que é meu? *Daddy*, é hora de você conhecer todos os convidados. Quer apresentá-lo, Teddy?

— Com prazer. Senhoras e senhores, gostaria de fazer um tributo ao nosso convidado de honra. Um brinde ao maior contrabaixista do mundo, Charles Mingus!

— Buuu, Teddy Charles! Mingus é um compositor, um grande compositor. A maioria das pessoas não conhece a verdadeira música de Mingus. Pergunte a minha amiga Diana, nós tocamos "Revelations" para a classe de música na escola e o professor achou que era uma peça de algum compositor clássico que ele havia esquecido!

— Donna, aonde você vai? Donna, espere... Qual é o problema?

— Porra, Mingus, não gosto dela!

— Donna! Fique sentada. Não se mexa. Fique aí sentada. Donna, é possível que esteja *com ciúmes*?

— Olá, Mingus.

— Ei! Você é Allen Eager. Você toca muito, eu curto você!

— E eu curto *você*, seu filho-da-mãe. Este é Thelonious Monk.

— É, sou eu, mas só dei um pulinho aqui para ver se a festa não desanda e fica só de brancos.

— Obrigado, T... Ei, você não é Baby Lawrence?

— O prazer é meu, Mingus. Bem-vindo a Nova York.

— Vejam, Monk já está dançando, se exibindo para Baby Lawrence!

— Sou Barry Ulanov, da *Metronome*. Bem-vindo à cidade.

— Obrigado por ter vindo, sr. Ulanov.

— Este é nosso editor de reportagens, Bill Coss.

— Oi, Bill. Li algumas de suas notas de contracapas.

— Olá, Mingus, sou Bobby Gladden e esta é Anchovies.

— Charles.

— O que foi, Lee-Marie?

— Podemos ficar a sós por um minuto?

— Não agora, *baby*, depois.

— Mingus, tem algum lugar para descansar nesta casa? Diana diz que está cansada, quer se deitar um pouco. Confidencialmente, acho que eu também me daria bem com uma cama se me entrosar com ela e a amiga. Talvez a gente possa, todos nós, Lee-Marie, Donna, sabe, um trenzinho. Gostaria de assistir, pelo menos.

— Acho que não, Teddy. Especialmente minhas duas. De onde tirou essa idéia? E Jane e Diana não parecem piranhas, também.

— Uau! Uau! São muito solitárias naquelas escolas só para moças. Como eu gostaria de ver uma brincadeira entre essas damas educadas!

— Teddy, sua opinião sobre a mulher americana é mais depravada que a minha. É possível que essas vagabundas se mascarem de virtuosas para mim e exibam sua nudez para você?

— Bom, o que vale para alguns não vale para outros.

— *Daddy*, aqui está a chave do nosso elevador particular. Quero que suba comigo por um minuto. Tenho uma coisa importante para falar. Segundo andar.

— Subo já, Donna.

— Uuuiiii, Donna, isso é um barato! A cama de latão parece grande o bastante para uma festa! Uuuiiii! Ora, acho que não é preciso muito para impressionar um homem de Watts.

— Mingus, ouça. Você sabe que tem a nós, Lee-Marie e eu. Nós te amamos. Foi por isso que mandei Lee-Marie dizer àquela garota com quem você esteve a noite toda que você está à espera dela aqui em cima. Quero que você foda ela, que foda ela e ria na sua cara, porque não gosto daquela puta. Coloque seu belo cacete preto no cu virgem dela, chupe seus grandes seios, divirta-se. É o nosso presente para você. Se não fizer isso, vou deixar você. Porque se não foder com ela esta noite você vai foder quando eu não souber, e então vamos perder o trato honesto entre nós dois, assim como tudo mais neste mundo.

— Ora... obrigado, Donna, mas você viu tudo errado. Eu...

— Ah, me desculpem, sinto muito... eu pensei...

— Tudo bem, pode entrar, Jane, estávamos à sua espera. Sou Donna. Já conhece Charles, eu notei. É melhor tomar cuidado, ele é horrível. Estupra as pessoas. Por que está se levantando, sr. Mingus? Jane já viu homens deitados antes, tenho certeza. O irmão, ou talvez o pai. Vai entrar ou não vai, Jane?

— Bom, se...

— Ora, sente-se aí, garota, você é óbvia demais! Vou sair. Mingus, venha aqui fora um minuto... Mingus, não ame ela como faria comigo ou com Lee-Marie, ouviu? Se fizer isso, vou sentir lá embaixo, vou subir e arrombar essas portas! Teddy! Que está fazendo aqui?

— Uau! Uau! Estou com uma garota sonolenta aqui chamada Diana. Aonde podemos ir?

— Escolha o quarto que quiser, menos este, Mingus vai ficar ocupado aqui. Adeus, *daddy*, vou voltar ao meu papel de anfitriã. Lembre-se do que eu disse.

— Eu amo você, Donna.

— Eu adoro você, Mingus.

— Jane! Ei, acorde! Você cochilou?

— Ah, desculpe! Acho que estou um pouco alta. Por que estamos aqui em cima?

— Se está alta, vamos descer para tomar um café.

— Não estou realmente alta. Gostaria de um borgonha espumante.

— Vou pedir. Tem um telefone aqui com alguns botões.

— Não acenda a luz, Mingus.

— Alô, é do bar? Mande uma garrafa de borgonha espumante ao segundo andar, por favor. As portas duplas.

— Não são bonitas as velas, tremeluzindo no teto e em todos aqueles espelhos? Isso parece a suíte real no George Cinq... Mingus?

— Ah... Suas coisas, deixe-me pendurá-las. Aqui tem um cabide.

— Ah, suas mãos quietas, tão gentis, Mingus... Seu toque musical. Sim, toque no meu rosto com seus dedos. Humm... Assim. Humm!... Assim... Aonde vai?

— Ao chuveiro. Venha cá. É ótimo nadar à meia-noite nesta época do ano.

TOC TOC.

— É o garçom, senhor. Pediu vinho?

— Pode deixar aí fora.

— Sim, senhor.

— Óóó, Mingus, tem vapor demais, não consigo ver, onde está você? Óóó! Onde está o resto de você?

— Sinta pelo tato, *baby*. Entre. Eu tateio você, você me tateia. Yeah! Hoooh, Jane *baby*!

— Mingus, não me machuque.

— Isso é impossível. Ó, Jane, é o *maior* e o *mais suave* do mundo...

— Ah, isso é bom, mas... não... não me machuque.

— Só estou acalmando você, *baby*, para que a natureza possa seguir o seu curso.

— Promete, sem dor?

— Só dores boas. Chegue mais perto, *baby*, bem aqui. Onde está o sabonete? Isso, deite sua cabeça para trás, bem no meu ombro.

— Me ensaboe, me lave toda! Óóó, sinto cócegas no estômago... Não tem alguém batendo na porta?

— Tem... Quem é? O que quer?!

— Sou eu, Teddy! Deixe eu entrar!

— O quê? Cara, está maluco!

— O que tem nessa bandeja? Comida. Estamos com fome.

— Pegue o que quiser, mas deixe o vinho. Tchau, Teddy.

— Ei, beleza! ... Salmão, presunto, caviar... Mingus! Uau! Uau! Tem uma foca aí ou coisa parecida?

— ADEUS, TEDDY! ... Você está bem, querida?

— Não está doendo, Mingus. Sinto-me relaxada e bem.

— Venha debaixo da ducha. Vamos tirar esse sabonete. Vire-se agora.

— Ah, me aperte com força! Mas não vai caber, Mingus, você vai me matar!

— Vamos. Traga duas destas toalhas grandes para a cama. Aaaah ... É bom espreguiçar assim como se não houvesse nenhum homem vivo no mundo capaz de nos fazer qualquer mal...

— Jane... Quantos anos você tem?

— Tarde demaiiisss, Mingus, você se esqueceu de perguntar há quarenta e cinco minutos. Sou velha o bastante para ter juízo, e isso é melhor do que tudo o que já me aconteceu. Não me leve tão longe assim e comece a se sentir culpado. Achei que ia ser assim há muito tempo, antes de ter dezoito anos, tenho vinte agora. Isso faz muita diferença?

— Porra! Quem é que está telefonando para cá... Alô?

— Alô. Pode me ouvir, *daddy*? É Donna. Espero que não tenha interrompido.

— Tudo bem, *baby*. Que barulheira é essa aí embaixo?

— Monk e Baby Lawrence estão fazendo um concurso de dança.

— Reconheço o som do Baby, ele faz o tom de cada sapateado soar como uma nota musical. Pierre acabou de ligar. Diz que se sente solitário, você imaginou só? Estou indo ao outro apartamento. Vou tentar me livrar dele, vou usar um absorvente com molho de tomate, e se ele não for como alguns clientes que conheço, irá para casa cedo. Se eu puder me livrar dele, por que não me encontra depois no Trader Vic's?

— Lembre o que Billy disse sobre sermos vistos juntos.

— Está tudo limpo agora. Pierre viu Lee-Marie. Acha que ela é minha e que você é o corno.

— Ha ha! Donna, preciso de um carro para levar a dama em casa.

— A Ferrari está aí em frente.

— Ah, sim, Miles tem uma destas *ferries*.

— *Daddy*, se não sabe pronunciar o nome dela, duvido que possa dirigi-la. Pegue o Cadillac, o chofer está de prontidão. E se já acabou de trepar com aquela puta esnobe aí em cima, desça e passe algum tempo com os seus outros convidados. Eu ligo depois, querido.

— Até depois, Donna ... Jane, *baby*, pode se vestir com calma, estou à sua espera lá embaixo.

— Teddy, está se divertindo?

— Nada, cara, nem um pouco. Vou descer pra festa. Depois que a deixei bem azeitada e tudo mais, ela simplesmente fugiu da luta. Blah! Conheço um monte de garotas. Por que tenho de ficar amarrado com uma dessas? Eca!

— Teddy, estou ouvindo o que diz, isso é jeito de falar? Volte aqui! Estou bem desperta agora.

— Detesto ser um desmancha-prazeres, Teddy, mas as garotas têm de voltar à escola esta noite.

— O quê? Ah, não! Justamente quando ela ficou bem acordada?

— Elas vão voltar no próximo fim de semana, diz a Jane.

— Ah, que porra. Tudo bem, fica pra semana que vem.

— Vou descer e confraternizar um pouco e depois vamos levar as garotas até a Grand Central, seja onde for. É melhor fazer Diana se levantar.

*

— Ei, Coleman Hawkins? Quando foi que pintou no pedaço?

— Agora há pouco. Soube que você estava na cidade, não podia perder isso por nada no mundo! Você realmente aprontou uma farra por aqui. Onde foi que conseguiu essa carne de búfalo, ainda abatem isso a tiros em Watts? ... Lá está Roy Eldridge. Oi, Roy!

— Ei, Bean.*

— Aqui está aquele garoto da Califórnia de que lhe falei, Cholly Mingus. Sabe, seu homem Tatum vai aparecer por aqui, dei a ele o seu endereço. Ele riu, disse que você devia gastar toda aquela energia na música.

— Quer dizer que Tatum vem aqui?! Céus! Vamos a algum lugar mandar limpar meus ouvidos. Com todo aquele piano ali eu sei que ele vai querer aproveitar.

— Eu sabia. Só podia ser o Dizzy vindo lá de trás beliscando bundas.

— Olá, Mingus.

— Bird! Yardbird!**

* Apelido de Coleman Hawkins entre os músicos de jazz. (N.T.)

** Apelidos de Charlie Parker. (N.T.)

— Que bom ver você por aqui, Mingus. Tenho falado com Miles, por que você não veio antes?

— Ora, ainda não estou pronto, Bird, só estou fazendo uma visita. Vou sair por aí e ver o que vocês andam tocando.

— Mingus, quem convidou todos esses brancos?

— Acho que foi minha mulher branca, Dizzy.

— Não vejo nada além de críticos.

— Cara, é um monte de talento junto, não saca isso? Estou vendo Leonard Feather, ele toca piano. Lá estão Bill Coss e Gene Lees, eles cantam, ouvi dizer. Barry Ulanov deve tocar bateria ou coisa assim, sacou, com aquela batida *Metronome*. Martin Williams é capaz de tocar tudo, posso dizer pelo seu jeito de escrever. Coloque Marshall Stearns no baixo, deixe Whitney Balliett fazer os arranjos e John Wilson reger. Deixe os outros críticos jovens em ascensão dançarem. Que tal, não gostaria de fazer uma resenha dessa merda para o *Amsterdam News*?

— Adoraria especialmente ouvir o Gene Lees cantar. *Ka badga dougii*! Cante, Gene Lees! Num palco de Nova York para que eu possa estar lá na sua grande estréia e ir cumprimentá-lo nos bastidores, sacou?

— Graças a Deus você não o obrigou a cantar agora, porque aqui está Art. Ei, Art!

— Oh-oh! Senhoras e senhores, atenção, por favor! Deus está nesta casa! Fats tinha uma mão esquerda, também. Ele não chamaria Art de Deus.

— Por que não? Art é definitivamente parente do Homem.

— É, Bird, mas ser parente não faz dele *O Homem*. Mas aí vem o Seu filho, que é o mais incrível pianista. Lembram do jardineiro no Novo Testamento, logo depois da Crucificação? Neste século o jardineiro é um pianista... Ei, Art!

— Como vai você, Mingus? Ainda sabe tocar, rapaz?

— Sei, Art, mas prefiro ouvir esta noite, para referência futura. Ouvi dizer que nesta costa do país as pessoas prestam atenção... Bird está tirando o saxofone do estojo.

— Vamos, Bird, quero ver o que você tem a dizer esta noite!

— "Lover". Um, dois, um, dois, três, quatro...

— Porra, Diz! Já ouviu uma coisa dessas na sua vida?! Art acompanha o Bird com solos de mão esquerda, faz um contracanto com a direita e consegue manter o ritmo fluindo ao mesmo tempo. Bird está improvisando agora, olhem só o seu grande rosto de lua sorrindo para Art. Uh oh. Art ergueu a cabeça. Lá vai o Bird. Art não se dá ao trabalho de lançar os acordes para ele. Não arrasta em nada o solo do Bird. Ouçam só esses filhos-da-mãe maravilhosos. Saquem os críticos ali adiante ainda conversando. Não estão ouvindo nada.

— Como na ocasião em que Duke e Art tocaram juntos, no clube ao lado do Birdland. Tocaram como nunca, mereciam sair nas manchetes dos jornais. Em vez disso, a única resenha fazia uma piada sobre o nome estranho do baixista cubano.

— Vamos lá, Bird! Vai fundo, Art! Cara, o Bird tem um outro sax escondido em algum lugar e duas mãos extras. Só pode ser. Escute só esse som encorpado! Como dois caras tocando em uníssono.

— Sim, Hawk, encorpado como o seu som.

— Lá vai. Um milhão de passarinhos chilreando, cantando, batendo asas bem alto no céu! Está ouvindo, Mingus? *Chirp da la da la!* Está ouvindo esse som descendo dos céus?

— Sim, Diz, aquele som de um milhão de pássaros me faz lembrar a música que ouvi no dia em que nasci!

— Está bêbado, Mingus?

— Não, por quê?

— Então nunca fique bêbado ou vai deixar essa terra! Ha ha ha!

— É isso aí, Bird! Isso aí, Art! Mandando todos esses branquelos calar a boca! Beleza! Ah, meu Deus! Beleza pura! Sim, ó, Senhor, ó, Senhor! Agora terminaram. La vão os críticos, piscando os olhos, batendo palmas, tentando fingir que estavam ouvindo. E veja só Bird, tocando ainda enquanto vai caminhando embora. Ha ha! Arrastando os pés até Buffalo! Ha ha! Ha ha!

— Charles...

— Que é, Jane, *baby*? Meus amigos, me dão licença.

— Não, fique na sua, Mingus. Diana e eu vamos para casa arrumar as malas, é logo dobrando a esquina. Venha quando estiver pronto.

— Tudo bem, *baby*.

— Ming, ela é como aquela de São Francisco? Seus pêlos são da mesma cor dos cabelos?

— Muito bem, cara, já chega, entendeu.

— Mingus?

— Sim, Lee-Marie.

— Poderia vir à biblioteca por um momento?

— Claro. Me dá licença, Diz... Hawk... A gente se vê por aí... Algum problema, *baby*?

— Donna acabou de telefonar. Pierre planejou algo especial para esta noite. Donna e eu. Sem você. Sinto muito. É a sua festa de boas-vindas... Nós três deveríamos ficar juntos. Tudo está tão confuso. O que devo fazer?

— Fazer? Relaxe. Tudo está correndo maravilhosamente. Faça o que quiser.

— Mas, Mingus, eu detesto ter de ir. Eu amo você.

— Não acho que me ame, Lee-Marie, você ama uma idéia. Só comecei a ver o que estou fazendo a você, a Donna e a mim mesmo depois que você deixou São Francisco. Ouvindo Billy fazer o seu grande discurso, quase como um santo, fiquei desconfiado. O que significa tudo isso?

— O que significa para você, Charles?

— Não significa nada para mim, nada mesmo. É tudo um jogo de ambição. Esse dinheiro no bolso da minha camisa? Dezenove mil, setecentos e noventa e oito dólares. Não foi um empréstimo. Billy *deu* para mim e deram roupas para você e para Donna. Por quê? Porque Billy e eu somos uma família unida? Não penso mais assim. É porque ele quer companhia na jogada em que embarcou. Quando criança um tombo me deixou inconsciente. Um menino estirado sangrando no chão. Eu era aquela criança e, no entanto, não era aquela criança. Eu era uma outra pessoa no mesmo quarto, mas a família não conseguia me ver. Eu era uma espécie de sábio, velho como o tempo. Dependia inteiramente de mim deixar aquele menino caído ali e caminhar para o infinito ou soprar nele minha vida consciente de novo. E agora posso ver você e tudo ao seu redor tão claro e transparente como vi naquele dia quando sabia aonde as pessoas iam e podia pensar que eu estava ali ou seguir no carro ao lado deles sem que me vissem.

— Não entendo você.

— Sim, você entende.

— Telefone, madame. É a srta. Donna.

— Deixa que eu falo!

— Sim, senhor.

— Alô, Donna, ela não vai. Sim, ela me disse, e você pode dizer a ele que ela não está disponível. Simplesmente foi embora, se mandou, partiu. Diga a ele que se é isso o que quer que vá ao Harlem e procure... Me desculpe, mas quero dizer exatamente isso. Vocês duas estão largando essa história, no que depende de mim. Fico feliz que ela ainda não tenha entrado nisso. Esta noite ou qualquer outra noitada cheia de grana não vai nos perturbar a partir de agora... Falou em amor, Donna? Espero em Deus que eu possa realmente amar antes que seja tarde demais. Você pode se livrar dele? ... Sim, ela está comigo aqui, mas não vai aí, eu já disse... Está bem, não desligue.

— Alô, Donna. Sim... Sim, sim, eu vou.

— Lee-Marie, não vá! Você não é uma puta. Mentiu para mim, vi tudo num transe na noite da nossa visita.

— É, Donna, ele está sentindo pena de si mesmo, mas vai esfriar... Está, dentro de uns vinte minutos. Está tudo bem, ele sabe que nós o amamos. Tchau... Posso ir, Charles? Diga que posso ir. Porque estou indo.

— Por quê? Por quê? Não é mais por mim, não quero que vá!

— Então será por sua música. Você morreria batendo um relógio de ponto, se isso o afastasse da música.

— Não penso mais assim. Terei *mais* a dizer musicalmente vivendo na sarjeta, *abaixo* da sarjeta, teria mais idéias para escrever.

— Por que não pegou um emprego então, quando Barbara e seus pais queriam isso?

— Era cedo demais para interromper meus estudos. Eu nunca teria conseguido naquela ocasião.

— Você não pode parar sua música, Mingus, nem um *pouco*. Já toquei concertos para violoncelos, hoje mal consigo tocar afinada.

— Lee-Marie, você só estudou porque seus pais a obrigaram e parou na primeira oportunidade que teve, assim como minhas irmãs. Se todo o dinheiro gasto com elas fosse investido num bom professor para mim eu teria decolado já aos cinco anos de idade.

— Eu não era nenhum gênio, Mingus.

— Você não tentou ser. Talvez eu seja. Ninguém vai me deter mais. Conquistei técnica, minha mente pode *pensar* pela prática com resultados iguais e melhores aos que eu alcançaria se trabalhasse horas e horas. Agora eu poderia trabalhar em qualquer lugar, numa agência dos correios, e praticar na minha cabeça. A única coisa que sofreria seria a resistência física e o amolecimento dos calos nos meus dedos.

— Gênio! Você quer aplauso?

— Quero razões pelas quais você e Donna deveriam tentar me tornar tão rico quanto Billy Bones. Esse talento não vai ser desperdiçado na cafetinagem.

— Certo, Mingus. Não sou tão boa quanto você.

— Está ficando tudo distorcido, *baby*.

— Não consegui sustentar a parada. Comecei a amar você muito cedo em minha vida. Achava que amava a música também. Não amo, realmente, não seria capaz de colocá-la acima das pessoas. Você consegue. Sou sua puta, aceite isso ou não. Condicionou-me a sentir necessidade de você porque me curvei à sua vontade. Deixe eu pegar em você. Existem milhões desses, mas quando me deito eu quero *este* aqui dentro de mim, e você com ele. Nunca pensei em amar mais ninguém, exceto Rags, porque se parecia com você. Mas não é você, senão estaria com ele.

— Você diz que me ama, Lee-Marie, e é capaz de dar *isto* a um outro homem, meu inimigo, que me odeia?

— Ahhh! Você é esperto, sr. Mingus. Astuto! Sujo! E está frio esta noite. *Você... quer... respostas!* Muito bem. É porque eu *sou exatamente como você*. Como você foi com Jane, um amante livre, e não quero admitir que é isso o que eu sinto com tanta naturalidade. Algo me faz sentir suja, perdida, desconfiando que é fatal para a salvação da minha alma. Mas se me disser que eu *perdi* minha alma por ter sido carnal e por ter amado você e Donna de todas as maneiras que amei, e *você* parou no limiar do pecado porque a garota com quem acabou de fazer amor não aceita nenhum pagamento, então estou perdida e contente com isso. Vai ter muita companhia em cima ou embaixo, seja onde for, no inferno!

— Você é a bruxa, Lee-Marie, não eu. É você que tem toda a alma.

— Não estou brincando, Mingus. Você julga as pessoas e as joga no inferno por um leve desvio dos mesmos pecados que você comete, como viver em adultério, mas aceite um centavo e está condenada! Você acha que perdi minha alma e que a sua apenas começou a crescer. A tensão foi e é demais. Para ficar com você eu tinha de fazer uma escolha, e fiz. Agora eu realmente quero tanto dinheiro quanto puder ganhar, milhões como Billy, se puder. Então talvez eu possa comprar a minha saída disso tudo, com você e para você, na Europa, não me importa onde. Eu quero você, *baby*, e se tiver de ser com Donna e Jane, e a *mãe* da Jane! ... Não estou ligando. Não tire essa coisa honesta de mim porque só estou vendendo o que irá para a terra em cinzas e pó. Não estou me vendendo. Aquela parte está tão intocada quanto antes de nossa visita ao lago Elsinore.

— Venha cá, me ouça, Lee-Marie... Vamos lá, sem lágrimas.

— Você não me ama, Mingus. Você não ama Donna.

— Então por que não estou *transbordando* de alegria? Meus problemas acabariam. Duas putas! Quanto você ganharia esta noite?

— Um montão, eu acho. É uma festa, um show. Eles querem olhar.

— Pois bem, que se fodam! Que vão para a cama e fiquem olhando seus sacos de dinheiro!

— Você desejaria Donnalee se tivesse de nos sustentar com a sua música? Não diga, conheço a resposta. Claro que nos ama, mas ainda não chegou lá. Meu pai realmente não se enganou, não é?

— Você está me confundindo, mas é a pessoa com quem tenho de explicar. Não sei porra nenhuma, *baby. Baby*, não *chore* agora. Nós dois nos amamos, vou amar você até o dia em que morrermos. Ah, aquele sonho, aquele sonho do qual eu não podia despertar...

— Charles, não vê, está tudo *resolvido*! Você não precisa "chegar lá". Não quero isso para você, enquanto tiver seus sonhos bonitos e feios e acordar para aquilo em que ainda acredita. E estou indo agora pegar o dinheiro daquelas pessoas que causaram tudo isso! E esta noite, quando eu voltar, vai me contar sobre o seu sonho. Agora preciso me vestir. E você vai levar aquela garota para casa. Vamos deixar esta multidão continuar a festa, não creio que ninguém vá sair levando alguma coisa que a gente não possa comprar. Está vendo, Mingus, é assim que quero sentir os meus anos nesta terra!

— Lee-Marie...

— Tchau, querido.

— Aqui está o velho Chazz! Por onde andou? Eu e as garotas estamos esperando há quase uma hora. Elas têm de pegar um trem mais tarde, agora.

— Oi, Teddy, desculpem, não pude vir antes. Vamos lá... Garotas, vocês se sentam no banco de trás e Teddy e eu pegamos esses assentos dobráveis.

— Mingus, me deixe no meu carro na rua 52. Preciso ir até o meu barco. Investi muito dinheiro nele para perdê-lo se esse furacão, como é que se chama, vier.

— Não vai se despedir de nós, Teddy?

— Vamos todos nos ver no outro fim de semana, certo?

— Certo, Teddy, mas vamos dar uma parada para tomar um café. E comer alguma coisa, talvez presunto com ovos.

— Que tal aquele botequim na esquina da 52 com a Broadway?

— Beleza! É bom mesmo ver a Broadway na minha primeira noite em Nova York.

— Bem, só nós três agora, garotas, é melhor eu me sentar no meio.

— Posso fumar um cigarro, Charles?

— Claro. Você também, Jane?

— Sim... Obrigada. Sinto-me tão, como posso dizer, estranha. Não posso acreditar nessa sensação de dormência depois da coisa. Acha que a dormência é conseqüência do meu superego me protegendo de qualquer sentimento? Eu me perdi porque Charles não podia de modo algum ter idéia do meu amor? No entanto, Charles, de certa forma, agora me sinto uma parte integrante da sua vida criativa. Sinto que entendo mais profundamente o significado da sua arte. Lembro-me de quando aprendi a esquiar e entrei na minha primeira competição. Acho que há uma analogia aqui, a excitação da novata ansiosa em conviver e competir com atletas profissionais. Ou será algo inteiramente diferente, o medo subconsciente da destruição na era da bomba atômica que nos torna vulneráveis a apelos animais e apetites primitivos num impulso de sobrevivência da raça?

— Mingus, o que Jane quer dizer é que a ameaça da bomba atômica a faz pensar que deveria partir para um corpo-a-corpo com um contrabaixista de aparência viril e deixar cair suas inibições e também suas...

— Desculpem, estou só fechando a janela do Percy.

— E também suas calcinhas suadas rendadas de náilon. E nos seus sonhos ela espera que você seja mais selvagem do que um animal de pau fogoso porque ela nunca deixou Newport, nem mesmo em seu banheiro.

— Ah, Diana! Muito engraçado.

— Ora, então interprete de outra maneira.

— Se é isso o que eu pretendo, embora você exprima de uma maneira crua, então não me envergonho.

— Posso dizer algo? Senhoras, posso?

— Claro, Charles.

— Certo. Ha ha! Ha ha! Uouuiiiiii!

— Mingus, eu... eu...

— Eu sei, *baby*. Eu também.

— Vai escrever para mim?

— Ou vou aparecer para visitá-la. Quando pode ser visitada fora do campus?

— Quando você quiser. Mas vou estar de volta aqui com você na sexta-feira.

— Estarei à sua espera.

— Diana, quero mostrar a Mingus minha câmara de eco particular na Grand Central Station.

— Vá em frente. Nos encontramos no trem. Tchau, Mingus.

— Tchau, Diana. Nos vemos... Aonde está me levando, Jane?

— É meu local secreto, um presente que minha avó me deu quando eu era criança. Quase ninguém conhece...

— Como poderia existir um local secreto nesse saguão imenso com todas essas pessoas barulhentas se movimentando por aí?

— Vamos até a porta mais distante a oeste da rua 42 e então fica bem à direita antes de você chegar ao saguão maior... Veja, encoste o ouvido na parede curva... e pode ouvir o mais leve sussurro, o menor som, de qualquer parte da sala.

— Deixe-me ir até lá e sussurrar para você, Jane... Pode me ouvir?

— Sssiiiimmmm... Minnnguuuussss ...

— Pense no próximo fim de semana ... *baby*.

— Ó, tããããooo eletrizante!

32

— Soa como o final feliz de um romance de amor, Charles. Herói escapa da vida de vício e corrupção e vai morar com novo amor.

— Nada disso, o herói não escapou, dr. Wallach, acho que os finais felizes não vêm assim tão facilmente. Ele ficou com Donnalee e tentou levar a coisa, mas não havia mais uma vida familiar. De São Francisco parecia um esquema perfeito, mas a realidade da coisa em Nova York tinha um significado diferente. Eu sabia que não podia me dar bem, era tudo uma fantasia.

— A garota Jane, o que aconteceu com ela?

— Não aconteceu grande coisa, mas conhecê-la mudou a minha vida e acabou mudando meu rumo. Pensei muito sobre ela, era algo completamente novo para mim. Ia visitá-la ou ela vinha passar os fins de semana em Nova York. Estava sempre comigo na minha mente, um sinal do que as coisas poderiam ser em outro tipo de existência, mas eu nunca me permitiria ficar realmente fisgado por alguém como ela. Sua vida é muito diferente, esquiar pelo mundo inteiro, falar línguas, possuir coisas. Para ela, a América Negra eram músicos famosos debaixo dos refletores agradecendo a aplausos ensurdecedores. Mas eu tinha uma necessidade de que ela me entendesse e escrevi cartas que tentavam não ter cor.

querida jane, agora eu lhe contei como vejo a garota jane anderson mas que tal se eu perguntar o que mingus significa para ela? ela poderia traçar um retrato verdadeiro dele? duvido. não quero ofender você esta é a última coisa que quero mas não posso acreditar que você possa conhecer mingus. mas dentro do seu corpo dentro de sua bela morada pessoal onde você é realmente você ele é como você. livre e bonito como você é. vamos pegar esse mingus e essa jane e mudá-lo um pouco mas deixá-la basicamente como é. vamos colocá-lo na universidade de música e contrabaixo de harvard e tudo para uma certa mexida. isto daria a ele um pouco mais de prestígio nos círculos sociais que cercam jane. como ele deseja cortejá-la, vamos dar-lhe um pequeno barco maneiro com espaço só para dois, barrando qualquer competição, e permitindo que ele a corteje em suas próprias águas tão adequadamente chamadas de rio charles. vamos até mudar o velho ming para um endereço chique em beacon hill. tudo isso poderia fazer com que eles se aproximassem um pouco mais mas mesmo assim um milhão de caras cresceram conhecendo jane nos palm beaches e st moritzes do mundo. um desses caras pode dizer a jane lembra-se daquela vez na escola preparatória quando eu tinha gasto minha mesada por isso peguei emprestado um rolls da garagem local sem permissão e dirigi com a garota com quem tinha um encontro até nova york, assinei o nome do meu tio na conta do plaza e fui preso por furto de carro e meu pai teve de vir nos soltar pagando a fiança (em traje a rigor é claro) e cara o sermão que eu levei! é uma história que jane entenderia e acharia divertida. mas se eu lhe contasse que conheci um garoto negro em pasadena que não tinha um carango para o seu grande encontro e tomou um emprestado sem pedir e foi para a cadeia por três anos e saiu destruído isso divertiria jane? jane por mais próximos que estivéssemos ultimamente não me lembro da sua cara. Mas posso reviver nossa fantasia como você a chamou tão claramente como se estivesse aqui ...

— Jane era tão diferente de mim, doutor, que não podia sequer enxergar ou entender o meu problema. Insistia sempre para que eu fosse a Southampton, lugares assim, passeios de iate, querendo que eu conhecesse o seu pai. Parecia ser o dono de metade da América, e eu temia o que ele pensaria, diria ou *faria*. Finalmente, perguntei a ela. "O que quer dizer, Charles, o que ele fará?", ela perguntou. "Estou falando da minha cor", eu lhe disse. Pareceu muito surpresa. "Ora, nunca pensei nisso", ela disse. Não acreditei nela. O senhor acreditaria, doutor?

querida jane, se acha que não pode responder a esta de seu próprio punho então datilografe uma resposta. não há necessidade de assinar o seu nome se acha que poderia haver complicações e se não acha eu tenho motivo para pensar que poderia haver. um jovem bem-vestido veio ao local onde eu tocava uma noite recentemente e me perguntou se conhecia você. soltou pequenas indiretas sobre A FAMÍLIA dizendo que se eu a levasse a sério deveria me dar conta de que seria mais seguro esquecer de você. a cor nada tem a ver com isso, ele disse de um modo muito sutil, mas a diferença no nível social é muito muito grande! fiquei assustado no início, eu admito, mas quando telefonei para lhe contar isso eu não sabia o que dizer. senti-me desajeitado, estabanado, constrangido, sem jeito e desliguei explodindo de ansiedade e indagando a mim mesmo se eu era um farsante e se era atrás do seu dinheiro que eu estava. desculpe-me baby, eu sei que isso é um monte de besteira. o fato é que nem sei o que é ter toda essa grana,

por isso por que é que ia querer tê-la? quando a conheci newport era um lugar do qual eu ouvia falar nos filmes e *yacht* era uma palavra que eu não podia sequer pronunciar até que procurei aprender.
quero que jane pense em mim apenas do jeito como nos conhecemos um ao outro por dentro não em termos do dinheiro e da posição social dela e não em termos do jazz e do que escrevem sobre mingus nos jornais e nas revistas. jane e eu somos reais um com o outro, sem interesses pessoais. Então minha amiga que eu também amo responda, *me responda* por favor. e não receie mandar uma foto sua e assiná-la com qualquer nome que escolher. vamos sempre falar a verdade um ao outro. uma boa dose de verdade poderia esclarecer uma porção de coisas. seu com amor, chazz.

— Mas você continuou morando na mesma casa com... Donnalee, como as chama, Charles?

— Não podia ir embora, não sei por quê, mas quanto mais elas se aproximavam uma da outra, mais se afastavam de mim. Quando eu tocava em clubes, elas vinham me ouvir e saíam juntas antes do último set. Em casa, a coisa chegou ao ponto em que as duas dormiam juntas na grande cama hollywoodiana. Depois de fazermos amor elas iam dormir, eu descia para o piano no meu estúdio e trabalhava, eu compunha o tempo todo, a noite inteira. Às vezes elas faziam um pouco de cópia para mim, mas a verdade é que quando não estávamos na cama parecia que eu sempre atrapalhava. Elas estavam nos *negócios* e sempre se vestindo para sair ou esperando que alguém telefonasse ou as visitasse, e até mesmo na cama existem só umas poucas coisas sensatas que duas mulheres podem fazer com um homem e fazer com que isso signifique algo para todos os envolvidos. Enfim, eu sempre entro na deprê do banheiro quando se trata de garotas minhas transarem com outros homens. Nossas cenas de amor esfriaram até se reduzirem a quase nada, e a tensão estava crescendo. Uma noite terminei uma partitura para um show de televisão e estava sentado meio desiludido e Donna sacaneou: "Olhe só o cafetão sem ter o que fazer." Eu disse: "Foda-se! Vá procurar a sua grana debaixo do colchão!" Debaixo do colchão daquela cama hollywoodiana havia centenas de notas que eu vinha colocando lá, nem mesmo sei quanto era, centenas de dólares, todos delas, todos delas, eu não os queria. No dia seguinte procurei no jornal, saí e aluguei uma cobertura num prédio sem elevador na rua 51 – Oeste. Eu sabia que precisava de uma mudança total de cenário.

— Foi o fim para você e Donnalee?

— Não, ainda não era o fim, mas eu estava em busca de uma nova vida, uma verdade mais ampla do que era possível alcançar morando com duas piranhas, pois era isso que se haviam tornado, duas piranhas e eu, não um caso amoroso em trio. Mas ainda era duro abrir mão da bela vida sexual que eu tinha e romper com aquilo. Quando me mudei para o West Side comecei a tentar fazer tudo ao mesmo tempo, trabalhar, compor, ensinar contrabaixo, perder alguns quilos. Um médico na vizinhança que era especialista em regimes me deu injeções e pílulas de anfetamina para controlar o meu apetite. Eu as tomei durante meses e perdi quarenta quilos, mas fiquei muito agitado, com os nervos aos frangalhos, e às vezes achava que ia enlouquecer por não dormir. Sentava à janela, olhava para a rua e achava que talvez todo mundo estivesse louco também, a rua inteira. Vi um cara lá embaixo que dançava o tempo todo, levava quase uma hora para deixar o quarteirão, sapateando para trás e para a frente e em círculos, tentando chegar aonde queria. Sua cor era um marrom-chocolate claro e sempre vestia um velho terno surrado de gabardina da cor da sua pele. Às vezes erguia o olhar e me via. Eu acenava para ele, ele acenava para mim e descia a rua dançando como uma boneca de pano, com as calças caindo, a camiseta para fora e as meias caídas sobre os sapatos. Ah, eu me sentia solitário nos primeiros tempos que morei lá. Eu certamente sentia falta de Donnalee.

— Ainda as amava, Charles?

— Mais que nunca. Na verdade, acho que saí porque estava com ciúmes. Não podia suportar o telefone tocando e elas marcando encontros, e vê-las se arrumando para ir ao encontro de seus otários. Eu as queria para mim, não podia suportar aquela partilha.

— Chegou a pensar em largar uma e ficar com a outra como uma solução?

— Uma nada valia sem a outra. Chegou ao ponto em que estavam mais próximas uma da outra que de mim. Tive de romper. Tocava em concertos com um grupo de compositores e fazia apresentações em clubes e colégios, e as pessoas começaram a me mandar alunos. Um dia eu estava na Filadélfia, numa universidade, e uma garota me esperava ao fim do concerto. Disse que era harpista clássica, queria estudar jazz comigo e viria a Nova York para as aulas se eu lhe desse meu endereço e o número de telefone. Seu nome era Louise. No meio da primeira aula no meu apartamento subitamente ela disse: "Mostre ele duro que eu chupo !" O *choque* me deixou imediatamente de prontidão! Nunca experimentara nada daquilo. Acabou sendo um gozo num *felattio* quase interminável. Era tão bom com essa garota que eu quis partilhar com Donna, e lhe contei. Ela adorou a idéia de se divertir com a gente e planejou toda a cena. Eu devia deixar a porta destrancada da próxima vez, e Donna entraria na ponta dos pés e nos pegaria nus e ficaria furiosa, dizendo: "Ah! Te flagrei trepando por fora, Mingus, por isso agora eu vou trepar com ela também!" Achamos que Louise iria curtir o lance, ela topava qualquer coisa sozinha comigo. Mas quando Donna começou a tirar a roupa, a garota começou a gritar com toda a força: "Tire essa tarada daqui! Tarada! Tarada!" Engraçado, ela não me culpou de modo algum, apenas chamou Donna de tarada. Fiquei envergonhado e convencido de que havia algo terrivelmente errado comigo para querer acrescentar ainda outra garota ao meu...

— Ao seu o quê, Charles?

— Ia dizer harém. E lá estava Louise fugindo do quarto, tão bonita, de bunda nua gritando "Tarada!" E Donna friamente continuou a tirar a roupa como se nada estivesse acontecendo. Então Lee-Marie entrou em cena, e eu sabia que Donna havia orquestrado aquilo também, só que a primeira coisa que ela disse foi: "Donna, a companhia aérea vai nos ligar para cá sobre as reservas para Acapulco." E eu sabia que tudo em que ela pensava era nos negócios. Buceta comercial. Foi a primeira vez que ouvi aquela história de Acapulco, e eu a agarrei e obriguei a contar tudo. Alguém havia arranjado um contrato para Donna, um cliente. Ela devia voar para lá, ficar num hotel caro e mostrar-se indiferente e rechaçar todos os avanços dos poodles machos até a chegada do sujeito de quem ela tinha uma foto. Devia então fingir que caía por ele. O cara queria mostrar aos amigos que era um grande amante. Para isso ela recebia três mil dólares pagos em Nova York, além de todas as despesas pagas. Então ela se torna criativa, decide levar Lee-Marie com ela para que, em caso de uma festinha, possa ganhar mais grana trazendo uma garota de cor! E eu pensei, que se foda, não sou um Billy Bones para sacar todos os lances certos. "Não sou Billy", disse a ela. "Não sou um cafetão! Não queria que você fosse, não quero que se prostitua. Desista de tudo isso. Sou um músico, este é o meu apartamento e não me venha cá com seus malditos planos comerciais! Deixe Lee-Marie longe deles, e ninguém vai atender o telefone aqui!" Donna começou a gritar: "Você *é* um cafetão! Veja só todo o dinheiro que tomou de mim!" E eu falei: "Eu lhe disse que cada centavo que você me deu ainda está debaixo da porra do seu colchão!" E lá estavam três pessoas que haviam realmente se amado brigando descontroladamente, eu de pé, totalmente nu, Donna de sutiã e cinta-liga e Lee-Marie no meio, e nós brigávamos sem saber por quê, e todas as coisas que tinham sido o paraíso para nós agora eram puro inferno! Olhei para a silhueta enxuta de Donna, macia e aristocrática, e pensei como sempre tivera um sabor de primeira vez fazer amor com ela. Topava qualquer parada, mas você não podia simplesmente sair fodendo com ela na boca ou no rabo, como Louise, ou uma puta pela qual está pagando. Donna tinha classe, era como uma virgem livre e maravilhosa que descobria cada ato com você, mas nunca repetia nada por exigência sua. Cada vez que fazia amor era toda uma nova cadeia de acontecimentos. E não era apenas Donna que estava ali berrando, era Lee-Marie também, o amor da infância, que fazia parte deste estranho trio. Quando o telefone tocou Donna o agarrou e eu a ouvi dizendo algo como: "Sim, vôo 647 da TWA, de Idlewild para Miami, Miami para Cidade do México, Cidade do México para Acapulco...", e eu sabia que tinha de cortar aquilo de vez, senão seria um homem morto, embora pudesse me matar também o fato de ter de deixar Donnalee. Eu sabia que tinha de terminar, ou eu não conseguiria mais compor música alguma, tocar contrabaixo algum ou sequer dedilhar o piano. Sabia que com apenas uma dessas garotas não haveria lugar para a música na minha vida, e nenhuma mulher pode respeitar um homem que a deixa saber que nada mais existe na sua vida além daquilo que tem com ela. O dia em que você disser a uma mulher "Não posso viver sem você" é o dia em que ela diz "Prove isso amando somente a mim, não ame o seu trabalho nem qualquer outra coisa mais." E assim, quando elas deixaram minha casa, botei umas roupas no corpo, fechei as janelas, tranquei a porta, saí na direção do aeroporto e peguei um avião para São Francisco.

— Voltou para Billy Bones, Charles?

— Não cheguei sequer a procurá-lo, estava farto de toda aquela vida de prostituição e não queria mais ser parte daquilo. Fui para a casa do meu amigo artista e fiquei no seu estúdio, como havia feito antes. Ele vinha todo dia e pintava e eu trabalhava ao piano. Foi um bom período de novo, do modo que sempre é com Farwell. Então Billie Holiday chegou na cidade com Fats Navarro. Foi a penúltima vez que falei com ele. Estavam num concerto promovido por Norman Granz e fui visitá-los no teatro.

— Minkus Finkus! Ouvi que estava por aqui, sabia que ia aparecer!

— Já estou aqui há algum tempo, Fats.

— Eu sei, ouvi dizer. Venha aos bastidores conhecer as figuras. Perdeu um pouco de peso, hein, Mingus? Olhe só para mim, fiz um disco com o

Jacquet sob o pseudônimo de Romero *Magrelo*, que tal isso? Billie, aqui está o Ming!

— Mingus querido, está no show?

— Só vim ouvir, Billie.

— Me dê um daqueles bem açucarados, *baby*, mmmmm! Quer tocar? O Norman precisa de outro contrabaixista no show, sabia?

— Seria uma boa para mim, Billie.

— Como é que vai com suas garotas?

— Acabou. Era demais para um homem de princípios elevados.

— Falou, *baby*.

— Lembra aquela canção que compus para você, Billie... "Eclipse"? Você nunca a cantou.

— Vá até em casa, pegue o seu baixo e traga a canção. Vai trabalhar porque sou a estrela do show e estou mandando.

Ah, não há maneira alguma de descrever como o meu garoto se sente quando está todo concentrado dentro de si curtindo a atmosfera criada por uma Billie Holiday no Philarmonic Hall, cantando para um público que a acompanha a cada nota e a cada detalhe de interpretação, e alguém pede uma canção que é fantástica, e Lady Soul, que já abençoou toda a noitada com a sua presença, diz: "Sacou, Mingus, viu como está a sua 'Sophisticated Lady' esta noite?" Simplesmente pura música, sem roupas vistosas ou truques banais, porque aquela Lady é elegante nas vestes, nas maneiras e na mente. Ela *é* a canção, e as pessoas ficam felizes e demonstram isso com seus "Bravos!" e pedidos de bis! Depois da última chamada para os aplausos, algumas vozes falam no palco parcamente iluminado: "Vejo você daqui a um minuto, querida!" ... "Quem vem comer alguma coisa?" E Mingus sente-se em casa de novo, colocando o baixo no estojo e esperando por Fats. Passam duas garotas que ele conhecia, Bobbie e Jo. Sentam-se em seus joelhos, o abraçam e dizem: "Venha com a gente ao Jimbo's!" Ele pensa em reservar uma delas para Fats, mas ele tem uma garota diferente na cabeça, você a leva para dentro das veias do seu braço à noite quando está sozinho, e Fats não pode esperar a hora de chegar em casa. Então Mingus sai com as duas garotas que são tão completamente diferentes do tipo de mulher que ele sempre gostou. Bobbie parece saída de um harém turco, escura e curvilínea, e Jo é alta e forte, morena de seios fartos. Aquela noite, só de ficar com elas, a memória de Donnalee é banida, pelo menos por um tempo.

No dia seguinte meu garoto passou por um homem na Fillmore Street cujo terno, três tamanhos maior, pendia do corpo em dobras.

— Minkus! Ei, Minkus! É você, *baby*?

— Girl! Fat Girl!

— Porra, Mingus, por que ainda me chama de Girl? Fats já era ruim. O que há de errado em me chamar pelo meu nome, que é Theodore Navarro?

— Sinto muito, Theodore.

— Deixa, pode me chamar de Fats agora porque estou ficando esquelético e sei que você me ama, Mingus, não é como uns outros filhos-da-mãe por aí que não gostam de mim e nem chegam a saber disso.

— Eu adoro você, Navarro.

— É bom ter certeza, porque vou partir em breve.

— Já arrumou suas malas direitinho, Fats?

— De que merda de malas está falando, Ming?

— Ora, se vou para algum lugar eu boto na mala as coisas que quero levar comigo.

— Não vou a lugar algum, por isso não vou levar nada. Mas mesmo assim não tenho medo de morrer como você, Mingus.

— Foi aí que nos desentendemos antes, Fats, quando você tomou aquelas cinqüenta dexedrinas mais um punhado de benzedrinas tudo junto e disse: "Foda-se Deus!" Você me assustou no começo, até que saquei o lance. Quando você disse "Foda-se Deus!" realmente quis dizer "foda-se eu mesmo". Como Deus é o oniinvisível, a fim de foder o invisível você tem de colocá-lo dentro de si mesmo, porque foder com nada a não ser o vento é foder sozinho. E como você não acredita que Deus existe, você está se fodendo, machucando, matando a si mesmo muito antes do tempo. Não posso nem levar você a um médico para ver por que está sangrando por dentro.

— Mingus, estou sangrando porque quero sangrar. Peguei tuberculose de propósito e espero que não exista céu nem inferno, como você diz que existe. Pense que droga seria eu chegar lá e descobrir que o homem branco domina aquilo também, e você tem de pagar aluguel no céu, e no inferno ficam as favelas. Eu diria a eles: "Me matem, seus anjos viados chupadores de pau, como faziam na Terra, porque de jeito algum vão arrancar trabalho ou aluguel da minha alma!" Saque você mesmo: se deixar os anjos brancos terrestres cagarem em cima de você, não vai poder ter nem mesmo sua alma embranquecida. Imagine só eu ceder o meu sobretudo ao inimigo, não na cidade de Nova York! Eu não! Ofereça a outra face, a face *de quem*? Veja só como a Bíblia de capa preta do homem branco sempre vai trazer algum dinheiro e levar alguém a fazer alguma coisa! Jeremias, capítulo dezesseis, versículo vinte e um: "Portanto, eis que lhes farei conhecer, desta vez lhes farei conhecer a minha força e o meu poder; e saberão que o meu nome é Senhor." Veja só, eu me lembro deste capítulo e versículo porque tinha uma garota chamada Mary, e tirei o cabaço dela quando ela tinha dezesseis anos no meu vigésimo primeiro aniversário. Aquele versículo mostra muito bem que Deus é branco, porque o homem branco é a única coisa que conheço capaz de levar, fazer ou forçar as pessoas a cumprirem a sua vontade, principalmente nós. Não curto ninguém me mandando fazer coisas. Estou até deixando Deus me matar para que possa me encontrar com ele. E se for branco eu não vou curtir ele de saída. Então, assim que os anjos brancos me expulsarem do céu, vou pegar minha navalha e tosquiar o diabo enquanto dorme, vestir sua pele negra com chifres e rabo, e espetar o Deus do homem branco com o forcado do velho Demo bem na sua bunda gorda, rica e velha, encontrar a sua patroa, chupar a buceta dela e foder com ela pra valer, e então obrigá-la a beijar toda a minha bunda preta enquanto eu a chicoteio com o meu rabo com seta na ponta. Está vendo, Mingus? Nossa, está parecendo assustado. Não fique assustado se tudo em que acredita não existe para mim. Queimarei por meus pecados cheio de contentamento porque sei que aqueles brancos chupadores de pau tão cheios de ódio vão queimar pelos seus pecados. Mingus, não me dá tanto pavor morrer quanto ter de ir para casa e ver minha mãe e a família na Flórida. Devia ver todas as igrejas que temos em Key West. O homem branco também as tem, eu os ouvi orando certa vez quando era pequeno numa espécie de língua muito esquisita. Depois vim a saber que era latim! Imagine só. Brancos sulistas que odeiam negros e mal sabem ler ou escrever em inglês sentados numa igreja com um ar santificado e aqueles pescoços vermelhos de peru falando em latim! Voltei lá tentando absorver um pouco daquele espírito de magia do Deus do homem branco. O padre me pegou, e sabe o que ele disse? Que Deus não queria nenhum negrinho trazendo o seu futum para o céu! Foi por isso que quando Mary me deu o seu cabaço eu fodia e praguejava exatamente na igreja daquele padre debaixo da estátua da Virgem e em todo o seu altar. Consegui aquela bucetinha e aquela bunda rosada abençoado pela proteção da Igreja Católica do Sul de Key West, Flórida. Também ganhei um santinho da Virgem freqüentando a escola dominical, mijei em cima dele, o coloquei na caixa de sugestões, e Mary e eu nos mandamos para Nova York... Bem, Minkus, está ficando famoso lá na Maçã?

— Não, nenhuma chance, Fats, não dá nem mesmo para tocar lá nesse momento. Escute, perguntei a Max Roach o que você quis dizer quando estávamos com a banda de Hamp, e você falou que eu o ajudava a carregar a bengala. Max disse: "Ora, Fats queria dizer que você carregava a cruz com ele como Simão, o cireneu negro que ajudou Jesus." Ele estava gozando de mim?

— Estava, Ming. Carregar a bengala, na nossa gíria, é quando você não consegue nenhuma droga ou então está tentando largar o vício sozinho, carregando a si mesmo morto sobre seus pés, sem enfiar aquela porcaria cretina no seu braço para tornar a carga mais leve. Mas ela só fica pesada cada vez mais se você perde a força de vontade e volta a cravar a seringa na veia. Você é uma droga para si mesmo, você se odeia o tempo todo, deseja que não tivesse de se drogar, mas vem carregando a bengala há tanto tempo e tão longe que sabe que o seu próximo passo sóbrio sozinho vai ser na sepultura. Depois que você fica ligado, se esquece por um tempo, mas o tempo do esquecimento vai ficando cada vez mais curto, e você aumenta para um grão e meio a cada quatro horas. Mingus, estou consumindo mais de doze grãos por dia, dia e noite, vinte e quatro horas, porque não consigo mais dormir. Lá se vão de duzentos e cinqüenta a duzentos e setenta dólares por dia.

— Impossível, Fats. Você está me gozando também.

— Não, Mingus, tenho de ser sério com alguém. Você tem sorte ou qualquer outra coisa, a maioria dos caras não é como você, que tentou a droga três ou quatro vezes e esqueceu dela. Gostaria de me ligar em alguma dessas drogas de Deus em que você se ligou para não ter de comprar mais os meus picos... Ei, Ming, se está ficando rico lá no Leste, então deve estar muito desligado, porque anda muito maltrapilho! Você se veste como um fazendeiro, um fazendeiro pobre sem sementes para plantar. Macacões de leiteiro, suéteres velhos, que sapatos são esses? Ah, estou vendo que custaram uma boa grana.

— Na verdade, tenho me metido num monte de confusão ultimamente, e acho que dá para perceber na minha cara. Não faz muito entrei num clube em Nova York, comecei a beber e subitamente tudo ficou branco. Comecei a ler o pensamento dos branquelos e desafiei o clube inteiro. Vinte caras, pelo menos, não sei como fiz isso, não sofri um arranhão, estava tão bêbado. Estraçalhei a boate de merda e ainda voltei, depois que me expulsaram. Talvez eu quisesse morrer, como você, Fats, mas só me sinto assim quando estou embriagado. De certa forma essas roupas são meu protesto contra o Branco, não quero que ele esqueça que não precisa ser maltrapilho. Nem eu, neste momento, mas meus irmãos que estão abaixo da sarjeta não podem se dar ao luxo de se vestir como os brancos que vêm me ouvir tocar. Quando me vêem maltrapilho, eu os lembro inconscientemente de um pobre lavrador negro sem sementes para plantar, como você disse. Tocando em seus clubes caros com as melhores bebidas, eu me visto assim para lembrar a eles quem sou. Não podem me dizer como devo me vestir. Se eles usarem roupas mais casuais, então vou me vestir a rigor.

— Mingus, eles são nossos donos, e não importa como você se vista, não vai fazer o dono liberar os escravos.

— Vai partir amanhã, Fats? Quando é que vou ver você de novo?

— Volto pra cá dentro de dois meses para uma gravação.

— Nos vemos, então, Fats?

— Até mais, Minkus.

33

Então você tem um emprego de novo, rapaz, num trio, rapaz, com um nome famoso. O líder tem cabelos ruivos e o guitarrista é branco também, da Carolina do Norte. Você toca em São Francisco, grava discos e os críticos escrevem coisas boas. Beleza! Beleza! Beleza!

Então você pega a estrada. Qual é a sensação de atravessar o Sul de carro com um trio quase todo branco e, além do mais, com uma garota branca viajando ao seu lado? Como é que faz isso? Eu lhe digo. Primeiro, você alisa os cabelos. Antes de partir. Viajam em dois carros, e a garota branca vai com você. Mas, antes de chegar a cada cidade, ela troca de carro e finge ser a esposa de um dos brancos para que possam se registrar nos hotéis. Ela vai para o seu quarto à noite e sai de manhã para que possa aparecer com o seu "marido".

Como é que fazem nos restaurantes? Sua garota e o "marido" dela entram primeiro, depois o líder da banda entra com você, em grande estilo de homem branco. Você tem cabelos lisos, sua pele não é muito escura, e você está na companhia de um cara famoso. Mas o leão-de-chácara olha firme para você, batendo com o punho na palma da mão sem parar. Ele não diz nada, mas você sabe o que ele está pensando, e ele quer que saiba.

Qual é a sensação em seu último pernoite no Sul quando descobre de manhã que os dois caras brancos já foram embora e o deixaram naquele hotel, cara, sozinho com uma branca? Parece muito perigoso, é o que parece. Vocês fazem as malas e descem separadamente sem saber o que vai acontecer. Mas graças a Deus ninguém diz nada, só olham para você de um jeito estranho. Vocês saem tão rápido quanto podem, entram no carro, deixam aquela cidade e mais adiante na estrada, na frente de um restaurante, você vê o carro do líder, e lá dentro estão os dois brancos babacas tomando o café da manhã.

A viagem está quase terminada, por isso você não deixa o grupo. Os dois carros seguem direto para Nova York, atravessam a cidade e você entra num clube de jazz do Upper East Side com este trio. Você quer trabalhar e os críticos estão fazendo valer a pena. Se a grana é pouca, pelo menos o seu ego fica inflado.

Qual é a sensação quando o trio do Ruivo é convidado para um show de televisão importante, um especial em *cores*? É maravilhoso. À noite você toca nesse clube de primeira classe e de dia você ensaia no estúdio da TV. Um dia, durante um intervalo, você está afinando o baixo e vê esse produtor ou alguém conversando com o Ruivo do outro lado da sala, e os dois olham para você. Sente que há algo de errado, mas não sabe o quê. Em poucos minutos um cara grita "Por hoje chega, amanhã às dez", e todo mundo sai. Enquanto coloca o baixo no estojo, o Ruivo se aproxima e lhe diz algo assim: "Charlie, sinto muito lhe dizer isso, mas vou ter de arranjar um outro contrabaixista para este show. Continuaremos no clube, mas não posso usá-lo aqui." O que você diz? Pergunta o nome do novo baixista, claro. Ele lhe diz. O baixista é branco. Agora o que é que você faz, xinga ele? Provavelmente. Não se lembra do que disse. Ele sai rapidamente. Naquela noite ele não aparece no clube, manda dizer que está doente. Depois disso você nunca tem uma oportunidade de falar com ele, ele chega tarde e sai mais cedo. Você precisa descobrir. Começa a ir ao local onde ele está hospedado, um hotel residencial na Broadway. A portaria sempre diz que ele não está, nem se dá ao trabalho de telefonar para o quarto. Você nunca tem a chance de discutir a questão com ele. Porra, ele nem é capaz de falar, falar sobre algo real, só sobre a garota com quem você está saindo e coisas assim. Não pode falar com o guitarrista também, ele nunca diz nada. Dois rapazes brancos babacas com os quais você não pode falar. Então você deixa o trio. Como pode tocar com dois caras que não falam com você? Você se pergunta sem parar por que ele não falou cara a cara com você ou por que não abriu mão do show da TV. Alguns líderes teriam feito isso. Ele queria demais aquele dinheiro. Se tivesse contratado Red Mitchell ou alguém como ele para o seu lugar, você poderia até ter acreditado que tinha a ver com o seu jeito de tocar. Mas o que é bom num clube é bom em qualquer lugar, não acha? Não foi preciso muito tempo para sacar. Do jeito como era a televisão naqueles tempos, havia patrocinadores que se preocupavam como "o mercado sulista", e a "mistura racial" era um tabu.

Sim, existem certas coisas nesta vida das quais ninguém gosta de falar. Isto é, ninguém branco.

Então, o que você faz depois disso? Talvez arranje um emprego com o Duke em pessoa. Ele é O Herói, e a sua é a banda da qual ninguém sai, mas dessa vez lhe pedem que saia por causa de um incidente com um trombonista e arranjador chamado Juan Tizol. Tizol quer que você execute um solo que ele compôs em que se exige o uso do arco. Você eleva o solo de uma oitava, onde o baixo não é muito abafado. Ele não gosta daquilo e aparece na sala debaixo do palco onde você está ensaiando, no intervalo, e comenta que você é como o resto dos negros da banda, não sabe ler música. Você pergunta a Juan de que maneira ele é diferente dos outros negros e ele declara que uma das maneiras pelas quais é diferente é que ELE É BRANCO. Então manda ele para aquele lugar. Deixa a sala de ensaio, se dirige ao palco e assume o seu lugar no momento em que o Duke baixa a batuta para começar o *A-train*, as cortinas do Apollo Theatre sobem e um Tizol aos berros e aos pulos investe sobre você com uma peixeira. O resto você se lembra principalmente pelas palavras de Duke no seu camarim enquanto troca a roupa depois do espetáculo.

— Veja bem, Charles – diz ele, parecendo se divertir, colocando abotoaduras Cartier nos punhos da sua bela camisa feita a mão –, você podia ter-me avisado com antecedência, você me roubou o show totalmente! Pelo menos podia ter-me dado a deixa com alguns acordes enquanto executava aqueles passos de Nijinsky. Eu congratulo você pelo desempenho, mas por que você e Juan não me informaram sobre o adágio que planejavam executar para que eu o colocasse em partitura? Devo dizer que nunca vi um homem grande tão ágil, nunca vi *ninguém* dar saltos tão tremendos! A cambalhota sobre o piano carregando o baixo foi colossal. Quando você deixou o palco, eu pensei: "Aquele homem está realmente com medo da faca de Juan, e na velocidade em que partiu provavelmente já deve estar em casa, na cama, a essa altura." Mas não, lá voltou você pela mesma porta com o baixo ainda intacto. Por um momento tive a esperança de que tivesse decidido se sentar e tocar, mas, em vez disso, você cortou ao meio a cadeira de Juan com um machado de incêndio! Realmente, Charles, isso é destrutivo. Todo mundo sabe que Juan tem um facão, mas ninguém jamais o levou a sério. Ele gosta de puxar o facão e mostrar às pessoas, você entende. Por isso eu receio, Charles, nunca demiti ninguém. Mas vai ter de deixar a minha banda. Não preciso de novos problemas. Juan é um velho problema, posso lidar com ele, mas você parece trazer uma sacola cheia de truques novos. Devo pedir que faça a gentileza de me apresentar a sua demissão, Mingus.

A maneira encantadora como formula a coisa é igual a prestar-lhe um elogio. Sentindo-se honrado, você aperta a mão dele e se demite.

Que fazer depois disso? Começar com os trabalhos avulsos de novo. Talvez vá a Boston para tocar uns poucos dias no Storyville. Em Boston você conhece um cara muito sensível chamado Nat Hentoff que o entrevista no seu programa de rádio e acabaria sendo um dos poucos caras brancos com quem você foi capaz realmente de conversar na vida. Depois, você se habitua a escrever para ele de tempos em tempos, quando sente aquela dor no meio da noite e as questões maiores que parecem não ter resposta se avolumam diante dos seus olhos, mas Hentoff sempre saca o significado da questão e responde, tudo em letras maiúsculas sobre papel amarelo, como uma notícia saída dos telegramas.

> CHARLIE, ISSO É O QUE EU PENSO: O AMOR, AS DIFICULDADES DA VERDADEIRA COMUNICAÇÃO, O MOTIVO PARA QUERER TER UMA RAZÃO PARA CONTINUAR VIVO, ESTAS COISAS SEMPRE ME PREOCUPARAM DESDE NEM SEI QUANDO. NÃO PRETENDO AFIRMAR QUE ALCANCEI UM EQUILÍBRIO FIRME COMO UMA ROCHA, NEM QUE TENHA RESPONDIDO ÀS QUESTÕES PARA NINGUÉM MAIS ALÉM DE MIM MESMO. MAS ATÉ AGORA ISSO FOI O QUE DESCOBRI. A RAZÃO PARA ODIAR OS OUTROS É O ÓDIO DE NÓS MESMOS, ACHANDO QUE NOSSO EU É INADEQUADO DE CERTA MANEIRA VAGA OU ESPECÍFICA, E PROJETANDO ISSO PARA OUTROS OBJETOS. O ÓDIO É UMA EMOÇÃO DESTRUTIVA INCAPAZ DE FAZER QUALQUER BEM OU CRIAR ALGO, E DESTRÓI O HOMEM QUE SENTE ÓDIO MAIS DOLOROSA E INTEIRAMENTE DO QUE O HOMEM QUE ELE ODEIA. O HOMEM QUE ODEIA NÃO PERCEBE QUE AS DEMAIS PESSOAS SÃO TÃO COMPLEXAS QUANTO ELE SABE QUE É. NÃO QUE NÃO EXISTAM MUITAS PESSOAS QUE FAZEM COISAS MÁS E NESSE SENTIDO SEJAM MALIGNAS.... MAS O QUE AS FEZ SEREM ASSIM? NINGUÉM NASCEU PARA DESTRUIR, ISSO ESTÁ PARECENDO MORALISTA, UM TOM QUE TENTO EVITAR, MAS JÁ QUE CONHECEMOS UM AO OUTRO TÃO BEM, EMBORA PRINCIPALMENTE POR CARTA, VOU CONTINUAR. QUANDO UM CARA COMEÇA A PERCEBER A IMPRESSIONANTE AMPLITUDE DE SUA PRÓPRIA POTENCIALIDADE, ELE COMEÇA A VER QUE ANDOU DESPERDIÇANDO DOR E ENERGIA, SE CULPANDO E ODIANDO OS OUTROS POR COISAS QUE PASSARAM, QUE FORAM FEITAS, QUE NÃO FORAM FEITAS A SI MESMO, A UMA RAÇA, A UM UNIVERSO. A ESSA ALTURA ELE VÊ QUE A VIDA, COMO CHAPLIN DIZ, É UM DESEJO, NÃO UM SIGNIFICADO, QUE É COMO UMA ROSA OU UM PÁSSARO TEM DE SER. DEPOIS DE ACEITAR O SIMPLES PRAZER DE CAMINHAR E RESPIRAR, E VER UM CÉU, ENTÃO A QUESTÃO DO SIGNIFICADO SE LEVANTA.
>
> PARA MIM, O SIGNIFICADO DE UM HOMEM, A RAZÃO QUE ELE TEM PARA CONTINUAR VIVENDO, É QUE, VIVESSE ELE MILHARES DE ANOS, NUNCA PREENCHERIA TODAS AS SUAS POSSIBILIDADES, NUNCA COMUNICARIA OU CRIARIA TUDO DE QUE É CAPAZ. POR ISSO ELE DEVE USAR O TEMPO DE QUE DISPUSER CRIANDO AGORA PARA O FUTURO E UTILIZAR O PASSADO APENAS PARA AJUDAR O FUTURO, NÃO COMO UMA CORREIA DE AFIAR NAVALHA PARA CULPAS E MEDOS QUE INIBEM O SEU SER. OU, COMO DIZIA O FINAL DE UMA CANÇÃO SINDICALISTA DE QUE EU GOSTAVA MUITO QUANDO ERA CRIANÇA: O QUE EU QUERO DIZER É LEVE A COISA NA CALMA, MAS LEVE.
>
> NÃO SEI SE ISSO FEZ SENTIDO OU SE É DE ALGUMA UTILIDADE MAS É O QUE PENSO.
>
> NAT

34

— Alô, Nat, estou em Bellevue. Não posso falar muito. Tem aqui um judeu com cabeça de nazista chamado dr. Bonk ou coisa que o valha dizendo que os negros são paranóicos e que ele conhece o tratamento adequado para eles, que é a lobotomia frontal. É um chupador de pau preconceituoso, tão convencido da supremacia branca que está explodindo sozinho toda onda da integração racial nos EUA. Nat, estou apavorado, e eles não me deixam sair. Você tem de me tirar daqui...

— Espere, Charles! Antes de mais nada, como é que foi parar aí?

— Se você tem uma dor de dente vai a um dentista, pensei que se você tem problemas de cabeça vinha para cá.

— Não chamou o seu analista?

— Não lembrei o telefone.

— Vou fazer o que puder, Charles, você sabe disso. Vou ligar para ele. Quem é o seu advogado?

— Marvin Karpatkin.

— Tudo bem. Alguém mais?

— Nat, tem visto Donna ou Lee-Marie? Diga a elas que estou aqui. Por favor.

— Não vejo as duas há muito tempo, Charles. Alguém disse que Lee-Marie se casou e Donna estava morando com um sujeito na França.

— Nat, veja se consegue saber se alguma delas está na cidade.

— Claro, Charles, fique firme aí, não se preocupe, tente descansar.

— Foi por isso realmente que não me ligou na noite em que foi para Bellevue, Charles? Não conseguia lembrar o número do meu telefone?

— Não sei, dr. Wallach.

— Acontece que estive fora da cidade durante uns dias, talvez desse na mesma... Tente falar, Charles, vamos lá, homem, se abra e fale comigo.

— Não consigo botar nada para fora.

— Tente.

— Eu estava com raiva. O senhor estava jogando comigo. Quando faltei a duas sessões, o senhor escreveu e disse que eu não poderia mais voltar, lembra-se disso? O senhor me dispensou. Doutor, o senhor é tudo que eu poderia ser se pudesse encontrar o meu ambiente, meu lugar no mundo, minha turma. Não queria forçar a barra depois que disse aquilo e, além do mais, eu lhe devia dinheiro. Claro, eu não sabia o que Bellevue significava, achava simplesmente que eles botavam você na cama e o deixavam repousar. Eu estava desgastado pelas anfetaminas, cansado, não conseguia pensar quem eu era, queria deitar e dormir. Era como uma criança com um monte de gente rodando ao meu redor e ninguém para me amar. Meu cérebro era como um aparelho de TV desvairado tremeluzindo histórias em cor e preto-e-branco. Podia ver rostos e corpos, falando para mim, Barbara, meus filhos, Donna e Lee-Marie, agentes, donos de clubes, o senhor... Passava pela frente do Birdland e pensava em entrar e falar com alguns dos caras, mas desisti daquela idéia, não iriam me entender. Decidi que se chamasse alguém iriam pensar que eu só estava tentando angariar simpatia e atenção. Continuei caminhando pela cidade, tentando pensar que diabos havia feito da minha vida. Pelo menos eu tinha gravado cerca de quinze álbuns com o meu nome e centenas de discos, tocado em um sem-número de clubes e concertos e ocupava lugares de destaque nas votações para os melhores músicos. Fizera algumas boas composições e trabalhara com pessoas das quais gostava. Não muito tempo antes eu tinha trabalhado com um poeta chamado Patchen. Ele vestia sua jaqueta escarlate e estava sentado numa banqueta, num pequeno palco de um teatro em que você sobe para o primeiro andar e depois desce na rua 14. Improvisávamos enquanto ele lia seus poemas, que eu havia estudado previamente. "Está escuro lá fora, Jack...", era um dos seus poemas. "Está escuro lá fora, Jack, as estações não se identificam, estamos tateando às cegas como ratos queimados, estão correndo ao nosso redor, as pegadas da besta, mas ninguém tem noção disso. Os olhos brancos e vazios de algo lá em cima, algo que não sabe que existimos. Sinto o cheiro de corações partidos lá em cima, Jack, um sofrimento profundo no centro das coisas e no qual não chegamos sequer a figurar." Patchen é um autêntico artista, o senhor iria gostar dele, doutor. "Acredito na verdade", ele dizia. "Acredito que cada pensamento bom que tenho, todos os homens o terão. Acredito que a forma perfeita de tudo foi preparada." Enfim, continuei caminhando para o leste na rua 51 e dobrei na First Avenue, acho que eu sabia aonde estava indo. Lembro que era tarde, fazia frio, e acho que eu nem usava um paletó. Continuei até que vi os portões do Bellevue Hospital. Havia um sujeito numa espécie de cabina ou guarita, me dirigi a ele e perguntei como se entrava ali. Não queria abrir os portões, falamos pelas grades. Eu disse: "Escute, cara, não durmo há três semanas." E ele disse: "Isto aqui não é casa de repouso, este lugar é para pessoas com distúrbios mentais." "Escute, cara", eu disse. "*Estou* mentalmente perturbado. Sou músico. Preciso de ajuda e certa vez vi um filme que dizia que se você precisa de ajuda a primeira coisa, e a mais difícil, é ter coragem de pedir ajuda, por isso me ajude, cara!" O porteiro falou: "Já lhe disse que este não é o lugar para você se o problema é apenas sono. Posso ver daqui que parece um pouco cansado, por isso vá para casa, homem, e para a cama. Não é louco ou coisa parecida, é?" Eu disse: "Talvez seja, talvez não seja." E ele disse: "Acredite em mim, você não deve entrar *aqui*. Se eu o deixasse entrar, a primeira coisa que ia dizer quando eu fechasse aquela porta atrás de você é '*Me deixe sair, não sou maluco!*'... Como diria que se sente?" "Como se estivesse caminhando no ar, cara. Mas quando me deito não consigo dormir." "Já pensou em se matar?" "Não a sério, mas se não conseguir dormir é possível." "Já pensou que poderia machucar outra pessoa?" "Só se me machucarem primeiro." Era por volta da meia-noite quando cheguei lá. Fiz pé firme e implorei àquele guarda para que me deixasse entrar até que o céu começou a clarear. Era um negro grande e ainda falava polidamente quando abriu o portão e me deixou entrar. Assim que cheguei à segunda porta pude sentir a diferença, como "Surpresa, estúpido! Estávamos à sua espera, um caso realmente especial!" Meu amigo, o guarda, disse: "Bill, aqui está aquele maluco", e dois grandalhões brancos de jalecos brancos, quase dois metros de altura cada, mais de noventa quilos, me colocaram numa camisa-de-força antes que eu me desse conta. E eu dizendo ao guarda: "Talvez você tivesse razão, não me sinto tão mal assim." "Que quer dizer, não se sente mal!", gritou para mim. "Está *me* chamando de louco? E eu o escutei durante seis horas e meia me implorando para entrar aqui?" E um dos jalecos brancos disse: "Vamos lá, Bill, vamos levar esse maluco para o bloco das celas." Naquele exato segundo percebi que Bellevue não era o lugar certo para pedir socorro, porque a idéia deles era *apavorar* as pessoas para que voltassem à normalidade.

— Estava com raiva, Charles?

— Não. A raiva é uma emoção que possui alguma esperança. Sentia-me desamparado. O guarda fora tão polido e correto enquanto eu estava do lado de fora, mas agora eu estava no depósito de malucos e vi que tinha sido enganado, por isso fui em frente quieto e não ofereci resistência. Levaram-me para um quartinho ao lado de uma enfermaria. As luzes estavam todas acesas, e eu podia ver através do vidro centenas de pessoas dormindo. Bill tirou minha camisa-de-força e disse: "Tire a roupa e vista isso", referindo-se a um pijama com um paletó que prende atrás, um roupão e chinelos de algodão. Havia um balcão onde guardavam medicamentos, ele me deu uma pílula e disse: "Descanse um pouco. Falta uma hora ou duas para o café da manhã." "Café da manhã! Não estou com fome! Há três semanas que não durmo! Não pode me deixar dormir um pouco?" Ele disse: "O que está pensando que isto aqui é, um hotel? Quando tocar a campainha é todo mundo de pé e se mexendo!" Levou-me para um beliche na enfermaria. As pessoas gemiam, roncavam e gritavam por toda parte. Perguntei a ele: "Não posso ter um quarto quieto?" Ele disse: "Os quartos privados são celas acolchoadas. Quer uma?" Eu realmente não me importaria se pudesse dormir. Pareceram se passar dois minutos, e então uma campainha ensurdecedora quase explodiu meus tímpanos. Houve um aumento de som, as pessoas voltavam à vida, todo mundo se levantava, eu não tinha sequer fechado os olhos. Segui a turma para os banheiros. Os atendentes eram frios, distantes, e mantinham-se afastados como se achassem que a loucura era uma doença contagiosa. Não pude tomar nenhum café da manhã. Queria telefonar para alguém, qualquer pessoa, para que me tirasse dali, mas não me deixaram. Depois de algumas horas me levaram para ver um homem baixo e atarracado, parecido com Winston Churchill, com uma cabeça redonda, a careca reluzente e um nome que soava como dr. Bonk. Usava um aparelho auditivo, e eu estava tão cansado que mal podia *ouvi-lo* fazer perguntas. Ele dizia: "Estamos aqui em Bellevue para ajudá-lo" e "Sou de outro país, a Suíça." Eu tinha um pequeno tumor, um inchaço no braço, e ele encontrou marcas das injeções que o médico de regimes estava me dando. Imediatamente me perguntou se eu era drogado. Tentei explicar, mas não acreditou em mim, podia sentir pela maneira como seus olhos me fixavam por trás dos óculos sem aros. Então eu o ouvi dizer ao outro médico: "Os negros são pessoas paranóicas, fora da realidade, que acreditam que o mundo inteiro está contra eles." Eu falei: "Diga-me, doutor, está se referindo a todos os negros sobre a terra ou apenas aos negros nesta sala?" Ele disse: "Vejo que estou conhecendo o Mingus agora." E eu disse: "Está mesmo, *Herr Doktor*. Me diga, essa paranóia que todos nós temos é curável?" E ele disse: "Sim, isso é o que tenho a satisfação de lhe dizer. Posso curar essa doença com uma simples operação no lóbulo frontal, chamada lobotomia, e então você vai ficar curado." Lá estou eu no meu primeiro dia de Bellevue, ninguém sabe por onde ando, já antes do almoço me dizem que os negros são paranóicos e sou ameaçado com uma lobotomia!

— Sabia o que era uma lobotomia, Charles?

— Sabia, é por isso que estava tão apavorado. Tinha lido um artigo na revista *Life* há muito tempo e pensei: "Agora eu sei o que Bud Powell quis dizer com a sua composição "Glass enclosure".* "Não tiveram de cortar o frontal da *sua* cabeça para ensiná-lo a se proteger dos demônios." É, eu estava definitivamente apavorado com o dr. Bonk, ele estava ansioso para pegar o bisturi e trinchar para fora um pedaço da minha inquietação mental. Quando deixei o consultório daquele maníaco eu sabia que precisava arrombar qualquer porta para usar um telefone. Sentia-me totalmente só. Então vi o Dançarino, sapateando tap-tap-tap pelo corredor, como fazia na rua 51, só que agora vestia pijama e roupão como eu, e passou-me pela cabeça que, como ele era um de nós, negros paranóicos fora da realidade, podia estar aqui já há algum tempo e ter sido curado por *Herr Doktor*, o que explicaria seu comportamento. Continuei tentando as portas até achar um escritório vazio com um telefone, e então liguei para o Nat. Senti-me um pouco melhor depois disso, mas lá pelo final da tarde me disseram que teria de ficar lá durante dez dias em observação, por causa das marcas de agulha. Caminhei em círculos... Caminhei e caminhei... É o que as pessoas fazem em Bellevue, elas caminham em círculos. Encontrei uma sala de arte com aquarelas e pinturas a óleo feitas por ex-pacientes e vi uma pintura que disseram que o Monk tinha feito. Acho que era uma maçã e um machado. A perspectiva era de um profissional, nunca soube que Monk era capaz de pintar. Peguei emprestado um lápis e papel. Você podia sentar-se às mesas onde comíamos. Tentei escrever alguma coisa que fizesse sentido.

> Não desapareci ou desisti da música, embora para muita gente possa parecer que o fiz. Seja como for, os únicos álbuns meus que ficaram disponíveis recentemente para o público são pelo menos de três anos atrás. Trabalhei em poucos clubes de jazz ultimamente, mas, das pessoas fora de Nova York que gostam da

* *Gaiola de vidro.* (N.T.)

minha música, recebi cartas perguntando para onde eu havia ido. Antes e durante esse aparente afastamento da produtividade, contudo, eu produzi como sempre e talvez mais, porque havia poucos para ouvirem minha voz e minha necessidade é de expressar meus pensamentos e sentimentos do modo mais pleno possível, o tempo todo. Tenho trabalhado e produzido música que não foi tocada e tenho escrito palavras que não foram lidas...

— Mas eu não podia me concentrar lá, doutor. Havia um garoto do outro lado da mesa lendo um livro de matemática, eu podia ver as equações e os símbolos. Eu o vira caminhar mais cedo, naquela manhã, muito alto e desajeitado, ruivo, apenas dezoito anos de idade. Depois soube que era um campeão de xadrez e falava sete línguas. Era um gênio, eu acho. Seus pais o internaram, ele me contou, mas não disse por quê. Não parecia se importar, era quieto e de boa índole, sempre ocupado fazendo alguma coisa. Quando me viu olhando para ele perguntou se eu gostaria de jogar uma partida de xadrez e trouxe o tabuleiro. Mostrei-lhe o que tinha acabado de escrever. Pareceu muito pensativo e disse: "Não tenho tempo de ouvir tudo, mas me interesso por música e acompanho o que está acontecendo. É estranho você dizer que não foi produtivo. Parece-me que você tem vários... Vamos ver... Ele contou na sua cabeça. Eu diria seis ou sete álbuns que saíram no ano passado. Nada mau.

Fiquei atônito, mas ele estava certo, e percebi que o ano passado parecia dez anos atrás para mim. Me deu xeque-mate três vezes seguidas e pude ver que estava ficando entediado, por isso voltei para o meu beliche e tentei escrever alguma poesia. Um bom título me veio à cabeça: "*Legal você ter vindo ao meu enterro*". O blues é um homem numa noite gélida, caminhando uma eternidade, de um lugar ao outro, Sutton Place ou Bowery, vivendo. Não! Não vivendo. Ele é aquela lembrança viva mas não partilhada, vivendo a vida que nós vemos vivos e vivendo. Contente? Por que ridículo? Ele dorme em travesseiros armados com pipi esparramado, mijo espalhado nas sarjetas não ou nem mesmo com os seus próprios escorrimentos inconscientes empapados nas vestes de sua virilha e impregnados por todo o resto de suas roupas. Cheirando mesmo no seu canto recolhido que se transforma em papel raramente, em troca da sua razão, bebida, as respostas da vida para o conhecimento eterno, ousou ele com mulheres, vinho, canções, dança e drogas. Velhos fatos frios e sons, ele respira vivendo em momentos livres de abençoados momentos extravagantes de amor, tudo mentiras, mentindo um ao outro com inverdades mais do que infelizes encontros e verdades odiadas de tudo isso, dentro ou fora, dependendo do que é assumido ele não é ela. Ah, fodam-se todos os blues. Fodido ao ponto do caminho gelado derretido da pedra que ousou abraçar, dura como concreto, imaginada macia somente em ereções tardias de solidão que se tornaram femininas e fala para trás com lágrimas úmidas e quentes, não há muito tempo removidas do seu denominador comum, urina congelada derretendo na temida morte quente que se agarra à vida pelo amor ao pensamento de alguma resposta, seja apenas o barro, a sujeira ou o pavimento que contemplo em minha busca febril e embriagada pelo sexo de uma verdadeira mulher, desejando-me como eu a desejo, para nunca me odiar porque encontramos refúgio ou satisfação como duas pedras ébrias que se aqueceram lado a lado, no exterior nossas idéias viscerais de lados opostos fodendo." Entendeu este poema, dr. Wallach?

— Bom, Charles, não deixa de ser uma expressão muito pessoal.

35

— No segundo dia de Bellevue eu estava louco para dormir. Não durmo à noite como as outras pessoas, e durante o dia, no minuto em que você se deita, alguém vinha chamar. Ninguém me dava uma pílula qualquer, mas eu voltava ao meu beliche depois do café da manhã mesmo assim. Imediatamente eu ouvi MINGUS! CHAMANDO O SR. MINGUS! Porra, o que é, mais dr. Bonk? Mas dessa vez era um jovem interno que acabou se revelando o irmão do meu advogado. Como fiquei contente em vê-lo! Eu disse: "Doutor, quero agradecer a todos vocês por essa experiência que me acompanhará pelo resto da vida. Na verdade, sinto como se tivesse renascido. Agora vão me deixar sair daqui para que possa voltar para casa, fechar as cortinas e descansar um pouco?" Ele foi muito gentil e disse: "Não acredito que vão deixá-lo ir embora ainda, Charlie. Disseram-me que se esforçou muito para entrar e só está aqui há dois dias. Por que não tira algum proveito disso?" Eu lhe disse que não podia ver nenhum bem resultando de ficar trancado e sabia que o meu próprio médico poderia me ajudar mais. "Estamos aqui em Bellevue para ajudá-lo, Charlie", ele disse. Aquilo parecia ser o *slogan* de lá. "Mas sente-se e escreva as razões por que acha que seu próprio médico seria melhor." Então eu voltei ao meu beliche e escrevi.

POR QUE ISTO NÃO É TÃO BOM QUANTO
SER TRATADO PARTICULARMENTE POR MEU PRÓPRIO PSICÓLOGO
ou
INFERNO VIL DE BELLEVUE

1. Os horários são suficientes para destruir um trabalhador noturno como eu. Gritam nos meus ouvidos para me acordar antes mesmo que eu tenha começado a dormir.

2. Alguns tipos de percevejos estão deixando suas marcas em todo o meu corpo. Provocam coceiras.
3. Os vasos sanitários são um horror. Os homens vomitam, ou pisam, ou se debruçam sobre os assentos durante o movimento intestinal e erram o alvo quando urinam. Há muito tempo me distanciei do lixo, da sujeira, de homossexuais e criminosos. Sou um compositor.
4. O dr. Bonk diz o tempo todo que sou um fracasso. Não vim aqui para discutir minha carreira, ou teria trazido um assessor de imprensa.
5. Sei que o motivo por que vim aqui foi um protesto infantil contra o meu médico porque, quando faltei duas semanas seguidas, ele me escreveu e disse que não podia mais deixar tempo de consulta reservado para mim.
6. O dr. Bonk fala comigo por dois minutos e me despacha. O que ele espera que eu diga em dois minutos? Quando peço mais tempo ele se queixa de que está sobrecarregado e as enfermarias estão superlotadas. Meu médico não está sobrecarregado, seu consultório não está superlotado e ele não fala o tempo todo.
7. Aprendi minha lição. Deixem eu ter a minha liberdade. Obrigado e adeus.

— Ora, foi gentil da sua parte, Charles, dizer essas coisas sobre mim.

— Tudo bem, dr. Wallach, foi a verdade. Quando fui ao consultório para entregar o papel, o Campeão de Xadrez estava sentado num banco esperando por uma entrevista. Aquele rapaz sempre me pareceu solidário como poucos. Tinha um rádio portátil consigo e disse que estava tocando um bom Bartók e que eu podia pegar emprestado por algum tempo.

Caro Nat, boletim de Bellevue. Vi esse ponto da minha vida chegar e preciso conhecer alguém humano que entenda, não homens mecânicos pagos para ouvir e treinados para reagir, uma *máquina* alimentada com a mesma informação poderia oferecer uma análise tão boa como a deles dos meus problemas. Ouvi alguns quartetos de Bartók e uau! Não foi tanto o compositor que me instigou a escrever, mas os músicos, os intérpretes, como Rheinschagen costumava dizer. Seus nomes não foram anunciados, apenas "O Quarteto Juillard". É assim que deveria ser. Eles são bons, excelentes intérpretes, e seus nomes não são importantes, com exceção de que devem morar em algum lugar com casas e números de ruas e números de telefones que a gente necessita para alcançá-los, para pedir que toquem a música de outro homem às vezes... Talvez a minha, se eu tivesse algo que valesse a pena. São bons, muito bons, próximos da perfeição, homens muito importantes. Possuem a capacidade de transformar num segundo a alma de um ouvinte e fazê-la pulsar com amor e beleza, simplesmente seguindo os rabiscos de uma pena num papel. Ouvir artistas como esses me lembra da minha meta original, mas uma coisa chamada "jazz" me afastou muito do caminho e não sei se conseguirei voltar um dia. Sou um bom compositor com grandes possibilidades e fiz um sucesso fácil com o jazz, mas não foi realmente um sucesso. O jazz tem qualidades muito esmagadoras para um compositor. Eu me pergunto se existe *algum* músico de jazz tão bom quanto esses caras. Há algo tão errado que é lamentável. Temos crianças no palco, aclamadas, que mal podem tocar. Eu mesmo e todos os outros contrabaixistas de jazz *deveríamos* ser capazes de tocar partituras para violoncelo ou até viola na música de câmara mais difícil, mas o incentivo para tocar nesse nível não existe neste país. (Isso não corresponde a dizer que aqueles homens fazendo o quase impossível com o arco seriam capazes de tocar uma batida quatro-por-quatro cheia de suingue como os homens do jazz.) Mas se os amantes da música conhecessem a riqueza de talento desperdiçada em nome do jazz eles se recusariam a aceitar esta merda que estão consumindo! Quantos músicos de jazz ficariam nos clubes se pudessem ganhar o seu *sustento* tocando em parques e lugares simples, sem a grande armação que agora é uma necessidade absoluta para a sobrevivência? Saia na revista *Down Beat*, ganhe aquela eleição dos dez mais, espero receber uma menção antes de ficar velho demais! Ah, ser um membro anônimo de um quarteto como o que ouvi hoje! Se é isso o que eu quero, Nat, acho que vou ter de deixar o jazz. Aquela palavra deixa espaço para muita bobagem.

Chazz.

36

— No terceiro dia em Bellevue eu estava sentado no ginásio compondo uma canção intitulada "All the things you could be by now if Sigmund Freud's wife was your mother", que gravei depois, quando quem entra lá senão Donnalee? Sim, doce-e-quente marshmallow-e-chocolate entrando de repente. Foi a sensação mais estranha vê-las depois de tanto tempo, quase havia esquecido como eram bonitas. Pareciam inabaláveis diante daquele cenário com todos os lunáticos jogando basquete e pessoas tagarelando nos corredores. Para mim, Bellevue deixou de existir na presença da beleza delas. Parecia impossível acreditar que essas mulheres haviam passado pela minha vida algum dia. Senti-me tão homenageado que tivessem vindo a mim e fiquei tão orgulhoso que eu as exibi como um pai ou um irmão.

— Acho interessante, Charles, que você agora fale tão bem de Donnalee. Lembra-se de que depois que as deixou você as chamou de garotas estúpidas, criaturas sem esperança e disse que estavam destruindo você deliberadamente?

— Eu tinha de culpá-las. A verdade é, doutor, que sou inseguro, sou negro e tenho medo mortal da pobreza, em especial da pobreza sozinho. Sinto-me desamparado sem uma mulher, temeroso do amanhã. Mas fui eu o estúpido, porque o que Lee-Marie e Donna fizeram por mim foi de verdade, e eu nunca poderia fazer aquilo. Nunca seria capaz de me deitar e abrir as pernas e conhecer a sensação de fazer aquilo por aquele que vai receber o prêmio. Era fácil mostrar orgulho, sentir desprezo e dizer àquelas belas mulheres: "Não quero o seu dinheiro sujo!" Nunca soube como era aquilo e nunca tive de fazer daquele jeito para o homem do aluguel ou ninguém mais. Por isso aquilo foi uma coisa que aconteceu em Bellevue, experimentar uma sensação de amor e respeito por elas de novo e sentir-me feliz porque encontraram boas vidas para si mesmas, porque as duas estavam casadas e Donna tinha um bebê. Não sei onde estão agora... No quarto dia eu tinha de fazer *algo*, por isso fui à caça do Campeão de Xadrez e o encontrei sentado nos degraus do saguão, olhando para um tabuleiro de xadrez dobrável de bolso que tinha no colo e ouvindo o seu rádio com um fone de ouvido. Eu disse: "Ei, o do Xadrez!", e ele simplesmente ergueu a palma da mão sem levantar os olhos. Depois de um tempo pegou uma peça de madeira e a enfiou em outro buraco no tabuleiro e disse: "Olá, Charlie." Eu falei que tinha tido uma idéia. "Por que você, eu e o Dançarino não juntamos todos esses malucos e começamos uma escola? Olhe só para esses pobres desgraçados, olhe só para toda essa confusão. Nós três juntos somos uma universidade: matemática, xadrez, línguas, música, dança." Ele respondeu: "Claro, Charlie, é uma boa idéia." Então saí à procura do Dançarino, e lá estava ele, sapateando pela enfermaria, PAP TE DAP TE, RUBE DE TAP DE BAP TE. "Dançarino", perguntei a ele: "Você ensinaria a um grupo de caras os passos para uma turma que o Xadrez e eu estamos formando?" O coitado do velho Dançarino ficou tão entusiasmado. Sua cabeça bamboleou e ele disse: "*Ug hug! Yea! Yea! Yea*!" Fui até uma das enfermeiras e lhe disse que precisávamos de uma sala e de um quadro-negro e expliquei o que íamos fazer. Ela disse: "Nossa, acho isso ótimo! Colocarei na ordem de amanhã." Mas não tinha ainda passado uma hora e o dr. Bonk mandou me chamar. Estava à espera no consultório com outros médicos, e eles me perguntaram que planos eram esses e por quê. Eu disse que era para evitar que as pessoas se acabassem naquele lugar. O dr. Bonk ergueu as sobrancelhas, olhou para os outros e falou como se eu nem estivesse ali. "O sr. Mingus vai organizar Bellevue para nós. Posso comentar que organização compulsiva é um dos principais traços da paranóia." Eu saí e nós não ganhamos nossa sala nem nosso quadro-negro. O Dançarino continuou ziguezagueando e sapateando pelos corredores, o Campeão de Xadrez falando consigo mesmo em sete línguas diferentes, e eu voltei a compor em solfejo e a escrever meus pensamentos.

> Minha música é a prova da vontade da minha alma de viver além da sepultura do meu esperma, da minha metástase ou do novo invólucro da minha alma. Amados e amantes, unicidade, amor. Concepção, um mais um são dois e quatro, oito, dezesseis, trinta e dois igual a você. Homem, humano, novo homem, homem novo. Eu. O conhecimento pessoal privado sagrado do meu Eu do momento de encontrar com o meu criador de todas as criações, Eu como um, conhecendo Deus, vivendo a vida por si mesma para o amor e amando para fazer isso e vivendo assim, sua própria vida secreta, sempre e de novo da vida amando a si mesma, amando a vida em si mesma para o bem e para o mal porque é

bonito ter esta vida em si viva, para crescer, para vê-la, sê-la, observá-la e amá-la e saber que sou eu e você que a fazemos assim enquanto nos amamos à nossa maneira. E foi assim que o pensamento chegou a nós seres humanos para que possamos saber se nos importamos que somos o conhecimento secreto da sagrada concepção como dois opostos na força da expressão do amor que cresceram numa unicidade fora do nada do espaço e do tempo vazios e este nosso universo de conhecimento e de conversa a respeito dele é tudo o que existe onde o ventre de todo o conhecimento se abria para todos os conhecimentos da vida e da morte. Só sozinho solitário vida vivendo vivaz e cuidando de comunicar ou falar consigo mesmo do seu conhecimento sagrado de sua própria criação não pode falar para si mesmo a não ser através de sua mente em nós de seus segredos sagrados pessoais de conhecer e não conhecer que a vida nasceu do nada, tempo no espaço, ou um Eu e um Eu e um Eu que nós compreendemos, mas é impossível que venha a ser outro além do Eu mais *os* iguais de um novo Eu de acasalamento de algo e nada de dois ou amor *e* amando para fazer isso e nascer vivo para esta vida como alguém conhecendo o seu começo como não mais uma ameaça, como conhecimento, e o seu conhecimento não tem mais fim do que começo do nada para o nada e conhecendo enquanto isso a encarnação das eternidades é prova das sepulturas e encarnações das minhas vidas.

37

A impressão de que os dias passavam, meu garoto não contava mais, mas uma tarde ele se viu diante de uma senhora do outro lado de uma mesa num consultório ao qual nunca fora chamado antes. Era uma mulher atraente, uma psicanalista dos quadros do hospital e talvez até chefe de departamento, obviamente alguém importante, e seu nome era dra. Jewel. Olhou para ela com simpatia enquanto se sentava ali com o roupão amarfanhado.

— Sr. Mingus, entendo as complexidades que a vida pode reservar para uma pessoa no mundo profissional, mas, de certa forma, devemos continuar a viver e a resolver nossos problemas nesta vida por nós mesmos, não é mesmo? Conversei com o seu psicólogo lá fora, o dr. Wallach, e decidimos que podia ser solto sob a custódia de um parente. Se tem algum parente aqui na cidade, pode telefonar para ele agora, se quiser.

— Vou ligar para o meu tio em Brooklyn. O nome dele é Fess Williams.

— É realmente parente seu?

— É casado com a irmã da minha mãe. Espero que não precise de uma certidão de nascimento, certidão de casamento ou um mandado de *habeas corpus*, dra. Jewel?

Ela sorriu muito gentilmente.

— Só estamos tentando ajudá-lo aqui em Bellevue.

— Informações, por favor, me dê o número de Fess Williams, três sessenta e cinco, Waltham Street, Jamaica, Long Island. Ei, Phil? ... Mingus. Onde está, Fess? Porra, deixa pra lá, você serve. Venha aqui até Bellevue e assine a minha saída, tá certo? Amanhã não, *agora!* Tudo bem, doutora? Tudo bem, primo Phil, vejo você daqui a pouco... Me dá licença, dra. Jewel, não vejo a hora de vestir minhas próprias roupas.

— Ei, Phil, não é uma beleza ser louco? Aquele panorama de Bellevue não se compara com a vista dessa janela, que é um barato! A única coisa que faz falta na rua lá embaixo é o Dançarino, que provavelmente não tem ninguém para tirá-lo de lá, pobre filho-da-mãe. Me passe o garrafão de vinho.

— É, primo Charles. Vamos convidar umas garotas e fazer uma farra.

— Mais tarde, Phil, preciso me acostumar à liberdade. Por falar em garotas, quer saber de uma coisa? Eu podia estar levando uma vida de rei, mas não consegui engrenar.

— Engrenar no quê, Chazz?

— Deixa pra lá. Aposto com você que existe um céu e um inferno, primo.

— Vamos apostar em alguma coisa cujo resultado a gente possa conferir.

— Muito bem, vamos beber até morrer. O lance é mesmo esse. Deixa para depois esse jogo de adivinhação e aquele saco de crenças, agora o que eu quero é simplesmente descansar do meu descanso forçado. Estou cansado de pensar sobre coisas que não me dizem respeito. Conhece Timmy Rogers, Phil?

— Passe o vinho. Claro, conheço Timmy. "Todo mundo está falando do céu mas ninguém quer morrer", é a canção do Timmy.

— Sabe, acredito que Bellevue me fez algum bem. Como pode alguém aqui fora me aborrecer quando me lembro daquelas pessoas trancadas lá dentro, desamparadas? Aonde quer que vá, vou levar aquelas grades comigo na minha cabeça.

— Por que está fazendo isso, cara?

— Aquelas grades representam o poder sobre os outros, o poder de imobilizá-lo e fazer com que aceite isso. Será por isso que me sinto muito melhor aqui fora, onde a verdadeira insanidade está? Está vendo aquele cara lá embaixo, esperando para atravessar a rua? Olhe para o seu rosto, poderia estar planejando um assassinato, provavelmente está. Eu me pergunto o que vai acontecer com o Dançarino e o Xadrez. Se são malucos, não são malucos *assim*. Havia um velho que mantinha conversas o dia inteiro num telefone imaginário com o presidente Eisenhower. Os caras na enfermaria acabavam se cansando de ouvi-lo falar na linha vermelha e gritavam: "Corta essa! Você não tem nenhum telefone aqui!" Ele olhava para eles com um ar de piedade e dizia: "Estão querendo dizer que nunca viram um daqueles telefones pequenos? Você pode falar com quem quiser em qualquer parte do mundo. O presidente tem um. Pode me ouvir e eu posso ouvi-lo!"

— Talvez ele *pudesse* ouvir o presidente, Chazz.

— É possível, Phil, é possível. Vamos descer até o restaurante da esquina e comer um pouco daquela culinária francesa. Isso vai realmente mexer com você!

38

O Fast Buck está cheio como sempre e vários carros com choferes estão à espera do lado de fora, estacionados na frente das montanhas de neve empilhadas nas ruas escuras, com os motores ligados para manter os motoristas aquecidos. Meu garoto está tocando num pequeno clube no miolo da região dos armazéns no Lower West Side de Manhattan. Bellevue parece distante no passado, o dr. Wallach está de novo no controle da sua cabeça e as mulheres são sua válvula de escape da realidade.

O clube é definitivamente o local da moda, nessa temporada, para a sociedade e para as universitárias de Nova York e de fora que querem dar um mergulho na vida do palco, ou para os freqüentadores solteiros que se amontoam junto ao bar. E não é nada incomum entrar numa noite de casa cheia e encontrar Mingus a uma mesa com meia dúzia de garotas encarapitadas sobre ele ou sentadas em seus joelhos. Ou ele empoleirado nos joelhos delas. O proprietário, o sr. Caligari, o chama de filho, e seus dois filhos chamam meu garoto de irmão, e lhe deram um contrato dizendo que pode voltar com o seu grupo sempre que quiser, não importa quem esteja tocando lá. Naqueles dias, Charles sente-se totalmente livre e não apenas tão bem quanto qualquer cidadão branco, mas melhor que a maioria. Ele encontrou um lar musical, um local para tocar para pessoas que realmente parecem querer ouvir.

Mas existem pedras em todo caminho desta vida. Meu garoto não pode deixar de ter um palpite de que o Departamento de Polícia realmente adora importunar qualquer clube onde exista uma atmosfera saudável de integração racial e isso comece a dar um pouco na vista. Como na noite em que ele vê através da fresta num cubículo do banheiro masculino um policial uniformizado retirar e embolsar uma barra de sabonete da pia. Assim que o tira sai, meu garoto encontra uma lasca de sabonete, rapidamente lava o rosto e sai correndo do banheiro para topar com o sr. Tira lavrando uma citação de ausência de sabonete no banheiro dos homens. Talvez ele suspeite na noite em que outro tira se aproxima da grande janela que dá para a rua, puxa o pênis e mija bem na frente dos fregueses. Ou quando ainda outro é visto discretamente jogando uma guimba de cigarro no chão, "descobrindo-a" e então lavrando uma multa por violação. Talvez sejam os presentes de dinheiro em sacos de papel pardo que saem do clube como se fossem "sanduíches" para os tiras de serviço, e o que ele vê escrito nos rostos dos policiais quando está fazendo o que algumas pessoas chamam indecente com as damas brancas. Talvez não seja legal também quando ele fala sobre essas coisas e não liga para quem possa ouvir.

Esta noite a estudante de enfermaria alta, de olhos azuis, com cabelos louros curtos e o tipo de rosto ossudo de que ele sempre gostou está sentada à mesa quatro com suas duas amigas. Elas vieram de longe, de White Plains, para ouvir Mingus, e estão animadas. Quando ele se junta a elas no intervalo das apresentações, rola muita risada a troco de nada. Ela tem vinte e poucos anos, o pai é leiteiro, ela freqüenta a escola de enfermagem em Westchester, adora jazz, seu nome é Judy. Meu garoto pergunta se pode levá-la de carro para casa. Até *Westchester*? Legal, mas vai ter de levar Roxanne e Mary Lou para casa também, certo? E ela flerta e lhe faz um monte de perguntas safadas. Ele adora sua atitude jovial. Mas ela fica quieta e escuta com interesse quando o crítico inglês se aproxima e pede uma entrevista.

— Desculpe, sr. Mingus, vejo que está muito ocupado, mas posso lhe fazer uma pergunta ou duas para o meu jornal? Por exemplo, como se sente em relação ao jazz?

— Cara, é só escutar, está tudo aí.

— Não, na verdade eles gostariam de saber o que acha na Inglaterra, apenas algumas palavras.

— Ora... Posso lhe dizer o que sinto esta noite, por exemplo. Até agora, não acho que *ninguém* tenha trazido *nada* de importante desde que Bird morreu, exceto seus contemporâneos que eram subestimados na época: Monk, Max, Rollins, Bud, outros, talvez até eu mesmo. Bird tocava na época o que eles chamam de vanguarda hoje, mesclando sétimas maiores com sétimas menores, tocando um quarto além da tonalidade, coisas assim, e as pessoas diziam que ele guinchava. Pois bem, hoje elas sabem o que aqueles guinchos significavam. Todo esse negócio de formas livres não é novo, ignorar a barra dos compassos e tudo mais. Eu fazia isso e o Duke antes de mim, e Jelly Roll antes disso. Compus "What love", em 1942, e a toquei com Buddy Collette e

Britt Woodman. Recentemente alguns instrumentistas de sopro deram uma olhada e disseram que não podia ser tocada, era muito esquisita, muito difícil.

— Como caracterizaria a música que toca hoje?

— Antigamente usavam uma palavra: *swing*. O swing seguia uma direção, era linear, e tudo tinha de ser tocado com uma pulsação óbvia, e aquilo era muito restritivo. Mas eu uso o termo "percepção rotativa". Se você tem um retrato mental da batida que existe dentro de um círculo, fica mais livre para improvisar. As pessoas costumavam pensar que as notas tinham de cair no centro das batidas no compasso, em intervalos, como um metrônomo, com três ou quatro homens da seção rítmica acentuando o mesmo pulso. Isto é, como música de parada ou música para dançar. Mas imagine um círculo cercando cada batida. Cada cara pode tocar suas notas em qualquer lugar dentro daquele círculo, e isso lhe dá uma sensação de ter mais espaço. As notas caem em qualquer lugar dentro do círculo, mas a percepção original da batida não mudou. Se um músico no grupo perde a confiança, alguém acentua a batida de novo. O pulso está dentro de você. Quando toca com músicos que pensam dessa maneira, você pode fazer qualquer coisa. Qualquer um pode parar e deixar que os outros prossigam. Chama-se "passear". Nos velhos tempos, quando encontrávamos músicos arrogantes no tablado, fazíamos isso, simplesmente parávamos de tocar, e o músico ruim era jogado para fora.

— E quanto às "formas estendidas" de Mingus?

— Venho usando "formas estendidas" e acordes prolongados há anos, e não fui o primeiro a fazer isso também. Tirei idéias da música espanhola e da música árabe. E muito mais pode ser feito com pedais. Você sabe, notas sustentadas debaixo de harmonias mutantes, mas acima dessas notas as tonalidades podem variar, de modo que você obtém todo tipo de efeitos.

Meu garoto encostou o pé no pé de Judy debaixo da mesa.

— É tudo? – perguntou ao inglês.

— E quanto ao jazz britânico? Levamos jeito?

— Se está falando sobre técnica, musicalidade, acho que os britânicos podem ser tão bons quanto qualquer um. Mas pra que precisam tocar jazz? É a tradição do negro americano, é a sua música. Pessoas brancas não têm o direito de tocá-la, é música da gente negra. Quando estudava baixo com Rheinshagen ele me ensinava a tocar música clássica. Disse que estava quase no ponto, mas nunca chegaria lá. Então levei uns discos de Paul Robeson e Marian Anderson na minha aula seguinte e perguntei-lhe se achava que aqueles artistas haviam chegado lá. Ele disse que eram *negros tentando* cantar música que lhes era estranha. Valeu. Portanto, a sociedade branca tem suas próprias tradições, deixem-nos ter as nossas. Vocês tiveram seu Shakespeare, Marx, Freud, Einstein, Jesus Cristo e Guy Lombardo, mas nós inventamos o jazz, não esqueça, e toda música pop no mundo de hoje deriva dessa causa primária. Os caras na Grã-Bretanha ouvem nossos discos e copiam. Por que não criam algo próprio? Os brancos pegam a nossa música e ganham mais dinheiro com ela do que nós jamais ganhamos antes ou agora! Meu amigo Max Roach foi votado o melhor baterista em muitas pesquisas de opinião e lhe oferecem menos da metade do que Buddy Rich ganha para tocar nos mesmos lugares. Que tipo de merda é essa? As pessoas com mentalidade comercial estão de tal maneira ocupadas em vender o que é quente do ponto de vista comercial que estão afogando até a morte a galinha dos ovos de ouro. Mataram Lester, Bird e Fats Navarro e vão matar mais gente, provavelmente eu. Jamais ganharei dinheiro e sempre vou sofrer porque boto a boca no mundo sobre agentes e escroques, e é tudo o que tenho vontade de dizer esta noite!

Meu garoto fica pensando, afinal de contas, por que fui entrar numa dessas? Não gosta de falar sobre assuntos sérios quando está trabalhando, isso interrompe a atmosfera natural que ele deveria preservar nos intervalos das apresentações, por isso volta ao palco zangado, chama como primeiro número "Hellview of Bellevue!" e parte marcando o tempo com o pé numa velocidade furiosa. Os músicos respondem com uma grande explosão de força, os sopros criam frases incríveis e frenéticas saltando oitavas para cima e para baixo, encadeando-se com frases finais de notas inteiras. É um set insano.

Na hora de fechar a estudante de enfermaria e suas amigas ainda estão esperando. Ele leva as outras garotas primeiro porque esta Judy ri um bocado e o faz rir, e, além do mais, é excitante. Mas ela choraminga um pouco e toca o seu coração quando conta que acabou de romper com o namorado, cujo nome era Charles também. Concordam que, por mais que necessitem do gênero oposto, nenhum deles *jamais* se apaixonará de novo e que a vida ideal é uma relação pacífica e amistosa com muito sexo. Ao amanhecer, ainda rodando pelas proximidades dos dormitórios das estudantes de enfermaria, estão dizendo que são obviamente o tipo de pessoas que deveriam se casar uma com a outra.

— O que você faria se tivesse de viver toda sua vida de novo desde o começo? – Judy pergunta ao meu garoto.

— É fácil – diz Mingus. — Eu me tornaria um cafetão, maior e melhor que o meu primo Billy Bones em São Francisco. Não me envolveria com música ou mulheres a não ser em função daquilo que pudessem fazer por mim. Minha principal razão de viver seria conseguir dinheiro para pagar a minha saída de uma sociedade decadente que está se destruindo enquanto tenta equacionar o que fazer com o novo tipo de "negro" que ela produziu. Mas eu nada teria a ver com negro ou branco, eu seria mais um representante das pessoas sem raça da Terra. Enquanto uma parte dessa sociedade incivilizada estivesse explodindo as outras, eu estaria num outro país comendo caviar e lendo as notícias com o único propósito de saber para onde viajar a seguir, para ficar um passo à frente dos babacas que querem lutar. Mas levaria comigo um quarenta e cinco carregado para a eventualidade de qualquer afronta pessoal, minhas putas não seriam racistas e concordariam plenamente comigo, e elas carregariam automáticas quarenta e cinco também. Eu digo quarenta e cinco porque a coisa é pra valer, eu não levaria uma arma para blefar. Se tivesse de usá-la, eu gostaria de fazer um buraco bem grande que não pudesse ser remendado. Viveria para desfrutar a vida, não para fazer palestras ou sermões. Não acreditaria em nada dessa baboseira de "amor" e não me envolveria com nenhuma mulher que falasse disso. Qualquer mulher na minha companhia teria de admitir que o que ela amava era dinheiro. Tocaria música como um hobby e só para amigos íntimos num contexto sem raça. Estudaria contrabaixo para me divertir, não me envolveria na competição comercial. Poderia até me tornar um drogado se minha conta bancária suportasse o vício e se eu estivesse a fim dessa onda. É o que eu faria se pudesse viver toda a minha vida de novo desde o começo.

A garota Judy ri. Ela está gostando, se divertindo, não acredita numa só palavra que ele diz, caso contrário nunca teria se casado com ele e dado à luz seus dois filhos mais novos, teria?

39

— E como tem dormido ultimamente, Charles?

— Às vezes acho que existe uma maldição pra cima de mim, dr. Wallach. Não consigo ter uma noite de sono como as outras pessoas, só durmo um pouco de cada vez e acordo cansado. Às vezes desisto e nem mesmo tento. Na noite passada comecei a pensar no meu último encontro com Fats. Eu trabalhava no Surf Club, em Hollywood, e ele estava lá para uma gravação e veio dar um alô. Depois do show nós comemos alguma coisa no Chicken Shack, e então o levei de volta ao Dunbar, na Central Avenue, e ficamos sentados no carro conversando algum tempo. Era o único que me entendia no fundo e com clareza, acredito hoje, e eu curtia ele também. Não nos encontramos muito durante seu tempo de vida, mas toda vez que conversávamos aquilo contava, acho que foi o amigo mais íntimo que tive.

— Mingus, você começa a me contar sobre o livro que vai escrever e então viaja e entra em algo completamente diferente, como ouvir os pensamentos dos seus amigos que não estão na mesma cidade e hipnotizar o velho Hamp, e todo aquele negócio esquisito. Mas você me interessou no caso das suas cadelas e putas com as quais podia ter ganho um milhão. Quero que me conte mais sobre isso.

— Não cheguei a essa parte ainda, Fats, ou talvez tenha passado por cima dela. Para entendê-la você tem de entender a primeira parte. Portanto me ouça.

— Não vai querer me deixar subir ao quarto pra ficar ligado. Que diabos, *baby*, tudo bem, vá em frente!

— É a história de um garoto como você, que acreditava. Nasceu acreditando, mas à medida que cresceu, tudo ao seu redor, a começar por seus pais, irmãs e professores, todo mundo parecia dizer que aquilo em que ele acreditava não era assim. Claro, eles diziam que acreditavam, rezavam e apelavam para Deus e Jesus Cristo Todo-Poderoso, mas eram apenas poucos momentos além de duas horas na igreja por semana. Assim, de certa forma, ele se tornou duas personalidades, uma tão sincera quanto a outra, e então três, porque podia se distanciar e observar as outras duas. A razão era que suspeitava talvez de que as pessoas que não acreditavam podiam estar certas, que não havia nada em que acreditar. Mas se ele aceitasse isso e descartasse todas as coisas boas, bonitas e honestas, perderia tudo o que poderia ter ganho se nunca houvesse perdido sua crença em acreditar.

— O que foi que você disse, Mingus?

— Ele precisava se agarrar tanto na descrença quanto na crença. A verdadeira busca começou com o menino tomando consciência dos seus dois eus, tão diferentes quanto o homem é da mulher, que pertencem um ao outro mas não se parecem, perfeitos opostos que podem formar uma nova perfeição um com o outro. Veja, Fats, suponha que você mostre a um sujeito uma tábua grande com alguns buracos de tamanhos diferentes e o leve a uma marcenaria e diga: "Encontre uma tábua que coincida com esta para mim." Ele não vai ser capaz de encontrar uma outra tábua com os mesmos buracos. Mas então aparece uma criança e vem a você com cinco tábuas na mão e diz: "Coloque algumas dobradiças nessas tábuas e na sua tábua e acrescente maçanetas e trancas. Coloque essa parede de tábuas onde quiser. Feche algumas portas quando desejar silêncio, abra algumas quando desejar a verdade. Porque sei muito bem que não posso encontrar outra tábua para coincidir com a verdade da sua tábua pelo acaso ou pela sorte, a não ser que você corte duas tábuas da mesma verdade ao mesmo tempo.

— O quê, Mingus? Você é um profeta ou coisa parecida? Que tipo de tábua é essa? É uma tábua branca ou uma tábua preta?

— Não estou tentando lhe vender nada, Fats. Você me pediu para contar.

— Termine a história, *baby*, faça o seu melhor solo para a alma da velha Fat Girl. Mas confira se eu o entendi até agora: dois eus que se pertencem mas não se parecem, assim como o cara tem um peru e a cadela tem uma perereca.

— Estou tentando falar sobre opostos, Fats, dois opostos completos. A perfeição exata ou a imperfeição exata são ambas perfeição quando postas para serem julgadas sozinhas, separadamente uma da outra. A destruição começa com a idéia em si de competição.

— Vá em frente, Mingus, manda ver, *baby*! Não vou perguntar por que a destruição começa com a idéia em si de competição.

— Concurso e competição entre os dois eus, o do animal-demônio e o do Deus-bom faz com que uma exista à custa da outra.

— Ouça, Mingus, não quero aporrinhar, mas por que toda vez que alguém como eu pede a alguém como você para explicar Deus, D-E-U-S, as pessoas como você gostam de começar com aquela porra de conversa de cerca-lourenço, falando em parábolas e propondo enigmas? Por que não podem dizer a coisa simplesmente como eu faço? Eu sou Fats Navarro, tenho um metro e setenta e sete de altura. Pareço quase mexicano, com cabelos encarapinhados e cheios. Eu pesava mais de cento e cinqüenta quilos. Agora peso cinqüenta. Sou considerado um membro da raça negra pelo homem branco que não gosta de mim, e eu gosto ainda menos dele. Mas do jeito que você está começando tão devagar vou estar morto antes que me diga se Deus vai ao banheiro ou não.

— Fats, você fica levando a coisa na sua direção, é por isso que demora tanto. Cada vez que eu começo você surge com uma pergunta. Se eu não responder, o que eu disser a seguir não vai fazer sentido.

— Tudo bem, responda àquela então. Por que toda essa conversa fiada?

— Está *bem*, Fats. Se você vai para a Califórnia a partir de Nova York e sabe que a Califórnia existe, não fica fazendo adivinhações. Você vê em que direção fica e depois confere no mapa.

— Existem mapas rodoviários para o céu?

— Eu tenho um, mas você precisa fazer o seu. A não ser que pegue um lápis e trace aquela que considera a melhor rota, você não vai chegar lá simplesmente olhando para a cidade de Nova York e saltando os olhos até a Califórnia, por mais imaginação que possua. E quanto ao lugar de que está falando, os poucos mapas disponíveis são tão antigos, tão estranhamente traduzidos, que você não pode esperar que seres humanos inteligentes tentem usar o tipo que estão vendendo.

— Quer dizer bíblias, pergaminhos, pedras e coisas assim?

— Isso, e não temos novas orientações ou visões dos santos modernos que estão ficando cada vez mais em dúvida sobre si mesmos. Estaria o poder do homem de comungar com as leis divinas diminuído hoje em relação ao tempo de Cristo e antes? Ele disse: "Procurai e achareis... Vós tendes também o poder de tornar-vos Filhos de Deus." Estas palavras não significariam que Deus não é para ser desertado pela *igreja* para que ela cuide de nossas vidas e de nossos pecados assim como os chineses cuidam da nossa roupa para lavar? Mas a igreja acena com uma varinha de condão e diz: "O homem pode matar ou fazer qualquer coisa e se penitenciar através de mim, sem jamais abrir mão do seu aparelho de TV para comungar com o Espírito Divino.

— Lá vai você de novo, Mingus. Eu perguntei sobre Deus, D-E-U-S. Quanto é que ele pesa? Onde está? A que distância?

— Fats, quanto é cinco mais cinco?

— Dez, *baby*.

— Podia ser vinte.

— Não podia ser, Mingus.

— Podia sim, Fats, será estúpido da sua parte se limitar. Você não perguntou cinco o quê? Eu estava pensando em cinco casais, homens e mulheres, viajando em compartimentos do trem Pullman. Quando embarcam, são casais, quando são contados, são indivíduos. Eu quis dizer cinco vezes dois mais cinco vezes dois, o que dá vinte. A resposta pode ser aquela que a pessoa que indaga preferir: cinco de dois, cinco de três, cinco de cinco, qualquer coisa. Deus é o produto das partes acrescentadas, subtraídas, multiplicadas, divididas. Apenas dez não é igual a Deus, nem vinte. Então, como pode um ser sensato partir da resposta e dizer que ela é um total? Você me disse que o conhecimento que coletou vivendo neste mundo, Fats, é igual a zero, *nada*. Não há dano algum para ninguém em sua matemática. Mas não se esqueça de que em certo tempo, do seu imenso corpo de cento e cinqüenta quilos, dos seus pulmões, saiu um jorro maravilhoso de som como as vozes dos elementos se entrechocando enquanto o seu trompete mudava a velocidade dos ventos! E agora você está pedindo para morrer porque julgou a si mesmo como menos que merda neste mundo. Sinto muito, Fats. Mas tenho sido verdadeiro comigo mesmo o bastante para conhecer uma mentira, mesmo que eu a esteja contando, e essa é a única verdade necessária. Seu trompete nunca mentiu a seu respeito. Você ama *mais* eu e por isso deseja morrer. Só você pode mudar isso.

— Quer dizer que ainda acha que eu acredito, mesmo que eu não acredite?

— Isso, e digo que você acredita mais que os crentes, que não suportam pensar que poderia *não* existir um Deus. Eles vão à igreja por medo, e a igreja diz: "Venham cá em busca do perdão, mas não mudem! Fiquem bêbados, pobres e maltrapilhos, precisamos de vocês, estúpidos, para lutarem nossas guerras e para matarem pelo Deus que dizemos que existe!"

— Mingus, você é um comunista ou coisa parecida?

— O que estou dizendo é velho como o homem nos primeiros tempos. Durante a Idade da Pedra, enquanto os homens saíam batendo uns nos outros com tacapes, havia alguns caras pensando assim. Bird e eu conversamos sobre isso.

— Bird acredita em Deus, Mingus?

— Você sabe que ele acredita. Um dia alguns de nós, criadores do jazz menosprezados e banidos, deveríamos mostrar a essa gente que vai bater ponto na igreja que pessoas como Monk e Bird estão morrendo por aquilo em que acreditam. Aquele dever deveria supostamente caber aos homens santos, mas eles estão tão ocupados em construir templos que não têm tempo para você e para mim. Sacou? Você diz que está morrendo e sabe disso, Fats, e não tem medo. Então por que não morre agora? Se sabe que Deus não existe, então você tem o poder de Deus. Não há necessidade de se matar, *pense* até morrer. Vá em frente, Fats, você sabe que está certo de que Deus não existe. Você sabe mais que Cristo, Buda, Sócrates, Platão, Maomé, Bird, Judas, Mingus, Casals, Stravinsky, Benjamin Franklin, Swami Vivekananda e Norman Mailer! Sabe que Deus não existe, sabe mais que qualquer um, exceto aqueles agentes, críticos e congressistas imbecis. Mas é sorte sua que *eu* acredito, porque você vem aqui com um complexo de suicídio como se isso fosse original, e você pesa cinqüenta quilos, e eu poderia dar um jeito e atender ao seu desejo em segundos. Mas sei que isso é errado, sei que nasci uma extensão da própria vida, todo o cenário exterior, céu, lua, sol, universo, espaço, todo o cenário sou eu. Lembro de certa vez que conversava com o Bird como conversamos agora. Subitamente ele disse: "Mingus! Não respire agora!" Não respirei. Ele tinha sua mente sintonizada com os meus pensamentos, e quando achei que era tempo de respirar de novo ele disse para mim. "Não respire de novo." Não respirei. Poucos minutos depois, falei com ele. "Por que eu deveria morrer por você, Bird? Você não acreditaria nisso, acharia que foi apenas um acidente." "Não, eu não pensaria, Mingus", Bird disse. Por isso eu comecei a morrer por ele. Lágrimas afloraram aos seus olhos. Ele disse: "Não se deixe perder, não adiantaria nada, de qualquer modo." Tempos depois, Lennie Tristano entrou nessa discussão comigo e com Bird. Foi nos arredores de Boston, Massachusetts, no Christy's, o clube de Eddie Kern. Tristano confirmava que era ateu, e lembro que Eddie interrompeu e deu a Lennie o seu crucifixo. Eddie lhe deu o crucifixo porque achava que eu e Bird estávamos tentando destruir Lennie quando na verdade estávamos tentando *salvá-lo* da sua descrença. Quando Bird viu que Eddie tinha dado seu crucifixo a

Lennie ele começou a gritar para Eddie: "Você é branco! Você é branco! Veio salvar o seu irmão branco cego das garras impiedosas e frias daquela magia negra! Arrancou o crucifixo do seu pescoço e o deu ao homem cego porque vê os seus olhos, e não a sua alma. Você devia ter dado a *mim* o crucifixo, eu falo de amor! Lennie falava de ódio! Me dê o crucifixo, me dê alguma coisa que eu possa dar a Mingus que estava disposto a morrer por mim! Mingus! Mingus!" Bird enfiou o punho através da porta de vidro e desmaiou. Ergui o belo gigante tombado nos meus ombros e o levei até seu carro. Lembro-me tão bem dele naquela noite. "Mingus, sinta este casaco, Mingus. O que é, Mingus, o que é, Mingus?" "Não sei, Bird." "É caxemira, a lã mais fina que existe na terra. Vamos, de novo, Mingus, sinta o meu casaco. O que é?" "Caxemira, Bird." "Mingus, este casaco não é merda nenhuma! Pêlo de bodes mortos das montanhas do Tibete. Casaco de bode, Mingus! Casaco de bode!" Não sei como é que todas essas coisas bonitas parecem acontecer quando estou como observador privilegiado. Mas eu estava lá com Bird enquanto Lennie tentava convencê-lo de que não existia Deus. E Bird disse: "Tem certeza, Lennie? A vaga está aberta? Vou assumi-la, então. De joelhos, Tristano. Agradeça-me por tudo o que lhe dei. De joelho, seu cego tolo sem olhos dentro da sua alma. Adore o pássaro que voa sem asas!" Se Eddie Kern não tivesse interrompido, Lennie poderia ter se ferrado aquela noite.

— Mingus, quem é Deus?

— Pássaro sem asas, seu filho-da-mãe! Bird!

— Mingus, acha que eu podia voar, agora que perdi tanto peso?

— De que outro jeito você sairia da sua cabeça, Fats?

— Mingus, você é um safado, você é um cara safado.

— Quase me pegou, eu podia ser um *bruxo*. Tenho três tetas, você sabe.

— Tem?

— Na Idade Média teriam me queimado ao nascer como um feiticeiro.

— Onde fica essa terceira teta, Mingus?

— Fica sempre abaixo do mamilo direito ou do esquerdo.

— Ora, legal. Achei que podia ficar no meio, onde poderia prejudicar o cenário. Aquela foi realmente a Idade das Trevas, Mingus. Quantas foram queimadas?

— O quê?

— Feiticeiras!

— Milhares, eu creio.

— Quantos milhares?

— Uns dois, acredito.

— Deixa ver. Vezes três... Pense em todas as tetas que poderíamos ter chupado!

— Não, Fats, eram bebês.

— Ora. Certo, Mingus, então cinco mais cinco não somam dez. Somam trinta, porque estou pensando em cinco vezes três mais cinco vezes três. Sacou? Agora me conte mais algumas histórias para me deixarem com medo de morrer.

— Você não ouve, Fats. Está morrendo na sua cabeça, se matando porque quer. Não vai para a cama cinco ou seis noites seguidas. É como conversar com um homem que tem uma navalha encostada na sua jugular, estou estendendo o braço para impedi-lo quando o primeiro jorro de sangue lhe diz que ele está a caminho e ainda não percebeu que é a sua própria mão que segura a navalha.

— É o que estou fazendo, Mingus. Mas quero ver a cara dos meus inimigos enquanto estou morrendo e eles sabem que perderam um cliente seguro. Saio dessa, chuto o meu vício e vou para casa limpo. E imediatamente aparece um filho-da-mãe sujo puxando meu braço e me convidando para um pico grátis dessa vez, porque ele sabe que da próxima eu vou arrombar a sua porta para entrar. Mingus, nunca se torne um drogado. O mundo é um lugar sujo. Eles pegam rapazes e moças de pouca idade para fazer com que comecem a se drogar cedo.

— Que alguém me segure, Fats, não vou parar enquanto não pegar um cara desses, suas irmãs, seus irmãos, a mãe e o pai, e os médicos e enfermeiras que o trouxeram aqui. O dia em que alguma coisa for feita aos meus contra a vontade deles, este vai ser o dia em que Dillinger vai virar viado, todo mundo dança!

— Ora, ora, este é o tipo de cavalheiro cristão que você é. Não oferece a outra face?

— Faces foram oferecidas por grandes homens, mais próximos de Deus do que eu. Não, sinceramente acredito que este vai ser o dia. Se Ele ou o Seu Pai não estender a mão e me detiver, este será o dia.

— Ora, Mingus. Justamente quando começa a me conquistar, antes que me dê conta eu enrolei você e você perdeu a sua fé!

— Fats, mal eu digo uma coisa e você a distorce. Se um homem não acredita sequer que os lugares existam, não adianta lhe dar qualquer tipo de orientação para que vá à Califórnia ou à Terra Santa!

— Eu me sinto justamente excluído de todo esse cenário de que você está falando, Ming. Como algumas crianças que tomavam sorvete. Eu não, eu só as observava. Ainda hoje não tomo sorvete. Não existe para mim. Não existe sorvete. Mas quando amaldiçoava Deus eu não queria magoar você. Porque adoro você, adoro do fundo do meu coração. É por isso que estou partindo, porque o homem branco e as pessoas *em geral* não amam. Que se fodam. Mingus, eu *realmente* não quero morrer, mas estou morrendo e não tenho medo. Tem uma coisa que fiz certo. Eu realmente amei, você sabe que eu amei.

— Fats, posso tentar mais uma vez? Escute, foi você que fez a si mesmo?

— Não. Meu pai fodeu com a minha velha e ela engravidou, assim como o seu pai fez com a sua velha e como os pais deles fizeram nas velhas deles.

— Quer dizer que sempre simplesmente *aconteceu*? Como aquela árvore que sempre cresceu daquele jeito?

— Não. Foi uma semente como eu fui em dado momento. Todas as coisas sobre a terra foram uma semente a certa altura. Tem de ser assim. Se eu fui parte de uma porra, então tudo certa vez foi parte de uma porra.

— E quanto à Terra, Fats? Foi parte de uma porra, também?

— É lógico.

— Então onde está a mãe dessa Terra e desses planetas?

— É... Bem, chegamos até este ponto, Mingus... A Terra, as estrelas, a Lua ainda são bebês porque estão no ventre de suas mães, que é o universo.

— Mas o que existe *fora* do universo, Fats?

— O estômago dela, as pernas etc. A velha de Deus? Com certeza é uma garota grande.

— E o que há fora da sua velha, no espaço?

— O resto do seu harém? Se não há fim, ele deve ter um monte de garotas.

— Ele quem, Fats?

— Deus! Não é o cara que estamos tentando encontrar antes de eu morrer?

— Sim, mas eu não coloquei Deus na conversa até aqui. Por que você o colocou?

— Mingus, se eu for parar lá, pode apostar que vou tentar saber o que está acontecendo e contar a você, porque você é um cara que realmente acredita. Acreditou em mim mentalmente viajando pelo espaço juntos até que quase esqueci. Até que ponto você supõe que sejam prematuros os corpos deste universo em relação àqueles outros universos lá fora?

— Eu diria que são tão prematuros quanto o terráqueo é em relação ao Homem que morre repetidas vezes para salvar todos os homens do seu medo do desconhecido.

— Quer dizer que Ele morre para *me* salvar, Mingus?

— Você também.

— Acho que tenho um pouco de medo de me *machucar* ou de alguém morrer, como ser atropelado por um automóvel. Mas, de certa forma, pensando no espaço e em tudo aquilo, por mais engraçado que pareça, a impressão é de que tenho mais espaço do que tinha antes, assim como em que medida o Central Park é grande para um esquilo? É suficientemente grande para ele. É realmente mais do que precisa. Estou começando a pensar que até este mundo é mais do que o homem precisa para si mesmo se ele amasse o próximo.

— Fats, é aí que está tudo. No amor.

— Então não precisa se preocupar mais comigo. Preocupe-se consigo mesmo. Já dei a minha cota de amor até que me mataram... É isso aí, cuide-se bem, Mingus. Eu amo você.

— Eu também te amo, Fats. A gente se vê.

— Pode ser, pode ser. Neste momento parece mais um adeus.

— Eu falava disso. Então... A gente se vê, está me ouvindo?

— Saquei, Mingus, quando acha que é a sua vez?

— Não sei, Fats. Só depois que eu botar tudo no papel, eu acho. São as ordens do Homem.

— Até logo mais, Mingus.

— Até mais, Girl...

DISCOGRAFIA

Viagem ao mundo de Mingus em 20 álbuns

Roberto Muggiati

"Charles Mingus tinha o que George Bernard Shaw chamava 'a força vital'. E aquele espírito era forte e insistente demais para ser contido pela mortalidade." NAT HENTOFF

Charles Mingus (1922-1979) foi o homem certo, no lugar certo e na hora certa na história da música, mas o sucesso não lhe chegou ao acaso: ao contrário, ele lutou como um tigre para sobreviver na selva do jazz. Começando a carreira ainda com os pés na Era do Swing, mas com os ouvidos já bem abertos para a revolução do *bebop*, ele acabou fazendo uma admirável síntese da música que o precedeu e daquela da sua época — mesclando sons primais de Jelly Roll Morton, da orquestra "sinfônica" afro-americana de Duke Ellington, do toque *cool* pioneiro do saxofonista Lester Young, das invenções modernistas de Charlie Parker, Dizzy Gillespie e Thelonious Monk. Mingus juntou todas essas influências num sólido edifício cimentado por sua criatividade pessoal. Foi um dos grandes contrabaixistas do jazz, mas transcendeu o papel de mero instrumentista, tornando-se um dos mais talentosos compositores e arranjadores de todos os tempos. Em vez de amoldar o conteúdo de sua arte a formas fixas — as mais usadas, mesmo pelos modernistas mais geniais, eram o blues de 12 compassos e a canção popular de 32 compassos —, ele percorreu o caminho inverso: deixou que a sua emoção musical buscasse formas próprias de expressão, chegando às *extended forms* e à concepção da "percepção rotativa" em matéria de ritmo, com temas que muitas vezes começam lentos, se transformam aos poucos num furacão, retomam a calmaria, para se agitar de novo, mimetizando o próprio caos que rege a ordem natural das coisas. Mingus levou assim o jazz às portas do *free*. Contudo, por mais que teorizasse, usando o jargão dos compositores "sérios", não há nenhum cerebralismo na sua música. Ao contrário, ela é cheia de paixão, pontuada de gritos e interjeições vocais que estimulam os solistas e comentam a ação, pois cada tema seu conta uma história.

Em seus 36 anos de gravações, Mingus foi um músico prolífico e deixou uma extensa discografia. Os primeiros anos foram divididos entre sessões como contrabaixista em outros grupos (no de Red Norvo acompanhou até a cantora Ann Miller) e as tentativas iniciais de se impor como líder. Num universo povoado de Earls, Counts e Dukes, Charles adotou por algum tempo o título nobiliárquico de Baron Mingus. Mas, depois da aventura episódica do selo Debut — que criou para fugir à exploração das gravadoras —, Mingus fundou em 1954 a Jazz Composers Workshop, um grupo cooperativo pioneiro, e a partir daí passou a gravar cada vez mais o seu próprio trabalho, com uma constelação de instrumentistas, muitos dos quais revelados por ele mesmo, como o baterista Dannie Richmond, que o acompanhou nos últimos 22 anos de carreira. De sax-tenor anônimo, ele transformou Richmond num exímio baterista que iria impor a coloração rítmica característica das bandas mingusianas.

Esta discografia seleta reflete, inevitavelmente, preferências pessoais, mas procura, na medida do possível, estabelecer uma visão da obra de Mingus naquilo que ela tem de mais representativo e marcante.

*

1. THE GREATEST JAZZ CONCERT EVER/JAZZ AT MASSEY HALL · Gravado ao vivo no Massey Hall de Toronto, Canadá, 15 de maio de 1953 (Debut/Fantasy)

O selo de Charlie Mingus teve a sorte de "debutar" com esta lendária gravação ao vivo que reuniu o alto clero do *Bebop*: Dizzy Gillespie (trompete), Bud Powell (piano), Charles Mingus (baixo), Max Roach (bateria) e o gênio trágico do jazz, o saxofonista Charlie Parker (creditado como "Charlie Chan" para contornar direitos de exclusividade). Na parte do quinteto, Mingus acompanha com competência, mas não aparece muito. Foi ele quem cuidou da gravação, e o concerto escapou por pouco de ser uma catástrofe. Parker ficou irado porque colocaram o nome de Dizzy acima do seu — e teve de tocar num sax-alto de plástico, por ter deixado o seu na loja de penhores, em troca do dinheiro da droga. Numa de suas raras falas gravadas, ele ironiza a situação chamando Gillespie de "*my worthy constituent*", algo como "meu nobre confrade." Dizzy estava mais interessado na disputa do título mundial dos pesos-pesados entre Rocky Marciano e Joe Walcott, evento que prejudicou também o comparecimento do público ao teatro. Bud Powell, recém-saído de uma de suas crises nervosas, tinha bebido demais. No entanto, na palavra de um crítico, "milagrosamente, o concerto chega muito perto de justificar o seu título pomposo de 'o maior de todos os tempos'."

Na outra metade do concerto, Mingus e Max Roach têm mais espaço para exibir o seu talento, acompanhando Bud Powell em dez faixas e abrindo caminho para o jogo de interação que celebrizaria uma série de trios no mesmo formato que viria a seguir, como o de Bill Evans.

2. MINGUS AT THE BOHEMIA · Gravado ao vivo no Cafe Bohemia, Nova York, 23 de dezembro de 1955 (Debut)

Mingus já havia feito outras gravações com a Jazz Workshop, mas essa apresentação registrada ao vivo no Cafe Bohemia, na antevéspera do Natal, oferece momentos particularmente inspirados. Ao mesmo tempo que revela o toque de compositor de Mingus em temas originais e de arranjador na releitura de *standards* — entre eles o *hit* de Glenn Miller "Serenade in blue" —, traz bons solos do quinteto básico do *bop* (dois sopros mais trio rítmico, em que o papel de trompete é feito pelo trombone de Eddie Bert). O Mingus *auteur* começa a aparecer, com "Work song", um de seus primeiros libelos contra o racismo, e "Percussion discussion", apenas ele e o seu baixo trocando idéias rítmicas com o baterista Max Roach. Nas notas da contracapa, o pianista desta sessão, Mal Waldron, destaca que "Mingus tem uma noção acentuada das similaridades entre canções e combina duas ou três numa composição, como "All the things you are" com o *Prelúdio em dó menor* de Chopin e o *Clair de lune* de Debussy, dando uma idéia de coesão ao tema."

3. PITHECANTHROPUS ERECTUS · Nova York, 30 de janeiro de 1956

Com um quinteto modificado (dois saxes, alto e tenor, em vez do sax e trompete), Mingus surge com um título insólito neste seu trabalho inaugural para o selo Atlantic. Ele próprio, nas notas da contracapa, define o tema de "Pithecanthropus": "Um poema tonal... minha concepção da contrapartida moderna do primeiro homem que ficou de pé — todo o seu orgulho considerando-se o primeiro a abandonar a postura de quatro patas, batendo com os punhos no peito e pregando sua superioridade." A composição basicamente se divide em quatro movimentos: evolução, complexo de superioridade, declínio e destruição. "A foggy day" seria uma cena urbana de Londres citando os ruídos de trânsito de "Parisian thoroughfare", de Bud Powell, não fosse a declaração de Mingus de que se trata de uma homenagem à baía de São Francisco, com buzinas, apitos e o ruído das sirenes dos navios em meio ao nevoeiro. "Profile of Jackie" é uma balada que destaca o sax-alto de Jackie McLean, e "Love Chant", uma *extended form* sobre seqüências de acordes de *standards*, mostra como um solista com imaginação é capaz de improvisar livremente, mesmo submetido a uma forma fixa e aparentemente restritiva (no caso, o sax-tenor J.R. Monterose.) Além de criar toda a atmosfera, o contrabaixista sola com exuberância nas quatro faixas, aguilhoando os outros músicos com o seu *pizzicato* inconfundível. Mingus mostra as garras, a *griffe* começa a aparecer.

4. TIJUANA MOODS · Nova York, julho/agosto de 1957 (RCA/BMG)

Este álbum, o primeiro de Mingus para uma grande gravadora, foi uma espécie de indenização que a RCA teve de pagar a ele por ter usado indevidamente um músico contratado do selo independente de Mingus, Debut. Primeiro álbum do músico em estéreo, marca o início de duas importantes associações: com o trombonista Jimmy Knepper, um "branco de alma negra", e com o baterista Dannie Richmond, um ex-saxofonista que Mingus treinou como baterista. ("Nesta passagem você tem de sussurrar, e é preciso haver outros trechos de caos, um caos planejado.") *Tijuana moods* incorpora o mundo da música mexicana que tanto influenciou Mingus, crescido em Los Angeles e exposto aos sons exóticos do país vizinho. O álbum foi um precursor da moda hispânica no jazz, marcada por discos como *Flamenco sketches* (Miles

Davis, 1959), *Olé* (John Coltrane, 1961) e *La fiesta* (Chick Corea, 1972). Mas *Tijuana moods* ficou mofando nas prateleiras por mais de cinco anos, até que o sucesso de Mingus em gravadoras como Columbia, Atlantic e United Artists levou a RCA a lançar o álbum em junho de 1962, marqueteado com uma frase de Mingus na própria capa "O melhor disco que já fiz." (Ao contrário do vinil duplo, que traz as cinco faixas e suas *alternate takes*, o CD não traz a versão alternativa de "Ysabel's table dance".) Mingus faria uma nova experiência de *cross-over* em 1977 com a música colombiana, no álbum *Cumbia & jazz fusion* (Atlantic).

5. NEW YORK SKETCH BOOK (+ EAST COASTING) · Nova York, agosto e outubro de 1957 (Bethlehem/Affinity)

Este CD incorpora a sessão de *East coasting*, mais três faixas gravadas na mesma época, entre elas a instigante "Scenes in the city", uma bela amostra do chamado *jazz & poetry* que eclodiu nos anos 1950 com o movimento *beat*. Mas, enquanto as sessões de jazz & poesia se faziam geralmente entre músicos de jazz negros e poetas brancos, "Scenes in the city" é um monólogo na gíria do jazz, interpretado por um ator negro e escrito com a ajuda do famoso poeta negro Langston Hughes. A certa altura, define o jazz como "*not pretty, but beautiful, terribly beautiful*". "No ano seguinte, Mingus participaria do álbum *Langston Hughes with the Horace Parlan Quintet*, e incorporaria outros temas de jazz & poesia em seus álbuns, como *The clown*, gravado para a Atlantic. Nas seis faixas de *East coasting*, o pianista é Bill Evans, com uma atuação intensa nesta rara colaboração com Mingus. As outras três faixas deste CD — "Scenes in the city", "New York sketchbook" e "Duke's choice" — apareceram originalmente no álbum *A modern jazz symposium of music and poetry with Charles Mingus*. Em 1983, o saxofonista Branford Marsalis fez um *remake* de "Scenes in the city", no álbum do mesmo nome.

6. JAZZ PORTRAITS · Gravado ao vivo na Nonagon Art Gallery, Nova York, 16 de janeiro de 1959 (United Artists)

Na atmosfera de concerto, os quatro temas deste álbum chegam à média de dez minutos de duração cada. Os sopros de John Handy (sax-alto) e Booker Ervin (sax-tenor), apoiados pelo trio de Richard Wyands (piano), pelo baixo de Mingus e pela bateria de Dannie Richmond, demonstram um entrosamento admirável. Ao mesmo tempo as improvisações fluem soltas e apaixonadas. Duas das faixas ("Nostalgia in the square" e "Alice's Wonderland") fariam parte da trilha sonora do filme *Shadows* (1960), do ator-diretor John Cassavetes, um longa em preto-e-branco que logo se tornou *cult*. Mingus inclui um de seus *standards* favoritos, "I can't get started", sobre o qual ele disse: "Adoro este clássico e sempre fico inspirado ao tocá-lo. Toco diferente cada vez e, nessa ocasião, parece que eu nunca — que nós nunca — o tocamos tão bem."

7. BLUES & ROOTS · Nova York, 4 de fevereiro de 1959 (Atlantic/WEA)

Como o título indica, este álbum é um mergulho de Mingus nas raízes da música afro-americana e também uma celebração, em meio a gritos e palmas. Usando quatro saxofones e dois trombones, impulsionados pelo dínamo rítmico de Dannie Richmond, o contrabaixista-compositor (assina todas as faixas) inicia aqui sua fase mais vibrante. Destaque para o pianista Horace Parlan e para o saxofonista Booker Ervin, que acompanhariam Mingus nos discos seguintes, ambos imprimindo um toque intensamente *bluesy* a suas interpretações. Há neste álbum um apelo vocal, como se os instrumentos falassem, notavelmente o contrabaixo de Mingus em "Cryin' blues".

8. MINGUS AH UM · Nova York, 5 e 12 de maio de 1959 (Columbia/Sony Music)

O primeiro álbum de Mingus para a Columbia segue a trilha de blues e raízes, mas alia a atmosfera espontânea das interpretações ao apuro formal dos temas, muitos deles homenagens aos músicos que fazem parte do panteão particular de Mingus: Jelly Roll Morton ("Jelly Roll"), Lester Young ("Goodbye pork pie hat"), Duke Ellington ("Open letter to the Duke"), Charlie Parker ("Bird calls"). Inclui também um "Self-portrait in three colors". Destaca-se ainda um dos primeiros protestos musicais de Mingus contra o racismo, "Fables of Faubus", "dedicado" ao governador do Alabama, Orval Faubus. O tributo a Lester Young foi esboçado por Mingus no clube Half Note na noite em que soube da morte do saxofonista, em 15 de março de 1959. "Se tivesse de usar uma palavra para descrevê-lo", disse Mingus, "seria *sensibilidade*. Ele se elevava sobre os demais músicos, mas não o fazia como um gorila." "Goodbye pork pie hat", referindo-se ao chapéu que era a marca registrada de Lester, seria tocado e gravado por uma infinidade de músicos, não só do jazz, mas do rock e da música pop (Jeff Beck, Joni Mitchell, Andy Summers, entre outros).

9. MINGUS DYNASTY · Nova York, 1º e 13 de novembro de 1959 (Columbia/Sony Music)

Gravado no mesmo ano de "Mingus Ah Um", com uma ligeira alteração de pessoal — o acréscimo de trompete e vibrafone, quatro saxofones em vez de três, a subtração de um trombone e a substituição de Horace Parlan por Roland Hanna ao piano — este disco forma com o anterior uma espécie de complementação yin-yang. Introduz também, ao lado das oito faixas originais, duas composições do *book* de Duke Ellington, "Things ain't what they used to be" e "Mood indigo". Chegando a usar até dez músicos na maioria das faixas, Mingus investe mais no colorido tonal das orquestrações, mas sem limitar o espaço da improvisação individual. Um exemplo que ele mesmo aponta para ser ouvido com atenção é "Diane", "uma composição melódica atonal", num andamento meditativo, exposta por flauta, trompete alto, tenor, piano e baixo, tocado com arco, e depois passando por sutis mudanças de ritmo regidas pelas escovinhas da bateria de Dannie Richmond. No mesmo ano, no espaço de alguns meses, Mingus dava um grande salto qualitativo como compositor. Um dos destaques do álbum é também a capa: Mingus vestido de imperador chinês com uma rica tapeçaria ao fundo (do trocadilho entre Mingus e a dinastia Ming, surgiu a idéia da Mingus Dynasty, nome da banda que até hoje leva adiante o trabalho do mestre).

10. MINGUS AT ANTIBES · Juan-les-Pins, 13 de julho de 1960 (Atlantic/WEA)

Foi em 1960 que começou a breve e entrecortada associação de Mingus com o saxofonista-flautista-clarinetista Eric Dolphy, um jovem prodígio de Los Angeles que morreria prematuramente em Berlim aos 36 anos, em 1964. E é nesta apresentação no sul da França que começa também a lendária "conversação" entre o contrabaixo de Mingus e a clarineta-baixo (ou clarone) de Dolphy, no tema "What love", baseado nos acordes de "What is this thing called love?" Entre os temas, figuram originais então recentes, como "Wednesday night prayer meeting" e "Better git it in your soul", e a estréia de "Ummh (Folk forms n.1)", além do *standard* "I'll remember April", com a participação especial do pianista Bud Powell num belo solo.

11. PRESENTS CHARLES MINGUS · Nova York, 20 de outubro de 1960 (Candid/Jazzman)

O selo Candid foi criado no outono de 1960, e o produtor escolhido foi o jornalista e crítico Nat Hentoff, amigo de Mingus (muito citado nesta autobiografia). Embora a sessão fosse gravada em estúdio, Mingus pediu para baixarem as luzes, como num clube, dirigindo-se a um público imaginário durante a gravação, e suas falas passaram para o disco: "Boa noite, senhoras e senhores, por favor não aplaudam, não queremos ser interrompidos pelo seu barulho. Na verdade, nem peçam drinques, não quero nenhuma campainha de caixa registradora. Etc.!"

São quatro faixas: "Folk forms n.1", "Original fables of Faubus", "What love" e uma improvisação livre em torno de "All the things you are" intitulada "All the things you could be by now if Sigmund Freud's wife was your mother" (Mingus foi um dos primeiros jazzistas a fazer psicanálise e neste título, além da cultura, demonstra um grande senso de humor). Se o material não é novo, o disco ficaria lendário pela melhor versão da "conversa" em torno de "What love" que Mingus e Eric Dolphy tiveram desde que iniciaram o diálogo entre clarone e contrabaixo no palco do Showplace alguns meses antes. Na gravação ao vivo em Antibes, o duelo durava setenta e cinco segundos; aqui, ele dura quatro minutos. O baixo percutido com ferocidade por Mingus, os grasnados de Dolphy ao clarone, um dos instrumentos cujo som mais se aproxima da voz humana, dizem muito da complicada relação entre os dois. Segundo Nat Hentoff, nas notas da contracapa, "as conversas aumentaram de intensidade quando Dolphy disse que ia deixar a banda e continuaram neste tema noite após noite. Nesse disco, Mingus novamente critica Dolphy por ir embora, mas Dolphy explica por que precisa ir, pede com empenho que Mingus o entenda, e finalmente Mingus cede. A volta à melodia é, portanto, resignada — e parte para o rápido adeus".

12. REINCARNATIONS OF A LOVEBIRD · Nova York, 11 de novembro de 1960 (Candid)

Menos de um mês depois da incursão vanguardista de Mingus, temos o encontro jovial com o *mainstream* do jazz. Dannie Richmond cede as baquetas em três das cinco faixas para Jo Jones, o mago rítmico da banda de Basie, e o trompetista Roy Eldridge — figura de transição entre o tradicional Armstrong e o modernista Gillespie — improvisa lado a lado com Eric Dolphy, o *enfant terrible* da nova onda. *Standards* como "Wrap your troubles in dreams" e "Body and soul" alternam-se com dois originais de Mingus e com "R&R", uma parceria de Roy Eldridge com Ray Brown. Uma celebração do jazz em sua faceta mais generosa, aquela em que não há idade para tocar com alma e beleza.

13. OH YEAH · Nova York, 21 de outubro e 6 de novembro de 1961 (Atlantic/WEA)

Numa atmosfera ao mesmo tempo relaxada e vibrante, Mingus mistura gospel e blues, e ele mesmo se arvora em pregador, com intervenções vocais e ao piano, deixando as funções do baixo a cargo de Doug Watkins. O clima de igreja é intenso em "Ecclusiastics", enquanto é em tom de prece que Mingus faz um apelo pela sobrevivência em "Oh Lord don't let them drop that atomic on me". Em andamento "*dixieland*", "Eat that chicken" presta uma homenagem profana ao pianista Fats Waller. "Devil woman" é uma amostra de Mingus como cantor de blues.

Um dos destaques deste álbum é a presença marcante do multiinstrumentista (ao pé da letra) Roland Kirk, que toca flauta, saxofone, sirene, e os exóticos *manzello* e *strich*. Kirk, que depois adotaria o nome de Rahsaan, compensava sua cegueira com uma acuidade auditiva incrível e era capaz de tocar três ou quatro instrumentos de sopro ao mesmo tempo (a sirene-apito era soprada pela narina).

14. MONEY JUNGLE · Nova York, 17 de setembro de 1962 (United Artists/ Blue Note)

"Um triunvirato, não um trio", foi como George Wein definiu este encontro do pianista, compositor e chefe de orquestra com dois músicos da geração seguinte que sempre tiveram a maior admiração por sua música. Todas as onze composições são de Ellington, três delas inéditas. Mingus e Max não se limitam a acompanhar o piano de Duke, mas têm amplo espaço para criar (o termo não seria "solar", porque os três instrumentos atuam de forma integrada, como se estivessem envolvidos numa conversação).

Mingus relutou em aceitar o convite, alegando compromissos de gravação próprios; depois, durante a gravação, ameaçou colocar o baixo no estojo e ir embora, dizendo: "Cara, não consigo tocar com aquele baterista." Diplomaticamente, Ellington lembrou a importância do trabalho e o fato de que a United Artists havia reservado um anúncio de página inteira para Mingus na edição de Natal da *Billboard*. O álbum todo foi resolvido numa única sessão. Uma das novas composições, "Fleurette africaine", havia sido apenas esboçada pelo Duke ao piano num encontro anterior e explicada em poucas instruções verbais antes da gravação. Mas, segundo Ellington, "Mingus, com os olhos fechados, enveredou em cada trilha harmônica, acrescentando contramelodias como se tivesse tocado o número a vida inteira. Foi um daqueles momentos místicos em que nossas três musas se integraram numa só."

15. THE BLACK SAINT AND THE SINNER LADY · Nova York, 20 de janeiro de 1963 (Impulse/MCA)

O primeiro álbum de Mingus para a gravadora Impulse é na verdade uma longa suíte, com 37 minutos e 37 segundos de duração, interpretada por uma banda de onze figuras: dois trompetes, três saxofones, trombone, tuba, guitarra, piano, baixo e bateria. Nas extensas notas do álbum de capa dupla, Mingus diz: "Compus esta música para dançar e para ouvir. É música autêntica com muitos dos meus significados. É o meu epitáfio vivo do nascimento até o dia em que ouvi falar pela primeira vez de Bird e Diz." E abre espaço para um comentário final de seu psicólogo clínico, dr. Edmund Pollock: "O sr. Mingus acha que este é o seu melhor disco. Pode muito bem ser o melhor até agora para o seu atual estágio de desenvolvimento, como outros discos foram no passado. Deve ser enfatizado que o sr. Mingus ainda não está completo. Ainda se encontra num processo de mudança e desenvolvimento pessoal. Existe a esperança de que a integração social acompanhe o seu passo. Devemos continuar à espera de mais surpresas da parte dele."

16. MINGUS MINGUS MINGUS MINGUS MINGUS · Nova York, 20 de janeiro e 20 de setembro de 1963 (Impulse/MCA)

Aparentemente, álbuns como este e *The Black Saint* pouco teriam a ver em comum, impondo-se como obras únicas e isoladas. Mas a indústria fonográfica, como a cinematográfica, funciona às vezes como uma verdadeira linha de montagem, e prepara seus produtos como se fossem automóveis ou geladeiras. Três das sete faixas de *Mingus Mingus* foram gravadas na mesma sessão de 20 de janeiro de 1963 em que foi feito *The Black Saint.* Este é um dos trabalhos mais "ellingtonianos" de Mingus e inclui até um clássico do mestre, "Mood indigo". "I x love", que quer dizer algo como "eu apago o amor", é dedicado a uma das muitas "ex" de Mingus e traz um dos mais belos solos de sax-alto de todos os tempos, por Charlie Mariano, que, mesmo numa linguagem moderna, homenageia o sax amanteigado de Johnny Hodges, o grande solista da banda do Duke. "Célia", gravado em outras ocasiões, é dedicado a outra ex-mulher. Resumindo muito bem este trabalho, Nat Hentoff diz que "não só uma mistura tão heterogênea de emoções, memórias, aspirações e súbitas descobertas pessoais se opera constantemente dentro de Mingus, mas seu poder expressivo como músico também deriva da magnitude e do ímpeto destas forças."

17. MINGUS PLAYS PIANO/ *Spontaneous compositions and improvisations* · Nova York, 30 de julho de 1963 (Impulse/MCA)

Quase 40 minutos de piano-solo por Charles Mingus foi uma das melhores coisas que resultaram do seu contrato com a Impulse. Segundo Nat Hentoff, Mingus sempre respeitou aqueles pianistas que tocavam sem acompanhamento, porque eram capazes de tocar com as duas mãos. Aos que pudessem estranhar a sua escolha, Mingus escreve nas notas de capa do disco: "Tudo o que posso dizer é que se um contrabaixista pode tentar o que fiz aqui, sozinho, alguns dos outros músicos que são pianistas em tempo integral poderiam pelo menos pensar em praticar mais." (Antes dele, outros instrumentistas se aventuraram no teclado, o trompetista Bix Beiderbecke, o saxofonista Gerry Mulligan, o trombonista Bob Brookmeyer, que gravou até um álbum em duo com ninguém menos que Bill Evans.)

Além de três *standards* (inclusive o seu fetiche, "I can't get started"), Mingus oferece cinco temas originais. Admite que "minha técnica do baixo se desenvolveu a partir do estudo do piano. Nunca entendi o baixo até que comecei a sacar as harmonias e outras coisas no piano. Então passei a considerar o ponto de dedilhação do baixo como um teclado de piano." Mas, salienta Nat Hentoff: "Mingus também aperfeiçoou o seu próprio estilo de piano; e, a julgar por estas interpretações, é com o piano que Mingus se mostra capaz de expressar melhor os lados mais gentis, reflexivos e — uso a palavra com cuidado — inocentes da sua personalidade."

18. THREE OF FOUR SHADES OF BLUE · Nova York, 9 de março de 1977 (Atlantic/WEA)

Ao contrário de Miles Davis e de músicos da nova geração como Herbie Hancock e Chick Corea, Mingus viu com grande cautela e distanciamento a onda da *fusion*, a influência do rock que mudaria o panorama do jazz nos anos 1970. Só neste disco, já da segunda metade daquela década, ele incorporaria instrumentos (guitarra e baixo elétricos) e instrumentistas da fusão (os guitarristas Philippe Catherine e Larry Coryell, outro guitarrista do rock-jazz, John Scofield, que substitui Catherine numa das faixas e Coryell em outra, e o contrabaixista George Mraz) na releitura de velhos temas seus, como "Better git hit in your soul" e "Goodbye pork pie hat", e em "Noddin ya head blues" e "Nobody knows", baseado no *spiritual* "Nobody knows the troubles I've seen". Mas a peça de resistência do álbum é a faixa-título, "Three of four shades of blue", com 12 minutos, uma viagem pelos sons de Tadd Dameron, Ellington, Basie, do *bebop* e do afro-cubano e antilhano, passando pelo *Caucasian folk blues*, nada menos que uma citação da "Marcha nupcial" de Mendelssohn.

A presença de músicos da *fusion* como o belga Philippe Catherine e o norte-americano Larry Coryell, que atuaram certa época em duo — e não por coincidência eram da mesma gravadora de Mingus, a Atlantic — serviu para mostrar à nova geração que Mingus estava alerta para as mudanças. Na verdade, ao ouvir as fitas da gravação, Mingus teve um ataque e mandou um telegrama ao produtor acusando a gravadora de fazê-lo parecer ridículo. Quando o álbum superou as vendas de todos os seus outros, com 50 mil exemplares vendidos em dois meses, mudou de idéia.

19. HIS FINAL WORK · Nova York, 6 de novembro de 1977 (Gate/JHO)

Quando trabalhou com Lionel Hampton, em 1947, Mingus enriqueceu o *book* da banda com o seu arranjo de "Body and soul" e com a composição "Mingus fingers". Trinta anos depois, Hamp produziu uma série de discos para o seu próprio selo, e este foi uma homenagem a Mingus, que das dez faixas assina todas, com exceção de um *standard*, "It might as well be Spring". A essa altura, ele já começava a sentir os efeitos da esclerose amiotrófica lateral, uma doença terminal que provocaria sua morte em 5 de janeiro de 1979. O produtor Robert Schachner descreve a atmosfera da gravação: "Até os engenheiros de som estavam apreensivos, tínhamos encarado algumas sessões brabas com pouco tempo de preparação até para homens como Lionel Hampton, Buddy Rich e Earl Hines, mas a reputação de Charlie Mingus o precedia, e havia uma atmosfera de preocupação. Eu nunca havia me encontrado com Mingus antes, e quando ele chegou o ar ficou carregado com a presença de um mestre. As apresentações e as gentilezas rolaram suavemente, talvez porque Mingus chegou ao estúdio numa cadeira de rodas, ou talvez porque todo mundo na sessão sentisse uma reverência em relação a ele." Esta foi também a última vez que Charles Mingus gravou com o contrabaixo, daí o título do álbum, "His final work".

20. ME MYSELF AN EYE/SOMETHING LIKE A BIRD · Nova York, 18, 19 e 23 de janeiro de 1978 (Atlantic/WEA)

Dois LPs no crepúsculo da era do vinil (o CD seria comercializado nos anos 1980), com capas sóbrias em preto-e-branco, numa delas a foto frontal de Mingus mordendo um cachimbo, na outra a foto de perfil num chapéu preto de vaqueiro; numa foto de contracapa, Mingus de cadeira de rodas à extrema direita e um grupo de 30 músicos (autêntico "Quem é quem" do jazz da época); seis faixas, registradas em três sessões — é o último trabalho que contou com a supervisão musical e a presença de Charles Mingus, embora ele já não tivesse mais forças para tocar o baixo.

Como resume o biógrafo Brian Priestley, "Mingus, tendo perdido o uso das mãos, estava em desvantagem comparado com um Beethoven que, com a sua audição prejudicada, podia ainda assim escrever as notas como as concebia. Uma dupla desvantagem, na verdade, porque, ao contrário de um Frederick Delius, que podia ditar da sua cadeira de rodas para um amanuense, a natureza da música de Mingus exigia mais envolvimento (e sua incorporação da composição espontânea no ato da execução), o que a tornava resistente ao processo de composição de segunda-mão."

Apesar destas limitações, *Me myself an eye* seguiu o sucesso comercial de *Three or four shades of blue* e os dois álbuns — reunindo, entre outros, músicos como os saxofonistas Lee Konitz, George Coleman, Michael Brecker, os trompetistas Randy Brecker, Jack Walrath, os trombonistas Jimmy Knepper, Slide Hampton, os tecladistas Bob Neloms e Ken Werner, os guitarristas Catherine e Coryell, os baixistas Eddie Gomez e George Mraz — ficou sendo um testamento musical à altura do gênio de Charles Mingus.

Fontes: *Mingus/ A Critical Biography*, Brian Priestley (Londres/Melbourne/Nova York, Quartet Books, 1982) · *The 101 Best Jazz Albuns/ A History of Jazz on Records*, Len Lyons (Nova York, Morrow Quill Paperbacks, 1980) · *Charles Mingus Discography*, Michel Ruppli (Frankfurt, Norbert Ruecker, 1982).

Este livro foi composto em Minion e Legacy,
e impresso pela Bartira, em novembro de 2005.